新世纪公共管理系列教材

国家公务员制度

GUOJIA GONGWUYUAN ZHIDU

蒋国宏 ◎ 主编

（第二版）

首都经济贸易大学出版社
Capital University of Economics and Business Press
·北京·

图书在版编目(CIP)数据

国家公务员制度/蒋国宏主编. --2 版. --北京:首都经济贸易大学出版社,2021.1
ISBN 978-7-5638-3172-2

Ⅰ.①国… Ⅱ.①蒋… Ⅲ.①公务员制度-中国-高等学校-教材 Ⅳ.①D630.3

中国版本图书馆 CIP 数据核字(2020)第 244642 号

国家公务员制度(第二版)
蒋国宏　主编

责任编辑	王玉荣
封面设计	砚祥志远·激光照排　TEL:010-65976003
出版发行	首都经济贸易大学出版社
地　　址	北京市朝阳区红庙(邮编 100026)
电　　话	(010)65976483　65065761　65071505(传真)
网　　址	http://www.sjmcb.com
E-mail	publish@ cueb.edu.cn
经　　销	全国新华书店
照　　排	北京砚祥志远激光照排技术有限公司
印　　刷	北京七彩京通数码快印有限公司
开　　本	710 毫米×1000 毫米　1/16
字　　数	286 千字
印　　张	16.25
版　　次	2014 年 10 月第 1 版　**2021 年 1 月第 2 版**　2022 年 3 月总第 5 次印刷
书　　号	ISBN 978-7-5638-3172-2
定　　价	39.00 元

图书印装若有质量问题,本社负责调换
版权所有　侵权必究

第二版前言

自本教材于2014年初版以来，正值新时代中国特色社会主义建设事业迅猛发展，进入新阶段、取得新成就的时期。"四个全面"战略，特别是全面从严治党、全面依法治国和全面深化改革战略的实施和推进，既对公务员队伍建设提出了新要求、新挑战，也赋予其新动力、新活力。2018年12月29日第十三届全国人民代表大会常务委员会第七次会议修订了《中华人民共和国公务员法》，《公务员职务、职级并行规定》《公务员录用规定》《公务员培训规定》等与此相配套的法规也纷纷出台，为规范公务员的管理，保障公务员的合法权益，加强对公务员的监督，促进公务员正确履职尽责，建设信念坚定、为民服务、勤政务实、敢于担当、清正廉洁的高素质专业化公务员队伍奠定了坚实的基础。为了更好地总结实务界的鲜活实践，反映理论界的最新研究成果，我们对本书进行了修订。

此次修订工作主要由蒋国宏教授、黄丽娟副教授、琚挺挺博士完成。在章节顺序上，为了与《公务员法》的顺序一致、内容匹配，我们将原先的第二章"公务员义务与权利"改为"公务员条件、义务与权利"；第三章"公务员的职位分类"改为"公务员的职务、职级与级别"；第六章"公务员考核"提前为第五章；原来的第八章"公务员职务任免与升降"改为"公务员职务、职级任免与升降"，并变成第六章；原来的第七章"公务员奖励与惩戒"改为"公务员奖励、监督与惩戒"；原先的第五章"公务员培训"后置，成为第八章。第十二章"国家公务员申诉与控告"改为"公务员申诉与控告"。在内容上，我们不仅对初版中一些错误表达、过时内容进行了修改，对一些文字表述进行了润色，还对附录、案例、思考题等内容作了替换和完善。由于此次修订要求高、改动多、幅度大，加之编者时间有限，以及我国公务员制度仍处于不断完善之中，因此书中疏漏和不妥之处在所难免，敬请读者批评指正。

2020年5月

目录

第一章 绪论 1
    一、公务员制度的内涵和作用 1
    二、西方公务员制度的产生与发展 5
    三、我国国家公务员制度的建立 11
    四、我国公务员制度的特点 16
    五、我国公务员管理机构 20

第二章 公务员条件、义务与权利 45
    一、公务员的条件 45
    二、公务员义务与权利的内涵 45
    三、我国公务员义务的基本内容 48
    四、我国公务员权利的基本内容 55

第三章 公务员的职务、职位与级别 65
    一、品位分类与职位分类 65
    二、公务员的职位分类管理 68
    三、公务员的职务与职级 70
    四、公务员的级别 73

第四章 公务员的录用 83
    一、公务员录用的含义和发展历程 83
    二、公务员考试录用的对象、原则和基本做法 85
    三、公务员考试录用的组织管理机构 86
    四、公务员的报考条件和录用程序 86
    五、试用期制度 91

第五章　公务员考核 ······ 95
　　一、公务员考核制度的含义和意义 ······ 95
　　二、公务员考核的原则 ······ 96
　　三、公务员考核的内容 ······ 96
　　四、公务员考核的方法 ······ 98
　　五、公务员定期考核的程序 ······ 100
　　六、公务员考核的结果 ······ 101

第六章　公务员职务、职级任免与升降 ······ 115
　　一、公务员职务、职级任免制度概述 ······ 115
　　二、公务员的职务、职级任免 ······ 118
　　三、公务员职务、职级升降制度概述 ······ 122
　　四、公务员的职务、职级升降 ······ 124

第七章　公务员奖励、监督与惩戒 ······ 135
　　一、公务员奖励 ······ 135
　　二、公务员纪律 ······ 143
　　三、公务员监督与惩戒 ······ 150

第八章　公务员培训 ······ 159
　　一、公务员培训制度概述 ······ 159
　　二、公务员培训的种类 ······ 163
　　三、培训的机构和登记管理制度 ······ 164

第九章　公务员交流与回避 ······ 177
　　一、公务员交流 ······ 177
　　二、公务员回避 ······ 186

第十章　公务员工资、福利与保险 ······ 195
　　一、我国公务员的工资制度 ······ 195
　　二、我国公务员的福利制度 ······ 201
　　三、我国公务员的保险制度 ······ 206

第十一章　公务员辞职、辞退与退休 ······ 213
- 一、公务员辞职 ······ 213
- 二、公务员辞退 ······ 219
- 三、公务员退休 ······ 224

第十二章　公务员申诉与控告 ······ 229
- 一、公务员申诉控告制度概述 ······ 229
- 二、公务员申诉制度的主要内容 ······ 233
- 三、公务员控告制度的特点和程序 ······ 237
- 四、公务员申诉控告中的义务和责任 ······ 238

参考文献 ······ 250

第一章
绪　论

一、公务员制度的内涵和作用

（一）国外公务员的定义与范围

公务员英文为 civil servant、civil service 或 government employee、public employee，也被译作"文官"、"文职人员"或"政府雇员"等。国家公务员即代表国家从事社会公共事务管理、行使行政职权、执行公务的人员，也称文官。由于各国在文化背景、历史传统、社会制度等方面存在着较大差别，所以，各国对公务员范围的划分不尽相同，大致有以下三种类型。

1. 以法国、日本为代表。俄罗斯、加拿大、摩洛哥、科特迪瓦、突尼斯、尼日利亚等国也采用这种划分。在这些国家中，受雇于国家机关、行使公共权力、从事公共管理和公共服务的公职人员，即从中央到地方的政府工作人员，以及立法、司法、检察机关、军职人员和在公共企事业单位任职的人员，全部称为公务员。采用这种划分，公务员包含的范围最广。《俄罗斯联邦国家公务员原则法》规定，"公务员是指按照俄罗斯联邦法律规定的制度履行国家机关公职职责，由联邦预算或相应的联邦主体支付工资的俄罗斯公民"。《加拿大雇用法》规定，政府雇员"是指受雇于由公务员委员会有权或授权进行人事任免的公务机构的人员"。

2. 以美国、德国为代表。菲律宾、泰国等国也采用这种划分。这些国家把国家行政机关中的所有公职人员，包括经政治选举和政治任命而产生的，即由民选、代议机关选举，或经代议机关任命的政治首脑、内阁阁员以及经其任命的政府官员，以及通过竞争性考试或择优录用而产生、不与政党或内阁共进退、若无违法失职行为即可长期任职的事务官都称为公务员。但适用国家公务员法规的只是事务官。

3. 以英国为代表。印度、巴基斯坦、马来西亚、澳大利亚、新西兰、肯尼亚、南非、加纳等也采用这种划分。这种划分中的公务员仅指国家行政机关中常务次官以下的所有工作人员，从而将选举产生和政治任命的官员排除在外。采用这种划分，公务员包含的范围最小。英国公务员仅限于非经选举和非经政治任命的长期任职的中央政府文职人员，不包括首相、大臣、国务大臣等政务官，也不包括地方自治机关人员、法官、军人、公用企事业机构职员等。

(二) 我国公务员的含义与范围

1. 我国公务员的含义。在我国，界定是否属于公务员，必须同时满足三个条件：一是要依法履行公职，从事公务活动，即不是为自己或为某个私人企业或者组织工作或者服务。二是纳入国家行政编制。如，在事业单位里工作的人员，他们从事的虽是公务活动，但并未纳入国家的行政编制，因而不能认定为公务员。三是由国家财政负担工资福利。公务员属于国家财政供养的人员。公立学校的老师、科研院所的科研人员等，虽然由国家负担其工资福利，但他们不具备另外两个条件，因而不属于公务员。据国家公务员局有关负责人介绍，截至2015年年底，全国共有716.7万名公务员。

我国公务员确定坚持以马克思列宁主义、毛泽东思想、邓小平理论、"三个代表"重要思想、科学发展观、习近平新时代中国特色社会主义思想为指导，贯彻新时代中国共产党的组织路线，坚持党管干部原则，加强党对公务员队伍的集中统一领导，从中国国情出发，体现我国政治制度的特色，符合干部人事管理的实际。

2. 我国公务员的范围。在我国，中国共产党各级机关、各级人民代表大会及其常务委员会机关、各级行政机关、各级中国人民政治协商会议委员会机关、各级监察机关、各级审判机关、各级检察机关以及各民主党派和工商联的各级机关中除工勤人员以外的工作人员均列入公务员范围。具体如下：

(1) 中央和地方各级党委、纪律检查委员会的领导人员；中央和地方各级党委工作部门、办事机构和派出机构的工作人员；街道、乡、镇党委机关的工作人员；中央和地方各级纪律检查委员会机关及其向党和国家机关等派驻或者派出机构的工作人员。

(2) 县级以上各级人民代表大会常务委员会领导人员，乡、镇人民代表大会主席、副主席；县级以上各级人民代表大会常务委员会工作机构和办事机构的工作人员；县级以上各级人民代表大会专门委员会办事机构的工作人员。

(3) 各级人民政府的领导人员；县级以上各级人民政府工作部门和派出机构的工作人员；乡、镇人民政府机关的工作人员。

(4) 中国人民政治协商会议各级委员会的领导人员、工作机构的工作人员。

(5) 国家和地方各级监察委员会的领导人员；国家和地方各级监察委员会机关及其向党和国家机关等派驻或者派出机构的工作人员。

(6) 最高人民法院和地方各级人民法院的法官、审判辅助人员、司法行政人员。

(7) 最高人民检察院和地方各级人民检察院的检察官、检察辅助人员；最高人民检察院和地方各级人民检察院的司法行政人员。

(8) 各民主党派（中国国民党革命委员会、中国民主同盟、中国民主建国会、中国民主促进会、中国农工民主党、中国致公党、九三学社、台湾民主自治同盟）的中央和地方各级委员会的领导人员，工作机构的工作人员。

(9) 中华全国工商业联合会（工商联）和地方各级工商联的领导人员，工作机构的工作人员。

需要特别指出的是：第一，各级人大常委会、政协各级委员会、民主党派各级委员会的领导人员，如果不驻会，不使用行政编制，则不列入公务员范围。第二，各级人民代表大会代表、政协委员会委员，按其本人所在具体单位和部门的人事制度进行管理，不整体上列入公务员范围。第三，机关所属的事业单位的工作人员，使用的是事业单位编制，不纳入公务员范围。第四，机关中的工勤人员不列入公务员范围。因为其工作属于后勤服务性质，录用不需要经过公开竞争考试，也不必到行政学院接受培训，他们的考核、奖惩、职务升降等都与公务员不同，工资福利不完全由财政承担，有一部分来源于为机关提供服务获得的费用。第五，国家主席、副主席属于公务员。第六，人民团体、群众团体工作人员（如妇联、侨联、工会、共青团、总工会等），参照《中华人民共和国公务员法》（修订）标准，不列入公务员范围。

(三) 公务员制度的内容和意义

国家公务员制度是指对国家公务员进行管理的有关法律、法规、政策等的统称或总称。

国家公务员制度的基本内容分为进口管理、出口管理和日常管理等方面的制度。国家公务员制度的进口环节管理，是指公民进入公务员队伍，与公务员机构形成人事任用关系，确立公务员身份方面的管理，主要包括公务员录用、调入、聘任等方面的制度。国家公务员制度的出口环节管理，主要包括开除公职、辞职、辞退、离退休、死亡等公务员退出公务员队伍方面的管理。国家公务员制度的日常环节管理，包括公务员职位分类、考核、职务调整、纪律与奖惩、培训、交流与回避、工资、保险、福利、申诉、控告等。通过制定法律和规章，可以调整公务员的职务关系与工作关系，明确公务员的权利与义务，激励、引导、约束、监督其公共管理行为，对公务员依法实行科学、有效管理。

建立国家公务员制度有着十分重要的意义：首先，建立国家公务员制度，有利于实现分类管理。国家公务员制度改掉了传统人事管理制度的管理模式单一、缺少法制、缺少竞争机制等弊端，有利于调整人员结构，提高政治、业务素质，保证机关工作人员队伍的优化，从而提高国家行政机关卓有成效地担负起组织经济建设和管理国家政治、文化、社会以及生态文明事务的能力，以适应完善社会主义市场经济体制和构建富强、文明、和谐、美丽国家的需要。其次，建立国家公务员制度，有利于加强廉政建设。廉政建设的关键是提高队伍素质和加强制度约束，国家公务员制度正是为廉政建设提供了保障机制。通过考试、考核、培训、交流来提高素质；通过义务、纪律、回避、申诉、控告促进廉洁奉公；通过法制化的管理，防止人治，减少或防止腐败现象。再次，建立国家公务员制度，有利于增强政府机关的生机和活力。建立国家公务员正常的退休制、实行部分职务聘任制、规定不同职务的最高任职年龄、采取辞职辞退等办法，增强了机关的生机和活力。最后，建立国家公务员制度，有利于促进政府机关人事管理的科学化、法制化。我国公务员制度包括总法规《国家公务员法》以及单项法规，构成了完整的国家公务员法规体系，为我国的人事管理逐步走上科学化、法制化的轨道奠定了坚实的基础。

第一章 绪 论

一、西方公务员制度的产生与发展

(一) 公务员制度产生的历史背景

国家公务员制度的产生是社会经济、政治、文化发展的必然产物。英国是世界上最早建立公务员制度的国家，其后，美国、法国、德国等许多国家也相继建立和实施了公务员制度。在长期的人事管理的实践中，国家公务员制度不断得到发展和完善。

1. 公务员制度产生的经济原因。国家公务员制度产生于近代欧洲，是市场经济内在发展的客观要求。在市场经济体制下，价值规律、优胜劣汰得到充分体现，主体平等、交换自由成为经济活动的基本原则。随着资本主义的发展和工业革命的推进，新兴资产阶级日益壮大，他们要求更多地参与社会政治事务、公平地竞争政府公职；要求政府制定和执行有利于他们的政策，引导、保障和支持市场经济各个环节的配合以及整个机制的运行；要求面对日益复杂的社会管理，改革已不能适应需要的政府机构，建立一个高效和廉洁的政府，以维护资本主义生产关系，向外扩张，推销商品，掠夺资源。

2. 公务员制度产生的政治原因。18世纪中期，以议会为中心的代议制度在英国得到确立，近代意义的选举制度也随之产生，并在世界范围内被广泛推行。各资本主义国家内部的不同集团，为在选举中获胜和在获胜后能有效地控制国家，建立了政党制度。哪一个政党在选举中获胜，就可以委派自己的骨干亲信出任公职。这种制度政府使每次竞选都导致政府工作人员的大量更换，政府工作的连续性和稳定性无法得到保证，随时都有陷入停顿的危险，这一切严重地阻碍了资本主义经济的发展和政府机构的正常运作。在经济上已占统治地位的资产阶级，要求政局的稳定和政策的连续性，要求政府工作人员职业稳定、业务精通、工作高效。为了满足这些要求，就必须改革人事制度，首先将政府工作人员分为与政党共进退、掌握决策权的政务官和不与政党共进退、专门处理日常行政事务的事务官，然后再根据择优的原则来选拔政府的事务官。这是国家公务员制度产生的政治原因。

3. 国家公务员制度产生的思想文化原因。市场经济的发展促进了政治上的自由平等。在欧洲封建社会，实行的是嫡长子继承制，平民不能担任重要官职。随着资产阶级的兴起和壮大，情况逐渐改变。早在16、17世纪荷兰和英国革命时期，资产阶级的先进人物就已纷纷走上政治舞台，并开始担任重要的政府职务。1776年美国的《独立宣言》和1789年法国的《人权宣言》这两个具有重大历史意义的文件，将天赋人权、人人平等、主权在民等思想以国家根本法的形式确定下来。这就为国家公务员制度的建立提供了理论基础。同时，资本主义国家的工业革命，使社会生产力得到了飞速的发展，教育由此而逐渐普及，公民的整体文化水平不断得到提高，这就为资产阶级和社会其他阶层的参政提供了条件。

（二）英国公务员制度的产生

西方文官制度最早起源于英国，是随着资本主义政治、经济不断发展在反对"恩赐官职制"和"政党分肥制"的过程中逐步建立和发展起来的。

在中世纪，英国实行封建专制制度，国王集立法和行政大权于一身，所有官员都是国王的臣仆，一切听命于国王，官吏的任命和升迁完全取决于门第出身和对国王的忠诚，而个人的品德和才学则无足轻重。英国资产阶级革命后不久，一般官员的任免仍受国王和枢密院控制，文官职位大多靠国王恩赐，这种人事行政制度就是所谓的"恩赐官爵制"。

1688年英国"光荣革命"后确立了君主立宪政体。国王权力受到极大削弱，议会成为国家最高权力机关。19世纪初期，英国基本形成两党制政治，在议会中占多数席位的党派掌握了对政府中重要官员的任免权。于是，在议会选举中取胜而上台的党派，便根据录用对象的立场、忠诚度和捐助多寡，把政府官职看作是"战利品"，论功行赏，肥缺分赃，这就是所谓的"政党分肥制"。随着执政党的不断更替和内阁的频繁变迁，政府行政工作人员不断大换班，引发政治周期性的震荡和资产阶级的重重矛盾，同时也大大降低了官员的业务素质和政府的行政效率，还导致严重的腐败，严重损害了资产阶级的整体利益。

英国公务员制度的建立大体上经历了三个阶段。

第一阶段，1688—1830年，初步形成了国家公务员制度的雏形，为建立公务员制度打下了基础，其标志是在英国官吏中出现了"政务官"和"事务官"的划分。

1700年，议会通过《吏治澄清法》区分了"政务官"和"事务官"。

1805年，英国财政部率先建立常务次官制度，首先设立了一个地位相当于副大臣的常务次官负责主持政府的日常工作，不参加政党活动，不随政党的更迭而更换，长期担任实际行政职务。这种制度在一定程度上满足了英国资产阶级建立高效政府的需要，1830年后，这项制度在内阁各部全面推广。

第二阶段，1833—1853年。这是英国文官制度基本形成的阶段，其标志是实行了官职考试补缺制度。从1833年开始，英国政府在各部推行官职考试补缺制度，规定若有职位空缺，需要有4人以上参加考试，择优录用。1853年，英国国会委派麦克来等3人组成委员会，对当时东印度公司的用人状况进行调查，最后提交了一份调查报告。调查报告指出了英国贵族凭借权势安插子弟亲友到东印度公司任职所产生的危害，主张用公开考试的办法录用职员。这个报告坚定了英国政府建立公务员考试录用制度的信心。

第三阶段，1854—1870年，英国公务员制度正式建立。其标志是英国政府颁布的两个枢密院令。

1854年，斯坦福·诺斯科特和查尔斯·屈威廉受命对英国的官吏任用情况进行全面调查，随后向国会提交了《关于建立英国常任文官制度的报告》（《诺斯科特—屈维廉报告》），对当时官吏制度的各种问题及腐败现象进行了尖锐的抨击，确立了"公开竞争、择优录用"政府工作人员等基本原则，并提出了通过考试、提升、分级等办法统一文官管理体制的一整套建议，成为公务员制度建立的直接依据。1855年和1870年，英国政府两次以枢密院的名义颁布了改革官吏制度的命令，确立公开竞争考试的用人制度，英国公务员制度正式建立。英国政府人事制度的改革，对其他资本主义国家政府人事制度的改革产生了重大影响。此后，英国政府对文官的考试、录用、等级结构等重要原则作了进一步的确立和完善，至此，世界上第一个文官制度正式诞生了。

(三) 美国公务员制度的建立

在反对"政党分肥制"的过程中，美国以英国公务员制度为蓝本，并结合本国情况，经多次改革逐步建立起自己的公务员制度。

美国是实行总统制的国家。根据美国宪法规定，总统经参议院的建议或同意，有任命高级官员的权力；总统在国会的授权下，任命中下级官员。因此，总统在上任后，常常把政府的官职分配给本党在选举中出力较多的人员和自己的亲信。这种制度导致了行政上的低效率和官员的腐败，因而遭到了各方面的反对和批评。1840年国会两院议员提议创建公务员分级考试制度。1853年国会提出公务员的录用须经考试,尽管当时参加考试的只限于被提名的少数人,但考试录用作为一种新型政府人事管理制度的重要原则被确定下来。

1871年,国会授权总统颁布命令,规定了公职人员被录用的知识、能力、年龄、品德等条件。这为美国公务员制度的建立奠定了基础。

1871年,美国成立了第一个公务员机构——三人文官委员会,主管有关文官的考试、录用、考核、升迁、福利、奖惩、培训和退休等事务。

1876年拉瑟福德·伯查德·海斯当选为总统,他首先在海关和税务人员当中实施考试录用制度,并要求这类公职人员不得参加政党活动。

1883年1月,美国国会通过了《调整和改革美国文官制度的法律》,即《彭德尔顿法》(《文官制度法》),确定了公务员制度的一些基本原则,主要有:通过公开的竞争性考试择优录用政府工作人员;政府工作人员必须保持政治中立,禁止文官参加政治活动或捐助政党经费,各党派不得在竞选中封官许愿;职务常任,无过失不解雇,实行文官职业保障,不以政治原因解雇政府工作人员等。这个法律的颁布,标志着美国公务员制度的形成。以后,美国又制定了诸如《文官退休法》(1920)、《职位分类法》(1923及1949)、《考绩法》(1950)、《联邦工资改革法》(1962)等法律,对文官制度不断进行补充和完善。

1978年10月,美国国会通过了《文官制度改革法》,于1979年1月生效。该法的核心是推进按工作表现付酬的功绩制,以提高政府工作的质量和效率,它第一次确定了联邦政府人事制度应遵循的9条功绩制原则,强调利用报酬来鼓励政府雇员工作的积极性,保护揭发政府工作缺点和弊病的人。《文官制度改革法》进行的重要改革主要有以下三个方面:

一是建立"高级行政职位"。高级行政职位成员的一般资格由人事管理局规定,更具体的资格则由各用人机构规定,候选人的资格由各机构设立的审查委员会审查,资格合格证则由人事管理局颁发,被任命者试用期为一年。对于担任高级行政职位的人,要从提高效率、节约开支、减少文牍工作、提高其部属工作效率和符合既定行动目标等方面的表现进行考核,考核由各机构的"考核委员会"负责。政府对于高级行政职位成员给予优厚报酬。

二是推行功绩工资制。对部分中高级官员按工作表现付酬,以鼓励和酬劳表现优异的官员。

三是改革考核制度。规定联邦机构各单位在作出培训、奖励、提升、降级、留用、重新委派工作、开除等人事决定时,必须以考核为依据,但只有在给予雇员合理的时间和机会改进其工作表现以后,方可免职或降级。除此以外,《文官制度改革法》还第一次承认了联邦雇员组织起来进行集体谈判和通过工会参与涉及他们的决定的权利。

(四) 法国公务员制度的建立

法国在总结和仿效英、美等国公务员制度的基础上建立起自己的国家公务员制度。拿破仑执政时期,法国草创了公务员制度的雏形:①建立等级制。1809年,法国第一次把公务员的等级同工资联系起来,并以进入行政部门的任职时间,在行政部门中的地位及过去在行政部门以外的工作经历作为划分等级的标准。②规定在行政部门实行严格的纪律。③颁布了某些适用于所有公务员的规章制度,这些规章制度确立了统一培训的原则,统一了行政部门的工作方法,并建立了相应的行政法院。④创办了许多培训官吏的专门性和综合性的技术学校,使这些学校成为培训官僚队伍的摇篮。随着工业革命的发展和成熟,经济活动、电气事业及交通运输被列入政府管理之列,使政府职能不断增加,其性质日趋复杂,原有的官僚体制逐渐被专业化高效的现代公务员制度所取代。

从19世纪到20世纪前半叶,法国政府陆续建立了一些文官管理制度,主要有:1853—1859年退休法;1905年关于纪律的规定(其中规定公务员受处分时有权看到宣布这个处分的文件);1913年的转调法(规定了公务员在各行政部门之间调动的条件)等。第一次世界大战结束后,法国政府颁布了两项重要法令,规定各县市政府公务员的选拔、升迁及惩戒等办法。到第三共和国时期,制度已具相当规模,形成了有这样一些特点的人事制度:在选用官吏时注重人才能力;官吏所必须接受的教育与训练由各用人机构自选决定;公务人员的任用须经公开竞争考试,考核科目则注重业务技能,而不是一般的通才教育,并适当放宽投考年龄的限制等。

法国现代公务员制度的确立是在第二次世界大战后,在改革旧的公务员规章条例的基础上逐步形成的。1945年10月,法国成立文官管理局(也称公职管理总局,隶属总理府),负责文官的宏观管理和决策指导,具体业务则由各部人事机构承担;同年,又建立了法国国立行政学院,以统一文官的考试录用和高级文官的培训。1946年10月5日,法国国民议会通过了政府拟定的《公务员总章程》(《公务员法》),该章程以立法的形式规定了有关公务员的招收与录用、职业培训、晋升与调动、工资与福利、惩戒等方面的条款,设置公职最高委员会,还规定财政部的预算总局也参与管理人事行政事宜。章程中包含着某些民主的内容,基本上反映了法国公务员长期以来的愿望和要求,从而建立了现代公务员制度。

(五)日本公务员制度的建立

第二次世界大战后,日本成为战败国而由美国占领。1946年10月8日,美国政府派出了以胡佛为团长的"人事行政顾问",赴日本研究和指导官吏制度的改革。顾问团经过数日的调查,提出了一份调查报告,指出日本文官制度的弊病,呼吁全面改革日本的官吏制度。在美占领当局的授意下,日本政府于1947年10月制定颁布了《国家公务员法》,将战前文官制度废弃,改文官名称为公务员,此外,还确定了日本公务员制度的各项基本原则,从而奠定了日本现行文官制度的基础。

日本政府于1948年将《国家公务员法》进行了重大修改,同年7月又制定了《国家行政组织法》。1950年制定了《关于国家公务员职阶制的法律》,同年12月又制定了《地方公务员法》。人事院也相继制定了许多规则,对公务员的分类、考试、晋升、考核、工资待遇等都做了详细的规定。以上法规后经多次修改和补充,成为日本公务员制度的主要法规。日本公务员制度是日本传统和欧、美等国制度的混合体。日本的《国家公务员法》在许多方面照搬了美国,它的主要内容是:把文官分成"政务官"(特别公职人员)和"事务官"(一般公职人员)两种,后者实行公开考试,择优录用;建立人事院,在内阁和国会的领导下全面负责公务员工作;在公务员中实行"职阶制",以此为标准,确定公务员的薪俸和待遇标准,决定公务员的工资待遇,并规定报考的16种官职,职阶制类似于美国的官位分类;在公务员中推行"功绩制",以此作为晋升和加薪的依据;主要由名牌大学毕业生担任高级官员;公务员队伍年轻化;公务员队伍要精干等。另外,日本政府发布了一系列关于公务员的考试、任免、职阶、报酬、退休、奖惩等方面的法令。经过上述努力，日本建立了完善的现代公务员制度。

第二次世界大战后，公务员制度在世界范围内进一步推广，欧洲、美洲、亚洲一些较发达的国家和发展中国家，先后建立了国家公务员制度。如，拉丁美洲的秘鲁、哥伦比亚、委内瑞拉、乌拉圭、玻利维亚，亚洲的印度、新加坡、巴基斯坦、泰国、马来西亚、菲律宾，非洲的埃及、突尼斯、加纳等。

三、我国国家公务员制度的建立

我国公务员制度继承和发扬了党和国家干部人事制度的优良传统，总结和吸收了党的十一届三中全会以来干部人事制度改革的成果，学习和借鉴了国外一些国家人事管理的有益经验和做法，坚持从我国的国情出发，是具有中国特色的社会主义的公务员制度。

（一）建立公务员制度的指导思想

我国建立国家公务员制度的指导思想有以下几点。

1. 坚持以经济建设为中心，坚持四项基本原则，坚持改革开放的基本路线。这是建立和实施国家公务员制度的根本指导思想。这一思想体现在《公务员法》和各项法规的总则、公务员义务与权利，以及各个管理环节中。通过建立和推行国家公务员制度，可以促进政权的巩固，实现国家的长治久安，也有利于改革开放事业的推进和深入，有利于解放和发展生产力，更好地为人民群众服务。

2. 继承和发扬党和国家干部人事管理的优良传统。长期以来，我们党在干部管理方面形成了很多很好的经验，例如：强调把马克思主义的普遍真理同中国的具体实践相结合，高度重视干部工作，坚持党管干部原则，干部人事工作主要根据党中央的有关政策和各级党委的有关规定进行；坚持全心全意为人民服务的宗旨；坚持实事求是和群众路线；坚持德才兼备的用人标准和任人唯贤的原则；重视对干部的培训培养；制定一整套严密的干部队伍纪律；等等。这些业已为中国革命和建设的历史所证明的行之有效的做法，是弥足珍贵的经验和传统，对此，国家公务员制度都应很好地继承，并在新的历史条件下加以丰富和发展。

3. 吸收改革开放以来我国干部人事制度改革的成功经验。在人事制度改革的实践中，我国又探索总结出了比较丰富的新鲜经验，例如：确立了干部队伍建设的"四化"方针；建立了正常的离退休制度；在人事管理中引入竞争机制，实行聘任制度、考录制度、回避制度等。这些为公务员制度的建立提供了经验、奠定了基础。

4. 从我国的国情出发，学习借鉴国外人事管理方面的先进经验和有益做法。公务员制度是人类文明发展的共同成果，虽然源头在中国，但真正形成和初步发展于西方。公务员制度中许多科学的管理方法具有通用性，各国都可以借鉴。当然，公务员制度毕竟是上层建筑的一部分，其中有些内容与所在国家的历史文化相联系，与其经济体制、政治体制相适应。因此，我国的公务员制度一定要适合中国国情，形成中国特色。一方面，学习和借鉴别人有益的管理经验和科学方法，如公务员管理实行公开、竞争以及法制化管理的原则等；另一方面，要摈弃那些与文化传统、基本国情、社会制度等相背离或脱节的，由资本主义制度派生出来的管理原则和制度。

（二）我国公务员制度的建立

我国公务员制度建立之前，经历了一段较长而曲折的准备过程。

新中国成立初期，我国建立了从中央到地方的一整套人事管理机构，统一负责人事行政管理工作，逐步建立了包括录用、调配、培训、任免、奖惩、考核、工资福利、退休退职等一系列规章制度，逐步形成了高度集中的人事管理体制。尽管各方面制度还不够健全和完善，但基本满足了管理需要，也为巩固人民政权、恢复国民经济、建设社会主义起到了重要的保证作用。

1966年5月至1976年10月间，各级人事机构相继被撤销，人事干部被遣散，有效的管理制度被否定，人事工作遭到了严重的破坏。

粉碎"四人帮"后，党中央、国务院采取了拨乱反正的一系列重要措施，果断地恢复了人事管理机构和一些行之有效的规章制度，并且随着经济体制改革的全面展开和政治体制改革的不断发展，逐步走上了建立国家公务员制度的道路。

我国公务员制度的建立大致可分为以下几个阶段：

第一阶段，1980—1987年。这一阶段的主要特点是对原来的干部人事制度进行了深刻的反思和系统总结，使人们充分认识到干部人事制度的改革已刻不容缓。同时，对在我国建立国家公务员制度进行了较为全面的理论探讨，为国家公务员制度的建立奠定了良好的思想理论基础。党的十一届三中全会以来，随着经济、科技、教育、文化和卫生体制的改革以及各项事业的发展，我国的情况发生了很大的变化，干部队伍本身也发生了很大变化，干部人事管理的弊端明显地暴露出来，改革干部人事制度势在必行。1980年，邓小平提出：坚决解放思想，克服重重困难，打破老框框，勇于改革不合时宜的组织制度、人事制度。在邓小平关于改革干部人事制度系列思想指导下，我国对干部人事制度进行了大量的改革探索，取得了很大的成绩：第一，确立了干部人事工作新的指导思想和干部"四化"的方针；第二，建立了老干部离退休制度，基本上实现了新老干部交替正常化；第三，改革了干部人事管理体制，确立了干部分类管理的思想，下放了干部管理权限；第四，进行了各项管理制度改革的大量尝试，打破了干部任用上的单一委托制模式，实行委任、选任、考任、聘任等多种形式；第五，公开、平等、竞争等干部人事管理新观念逐步深入人心，人事管理的封闭状态有了很大改变，开始向法制化、科学化方向发展。

1984年，为了总结机构改革经验，对干部人事制度进行系统的配套改革，中央组织部和原劳动人事部组织起草了《国家工作人员法》。后因国家机关工作人员范围太广，又于1985年改为《国家行政机关工作人员条例》，1986年改名为《国家公务员暂行条例》。这个条例是在广泛征求意见的基础上反复修改、数易其稿而成的，借鉴了国外公务员制度的某些经验，成为后来《国家公务员暂行条例》的前身。

第二阶段，1987—1993年。这一阶段的主要特点是在进一步探讨理论的同时，实施工作也开始在较大的范围内进行。

1987年10月中国共产党第十三次代表大会明确宣布，在我国建立和推行国家公务员制度是"当前干部人事制度改革的重点"。并明确规定："凡进入业务类公务员队伍，应当通过法定考试，公开竞争。"

1988年3月召开的全国七届人大一次会议要求"抓紧建立和逐步实施公务员制度"，要"尽快制定国家公务员条例，研究制定公务员法"，会议还决定组建人事部，承担公务员制度的推行和《暂行条例》的修改任务。1988年4月通过的《政府工作报告》，对建立并推行国家公务员制度做了进一步的规定，明确指出："今后各级政府录用公务员，要按国家公务员条例的规定，通过考试，择优选拔。"国家人事部和有关理论研究部门根据党和政府的决策，不断深化对建设有中国特色公务员制度的认识,并对公务员条例进行了数次修改,使其内容更加充实,中国特色更加鲜明。

国务院决定从1989年开始,首先在国务院直属的审计署、海关总署、统计局、环保局、建材局、税务局等六个部门进行公务员试点工作。除工资制度以及人员分级等未施行外,对职位分类、人员录用、考核、职务晋升、回避、培训等多项制度都进行了试验并转入了正常运转。1990年后,试点从中央扩大到地方,哈尔滨和深圳两市相继进行了推行公务员制度的试点工作。后来,全国又有20多个省市进行了试点。

1989年年初,国家人事部和中央组织部联合下发了《关于国家行政机关补充工作人员实行考试办法的通知》,决定从1989年起,国家行政机关补充工作人员,要贯彻公开、平等、竞争、择优的原则,通过考试考核择优录用。自通知颁布至1992年年底,国家行政机关采用考试办法补充工作人员,遍及全国29个省、直辖市、自治区,国务院的63个部门也不同程度地采用了这种方法。

人事部和试点单位及时总结经验教训,在此基础上补充和完善了《暂行条例》的内容。1989年5月经国务院批准,以人事部的名义将《暂行条例》草案下发至国务院各部门,各省、自治区、直辖市及计划单列市人民政府征求意见。

第三阶段,1993年10月至今。这个阶段的主要特点是公务员制度实施工作在全国范围内逐步展开。我国公务员制度步入了规范化、法制化的轨道。

1993年8月14日,国务院发布《国家公务员暂行条例》,该条例自1993年10月1日起施行。《国家公务员暂行条例》的颁布和实施,标志着国家公务员制度在我国诞生了。

《国家公务员暂行条例》颁布后,各级行政机关采取整体推进、突出重点、分步到位的方法,有计划、有步骤地推进公务员制度建设,根据难易程度和基础条件不同,逐项建立实施公务员管理的各个单项制度。在党政机关建立推行公务员制度的同时,党政领导干部选拔任用等重要制度的改革也蓬勃开展起来。但是,《国家公务员暂行条例》的立法层次相对较低,权威性不强,制约了公务员制度的完善和发展;随着政治、经济、文化、行政体制改革的推进,我国原有的干部人事制度的弊端日益显现,加快公务员制度改革刻不容缓。1995年,中央颁布了《党政领导干部选拔任用工作暂行条例》。

各地围绕着"扩大民主,完善考核,推进交流,加强监督"的要求,积极探索,勇于创新,创造了许多新鲜的经验。为了使这些经验法制化,2000年中央颁布的《深化干部人事制度改革纲要》明确提出要抓紧研究制定《公务员法》。党的十六大报告也强调,要改革和完善干部人事制度,健全公务员制度。

2001年1月开始,中组部和人事部牵头成立了国家公务员法起草领导小组,2004年12月25日国家公务员法正式进入立法程序,草案提交十届全国人大常委会第十三次会议进行初次审议。

2005年4月27日,第十届全国人民代表大会常务委员会第十五次会议通过《中华人民共和国公务员法》(以下简称《公务员法》),时任国家主席胡锦涛签署主席令予以公布,该法自2006年1月1日起施行。《公务员法》的颁布和实施使我国公务员制度在法制化建设的道路上又前进了一步。

《公务员法》自2006年施行以来,在建设高素质专业化公务员队伍中发挥了重要作用,取得了明显成效:一是公务员管理基本实现了有法可依、有章可循。以公务员法为主体,先后制定涵盖公务员录用、考核、职务任免与升降、奖励、惩戒、回避、培训、调任、辞职、辞退、申诉、聘任等30多个配套政策法规,逐步形成较为完整的公务员管理制度体系,公务员的进入退出机制、教育培训机制、考核评价机制、激励约束机制不断完善。二是极大地促进了公务员队伍结构优化。公务员坚持"凡进必考",从源头上确保了公务员队伍的高素质,公务员队伍的来源、经历、专业、学历结构得到极大优化。三是极大地促进了公务员素质能力提升。公务员制度建立以来,持续开展公务员初任培训、任职培训、专门业务培训、在职培训,突出加强政治理论培训和专业能力培训,组织公务员深入学习贯彻习近平新时代中国特色社会主义思想、中央重大战略决策部署和重要活动精神,大力开展政策理论、业务知识、科技人文知识等方面培训。持续推进公务员交流工作,积极选派公务员到基层一线培养锻炼,加大对口援派干部工作的力度,促使公务员队伍的政治素质和专业能力不断提高。

但随着中国特色社会主义进入新时代,党和国家事业取得历史性成就,发生了历史性变革,也对公务员队伍建设和公务员工作提出了许多新要求。与此同时,《公务员法》的一些规定也出现了一些不适应或不符合新形势和新要求的地方,需要与时俱进地加以修订完善。《公务员法》修订工作于2017

年3月启动，到2018年12月正式颁布。新《公务员法》于2019年6月1日起正式实施。《公务员法》的修订主要包括以下五个方面：一是突出了政治要求。把习近平新时代中国特色社会主义思想作为公务员制度必须长期坚持的指导思想。把坚持和加强党的领导、坚持中国特色社会主义制度等一系列政治要求，体现到立法目的、管理原则、条件义务等规定中，把落实好干部标准贯穿公务员管理全过程和主要环节，进一步彰显了中国特色。二是调整完善公务员职务、职级等有关规定。进一步推进公务员分类改革，改造非领导职务为职级，实行职务与职级并行制度，对领导职务与职级的任免、升降以及与此相关的条文进行了修改。三是调整充实从严管理干部有关规定。将第九章章名"惩戒"调整为"监督与惩戒"，增加了加强公务员监督和公务员应当遵守的纪律等规定，修改完善了回避情形、责令辞职、离职后从业限制等规定，增加了在录用、聘任等工作中违纪违法有关法律责任的规定。四是贯彻落实党中央关于加强正向激励的要求，健全完善公务员激励保障机制，加强了对公务员合法权益的保护。五是根据公务员管理的实践需要，对分类考录、分类考核、分类培训等进一步提出明确要求，对公务员考核方式、宪法宣誓、公开遴选等方面做了修改。

四、我国公务员制度的特点

（一）我国公务员制度的基本内容

我国公务员制度是具有中国特色社会主义的公务员制度。其核心内容就是《中华人民共和国公务员法》。《公务员法》共18章107条，包括公务员的条件、义务和权利、职务职级、录用、考核、职务任免、升降、奖励、惩戒、培训、交流与回避、工资福利保险、辞职辞退、退休、申诉控告、职位聘任、法律责任等内容，对我国公务员制度的基本内容做了原则性的规定。我国公务员制度的基本内容包括以下几方面。

1. 公务员制度贯彻的基本原则和公务员的范围。
2. 公务员权利与义务。
3. 公务员分类分级制度。
4. 公务员考试、录用、考核、奖惩、职务升降、职务任免、培训、交流、回避、工资保险福利、辞职辞退、退休退职、申诉控告等具体管理制度。

5. 公务员的管理机构。

6. 国家行政机关违反公务员法规的法律责任，以及有关公务员的一整套法规运行的政策措施等。

（二）我国公务员制度的特点

我国公务员制度坚持以经济建设为中心，坚持四项基本原则，坚持改革开放的基本路线，继承和发扬了党和国家干部人事管理的优良传统，总结和吸收了党的十一届三中全会以来干部人事制度改革的成功经验，从我国国情出发，学习和借鉴了国外人事管理方面的有益经验和做法。

1. 我国公务员制度与西方公务员制度相比有着本质的不同，具有以下鲜明的中国特色：

（1）坚持党的基本路线。这是我国公务员制度与西方公务员制度的本质区别，也是我国公务员制度坚定的政治基础。在西方国家里，其文官制度强调业务类公务员实行所谓的"政治中立"，要求这些文官不得参加政党的竞选活动，在公务活动中不得带有所谓的"政治倾向性"，对各党派保持"中立"。我国公务员必须坚持党的以经济建设为中心、坚持四项基本原则、坚持改革开放的基本路线，这是建立有中国特色公务员制度的根本指导原则。在公务员的各项具体管理制度中，都坚持和贯彻了这一原则。在考核公务员德的表现及执行纪律中，要求公务员在公务活动中必须认真贯彻执行党的路线、方针、政策。公务员不仅可以参加政党和政党活动，而且应该积极参与国家的政治生活。公务员中的共产党员，要按照党章规定，严格要求自己，并积极参加党的一切活动。

（2）坚持党管干部的原则。坚持党管干部的原则是我国干部人事制度建设的主要经验，也是我国公务员制度的基本原则。中国共产党是全国人民和各项事业的领导核心，党管干部原则是我国人事工作的一项基本原则。

党管干部原则在公务员制度中的体现主要是：公务员制度是在党的改革方针指导下建立的。党制定公务员工作的方针、政策，指导政府人事制度改革，公务员制度中各项具体管理规定是根据党的有关现行政策制定的，继承和发扬了党的干部人事工作的优良传统；公务员队伍中的各级政府组成人员和其他重要公务员，都是由各级党委组织部门考察、党委集体讨论决定、依法由各级国家权力机关选举或通过决定任命的；公务员中的共产党员必须参加党的活动，遵守党的章程；担任某些重要职务的公务员，党委可以根据需要进行直接管理。

而在西方的公务员制度中，各政党不参与对文官的管理，特别是常任公务员的任免管理更是不受政党干预。

(3) 坚持全心全意为人民服务的宗旨。我国的公务员既是国家的主人，又是人民的公仆，他们代表人民群众执行国家公务，是人民利益的忠实代表。因此，我国的《公务员法》规定，公务员必须全心全意为人民服务，廉洁奉公，不谋私利，不搞特权，并接受群众监督。而西方国家的文官相对于老百姓来说是政府官员，相对于政府来说则是雇员，政府与文官的关系是雇主与雇员的关系，享有某些特权。因此，西方国家的文官已形成了一个相对独立的利益集团。

(4) 坚持德才兼备的用人标准。德和才孰先孰后的问题是长期以来人们争论不休的话题。事实上，这两者均很重要，不可偏废。有德无才，难当大任；有才无德，贻害事业。

"德才兼备"是我们党在长期的斗争中形成的行之有效的选拔和使用干部的原则。"德才兼备"原则，就是在选拔和使用公务员时，要用"德"和"才"两把尺子去衡量，要求二者同时具备，并把坚定的政治立场和正确的政治方向放在首位。它体现在我国公务员制度的各项具体的管理制度之中，我国的公务员从录用进入公务员队伍，到退休或以其他方式离开公务员队伍的各个管理环节，都贯穿和体现着德才兼备的用人标准，重点体现在录用、考核、职务升降、职务任免、交流、培训等具体管理环节中。比如，公务员的录用和晋升，既注重政治思想表现，又注重工作能力和工作实绩；公务员的培训，坚持政治教育与业务培训相结合。

2. 我国公务员制度与原有干部人事制度相比，有以下几个显著特点：

(1) 体现了分类管理原则。分类制度是人事行政的基础，是对公务员进行科学管理的前提。没有分类，就无法区别对待，更谈不上科学的管理。我国公务员实行分类制度，除政府的某些特殊岗位外，把政府的各种工作职位按工作性质、任务的难易、责任的大小、所需工作人员的资格和专业要求分成综合管理类、专业技术类和行政执法类等类别，制定出相应的职级规定，作为公务员任用、考核、晋升、工资待遇等一系列人事管理工作的依据和标准。这就改变了过去那种不论机关、企业和事业单位，无论什么干部一律均按一个模式管理的方式，建立起符合政府机关特点的分类管理制度。这样有利于政府机关调整干部结构，加强政治与业务素质，强化政府指挥系统，克服官僚主义，提高机关的行政工作效率，以适应我国改革开放与社会主义市场经济发展的需要。因此，公务员制度的建立，标志着我国人事分类管理制度逐步确立。

（2）具有科学的激励竞争机制。我国公务员制度从"进口"到"出口"的各管理环节，都体现了科学的激励与平等的竞争，以促使公务员奋发进取、力争上游。对担任主任科员以下非领导职务的公务员的录用，采用公开考试、平等竞争、严格考核、择优录用方式；对所有公务员进行严格考核，注重实绩，并以考核结果作为依据，按照规定程序对公务员进行奖惩、培训、职务升降、晋级、增资以及职位调整。这样有利于调动广大公务员的积极性和创造性，保证政府机关按照德才兼备的标准选拔优秀人才。同时对不称职人员区别情况，按有关规定予以降职或辞退，以做到优胜劣汰、能上能下，保证公务员队伍的素质，从而克服以往那种"干好干坏一个样"的现象。

（3）具有正常的新陈代谢机制。国家公务员制度一方面在人员录用上严格把关，坚持按公开、平等、竞争的原则选拔优秀人才，充实公务员队伍，以保证公务员队伍的良好素质；另一方面，在建立正常退休制度的同时，还规定必须进行人员交流，部分职务实行聘任制，规定不同职务的最高任职年龄的梯度结构，以及采取辞退、辞职等办法，使公务员做到能进能出、吐故纳新、合理流动，以增强机关的生机与活力。

（4）具有勤政廉政保障机制。勤政廉政作为对公务员的一项基本要求，贯穿于公务员义务与权利、纪律、录用、晋升、考核、奖惩等各项制度和管理环节中。如通过公开考试、择优录用、实行严格考核、推行正规的培训等，促使公务员勤奋工作，这对提高公务员队伍素质起了保障作用；实行回避制度、交流制度，从制度上促进公务员廉洁奉公；通过法制化管理，避免了用人上的不正之风。以上各项制度保障了各级政府及公务员队伍形成一心为公的高效率的工作作风，树立为政清廉、为民谋福利的良好形象，从而使以往那种"出勤不出力"的陋习得以纠正与克服，为政不廉的腐败现象得以防止和消除。

(5) 具有健全的法规体系。我国除有公务员制度总法规外，还陆续出台了各个单项法规及其实施细则，形成一套比较健全的法规体系，使我国公务员管理做到有法可依、依法行政，逐步走上法制化管理轨道，从而克服了以往那种干部人事管理中存在的人治现象与缺法少规甚至有法不依等种种弊端。

五、我国公务员管理机构

公务员管理机构是根据管理公务员事务的需要，代表国家或政府依法对公务员的录用、考核、晋升、工资、辞退、退休等实施管理的机构。

我国的公务员管理机构包括中央公务员管理机构和县级以上地方公务员管理机构。

中央公务员管理机构是中共中央组织部（国家公务员局），负责全国公务员的综合管理工作的部门，包括草拟公务员管理的各项政策、法规，负责中央机关公务员的录用考试的组织工作。为更好落实党管干部原则，加强党对公务员队伍的集中统一领导，更好统筹干部管理，建立健全统一规范高效的公务员管理体制，2018年9月，国家公务员局并入中央组织部。中央组织部对外保留国家公务员局牌子。调整后，中央组织部在公务员管理方面的主要职责是，统一管理公务员录用调配、考核奖惩、培训和工资福利等事务，研究拟订公务员管理政策和法律法规草案并组织实施，指导全国公务员队伍建设和绩效管理，负责国家公务员管理国际交流合作等。

县级以上地方各级公务员主管部门负责本辖区内公务员的综合管理工作。管理机关主要也是组织部门、人事部门，其管理的业务范围和中央公务员主管部门相同。

中央公务员主管部门比较多的任务是制定公务员管理的政策，拟订相关的法规草案，指导地方各级公务员管理机关实施、执行。就地方公务员管理机关而言，执行公务员管理法律、法规和政策是其主要职责，制定政策法规的任务则相对减轻。

实行双重管理的机关，上级业务主管部门对本系统的公务员管理负有指导、监督的职责。如最高人民法院、最高人民检察院、公安部的公务员管理机关，分别对本系统公务员的管理实施指导、监督。

思考题

1. 何谓公务员与国家公务员制度？
2. 简述我国公务员制度的基本内容。
3. 公务员制度有何功能与作用？
4. 与传统人事制度和国外公务员制度相比，我国公务员制度有何特点？

附录

《中华人民共和国公务员法》

（2005年4月27日第十届全国人民代表大会常务委员会第十五次会议通过。根据2017年9月1日第十二届全国人民代表大会常务委员会第二十九次会议《关于修改〈中华人民共和国法官法〉等八部法律的决定》修正。2018年12月29日第十三届全国人民代表大会常务委员会第七次会议修订）

目　录

第一章　总　则

第二章　公务员的条件、义务与权利

第三章　职务、职级与级别

第四章　录　用

第五章　考　核

第六章　职务、职级任免

第七章　职务、职级升降

第八章　奖　励

第九章　监督与惩戒

第十章　培　训

第十一章　交流与回避

第十二章　工资、福利与保险

第十三章　辞职与辞退

第十四章　退　休

第十五章　申诉与控告

第十六章　职位聘任

第十七章　法律责任

第十八章　附　则

第一章　总　则

第一条　为了规范公务员的管理，保障公务员的合法权益，加强对公务员的监督，促进公务员正确履职尽责，建设信念坚定、为民服务、勤政务实、敢于担当、清正廉洁的高素质专业化公务员队伍，根据宪法，制定本法。

第二条　本法所称公务员，是指依法履行公职、纳入国家行政编制、由国家财政负担工资福利的工作人员。

公务员是干部队伍的重要组成部分，是社会主义事业的中坚力量，是人民的公仆。

第三条　公务员的义务、权利和管理，适用本法。

法律对公务员中领导成员的产生、任免、监督以及监察官、法官、检察官等的义务、权利和管理另有规定的，从其规定。

第四条　公务员制度坚持中国共产党领导，坚持以马克思列宁主义、毛泽东思想、邓小平理论、"三个代表"重要思想、科学发展观、习近平新时代中国特色社会主义思想为指导，贯彻社会主义初级阶段的基本路线，贯彻新时代中国共产党的组织路线，坚持党管干部原则。

第五条　公务员的管理，坚持公开、平等、竞争、择优的原则，依照法定的权限、条件、标准和程序进行。

第六条　公务员的管理，坚持监督约束与激励保障并重的原则。

第七条　公务员的任用，坚持德才兼备、以德为先，坚持五湖四海、任人唯贤，坚持事业为上、公道正派，突出政治标准，注重工作实绩。

第八条　国家对公务员实行分类管理，提高管理效能和科学化水平。

第九条　公务员就职时应当依照法律规定公开进行宪法宣誓。

第十条　公务员依法履行职责的行为，受法律保护。

第十一条　公务员工资、福利、保险以及录用、奖励、培训、辞退等所需经费，列入财政预算，予以保障。

第十二条　中央公务员主管部门负责全国公务员的综合管理工作。县级以上地方各级公务员主管部门负责本辖区内公务员的综合管理工作。上级公务员主管部门指导下级公务员主管部门的公务员管理工作。各级公务员主管部门指导同级各机关的公务员管理工作。

第二章　公务员的条件、义务与权利

第十三条　公务员应当具备下列条件：

（一）具有中华人民共和国国籍；

（二）年满十八周岁；

（三）拥护中华人民共和国宪法，拥护中国共产党领导和社会主义制度；

（四）具有良好的政治素质和道德品行；

（五）具有正常履行职责的身体条件和心理素质；

（六）具有符合职位要求的文化程度和工作能力；

（七）法律规定的其他条件。

第十四条 公务员应当履行下列义务：

（一）忠于宪法，模范遵守、自觉维护宪法和法律，自觉接受中国共产党领导；

（二）忠于国家，维护国家的安全、荣誉和利益；

（三）忠于人民，全心全意为人民服务，接受人民监督；

（四）忠于职守，勤勉尽责，服从和执行上级依法作出的决定和命令，按照规定的权限和程序履行职责，努力提高工作质量和效率；

（五）保守国家秘密和工作秘密；

（六）带头践行社会主义核心价值观，坚守法治，遵守纪律，恪守职业道德，模范遵守社会公德、家庭美德；

（七）清正廉洁，公道正派；

（八）法律规定的其他义务。

第十五条 公务员享有下列权利：

（一）获得履行职责应当具有的工作条件；

（二）非因法定事由、非经法定程序，不被免职、降职、辞退或者处分；

（三）获得工资报酬，享受福利、保险待遇；

（四）参加培训；

（五）对机关工作和领导人员提出批评和建议；

（六）提出申诉和控告；

（七）申请辞职；

（八）法律规定的其他权利。

第三章 职务、职级与级别

第十六条 国家实行公务员职位分类制度。

公务员职位类别按照公务员职位的性质、特点和管理需要，划分为综合管理类、专业技术类和行政执法类等类别。根据本法，对于具有职位特殊性，需要单独管理的，可以增设其他职位类别。各职位类别的适用范围由国家另行规定。

第十七条　国家实行公务员职务与职级并行制度，根据公务员职位类别和职责设置公务员领导职务、职级序列。

第十八条　公务员领导职务根据宪法、有关法律和机构规格设置。

领导职务层次分为：国家级正职、国家级副职、省部级正职、省部级副职、厅局级正职、厅局级副职、县处级正职、县处级副职、乡科级正职、乡科级副职。

第十九条　公务员职级在厅局级以下设置。

综合管理类公务员职级序列分为：一级巡视员、二级巡视员、一级调研员、二级调研员、三级调研员、四级调研员、一级主任科员、二级主任科员、三级主任科员、四级主任科员、一级科员、二级科员。

综合管理类以外其他职位类别公务员的职级序列，根据本法由国家另行规定。

第二十条　各机关依照确定的职能、规格、编制限额、职数以及结构比例，设置本机关公务员的具体职位，并确定各职位的工作职责和任职资格条件。

第二十一条　公务员的领导职务、职级应当对应相应的级别。公务员领导职务、职级与级别的对应关系，由国家规定。

根据工作需要和领导职务与职级的对应关系，公务员担任的领导职务和职级可以互相转任、兼任；符合规定资格条件的，可以晋升领导职务或者职级。

公务员的级别根据所任领导职务、职级及其德才表现、工作实绩和资历确定。公务员在同一领导职务、职级上，可以按照国家规定晋升级别。

公务员的领导职务、职级与级别是确定公务员工资以及其他待遇的依据。

第二十二条　国家根据人民警察、消防救援人员以及海关、驻外外交机构等公务员的工作特点，设置与其领导职务、职级相对应的衔级。

第四章 录 用

第二十三条 录用担任一级主任科员以下及其他相当职级层次的公务员,采取公开考试、严格考察、平等竞争、择优录取的办法。

民族自治地方依照前款规定录用公务员时,依照法律和有关规定对少数民族报考者予以适当照顾。

第二十四条 中央机关及其直属机构公务员的录用,由中央公务员主管部门负责组织。地方各级机关公务员的录用,由省级公务员主管部门负责组织,必要时省级公务员主管部门可以授权设区的市级公务员主管部门组织。

第二十五条 报考公务员,除应当具备本法第十三条规定的条件以外,还应当具备省级以上公务员主管部门规定的拟任职位所要求的资格条件。

国家对行政机关中初次从事行政处罚决定审核、行政复议、行政裁决、法律顾问的公务员实行统一法律职业资格考试制度,由国务院司法行政部门商有关部门组织实施。

第二十六条 下列人员不得录用为公务员:

(一)因犯罪受过刑事处罚的;

(二)被开除中国共产党党籍的;

(三)被开除公职的;

(四)被依法列为失信联合惩戒对象的;

(五)有法律规定不得录用为公务员的其他情形的。

第二十七条 录用公务员,应当在规定的编制限额内,并有相应的职位空缺。

第二十八条 录用公务员,应当发布招考公告。招考公告应当载明招考的职位、名额、报考资格条件、报考需要提交的申请材料以及其他报考须知事项。

招录机关应当采取措施,便利公民报考。

第二十九条 招录机关根据报考资格条件对报考申请进行审查。报考者提交的申请材料应当真实、准确。

第三十条 公务员录用考试采取笔试和面试等方式进行,考试内容根据公务员应当具备的基本能力和不同职位类别、不同层级机关分别设置。

第三十一条　招录机关根据考试成绩确定考察人选，并进行报考资格复审、考察和体检。

体检的项目和标准根据职位要求确定。具体办法由中央公务员主管部门会同国务院卫生健康行政部门规定。

第三十二条　招录机关根据考试成绩、考察情况和体检结果，提出拟录用人员名单，并予以公示。公示期不少于五个工作日。

公示期满，中央一级招录机关应当将拟录用人员名单报中央公务员主管部门备案；地方各级招录机关应当将拟录用人员名单报省级或者设区的市级公务员主管部门审批。

第三十三条　录用特殊职位的公务员，经省级以上公务员主管部门批准，可以简化程序或者采用其他测评办法。

第三十四条　新录用的公务员试用期为一年。试用期满合格的，予以任职；不合格的，取消录用。

第五章　考　核

第三十五条　公务员的考核应当按照管理权限，全面考核公务员的德、能、勤、绩、廉，重点考核政治素质和工作实绩。考核指标根据不同职位类别、不同层级机关分别设置。

第三十六条　公务员的考核分为平时考核、专项考核和定期考核等方式。定期考核以平时考核、专项考核为基础。

第三十七条　非领导成员公务员的定期考核采取年度考核的方式。先由个人按照职位职责和有关要求进行总结，主管领导在听取群众意见后，提出考核等次建议，由本机关负责人或者授权的考核委员会确定考核等次。

领导成员的考核由主管机关按照有关规定办理。

第三十八条　定期考核的结果分为优秀、称职、基本称职和不称职四个等次。

定期考核的结果应当以书面形式通知公务员本人。

第三十九条　定期考核的结果作为调整公务员职位、职务、职级、级别、工资以及公务员奖励、培训、辞退的依据。

第六章 职务、职级任免

第四十条 公务员领导职务实行选任制、委任制和聘任制。公务员职级实行委任制和聘任制。

领导成员职务按照国家规定实行任期制。

第四十一条 选任制公务员在选举结果生效时即任当选职务；任期届满不再连任或者任期内辞职、被罢免、被撤职的，其所任职务即终止。

第四十二条 委任制公务员试用期满考核合格，职务、职级发生变化，以及其他情形需要任免职务、职级的，应当按照管理权限和规定的程序任免。

第四十三条 公务员任职应当在规定的编制限额和职数内进行，并有相应的职位空缺。

第四十四条 公务员因工作需要在机关外兼职，应当经有关机关批准，并不得领取兼职报酬。

第七章 职务、职级升降

第四十五条 公务员晋升领导职务，应当具备拟任职务所要求的政治素质、工作能力、文化程度和任职经历等方面的条件和资格。

公务员领导职务应当逐级晋升。特别优秀的或者工作特殊需要的，可以按照规定破格或者越级晋升。

第四十六条 公务员晋升领导职务，按照下列程序办理：

（一）动议；

（二）民主推荐；

（三）确定考察对象，组织考察；

（四）按照管理权限讨论决定；

（五）履行任职手续。

第四十七条 厅局级正职以下领导职务出现空缺且本机关没有合适人选的，可以通过适当方式面向社会选拔任职人选。

第四十八条 公务员晋升领导职务的，应当按照有关规定实行任职前公示制度和任职试用期制度。

第四十九条 公务员职级应当逐级晋升，根据个人德才表现、工作实绩和任职资历,参考民主推荐或者民主测评结果确定人选,经公示后,按照管理权限审批。

第五十条 公务员的职务、职级实行能上能下。对不适宜或者不胜任现任职务、职级的,应当进行调整。

公务员在年度考核中被确定为不称职的,按照规定程序降低一个职务或者职级层次任职。

第八章 奖 励

第五十一条 对工作表现突出,有显著成绩和贡献,或者有其他突出事迹的公务员或者公务员集体,给予奖励。奖励坚持定期奖励与及时奖励相结合,精神奖励与物质奖励相结合、以精神奖励为主的原则。

公务员集体的奖励适用于按照编制序列设置的机构或者为完成专项任务组成的工作集体。

第五十二条 公务员或者公务员集体有下列情形之一的,给予奖励:

(一)忠于职守,积极工作,勇于担当,工作实绩显著的;

(二)遵纪守法,廉洁奉公,作风正派,办事公道,模范作用突出的;

(三)在工作中有发明创造或者提出合理化建议,取得显著经济效益或者社会效益的;

(四)为增进民族团结,维护社会稳定做出突出贡献的;

(五)爱护公共财产,节约国家资财有突出成绩的;

(六)防止或者消除事故有功,使国家和人民群众利益免受或者减少损失的;

(七)在抢险、救灾等特定环境中做出突出贡献的;

(八)同违纪违法行为作斗争有功绩的;

(九)在对外交往中为国家争得荣誉和利益的;

(十)有其他突出功绩的。

第五十三条 奖励分为:嘉奖、记三等功、记二等功、记一等功、授予称号。

对受奖励的公务员或者公务员集体予以表彰,并对受奖励的个人给予一次性奖金或者其他待遇。

第五十四条　给予公务员或者公务员集体奖励，按照规定的权限和程序决定或者审批。

第五十五条　按照国家规定，可以向参与特定时期、特定领域重大工作的公务员颁发纪念证书或者纪念章。

第五十六条　公务员或者公务员集体有下列情形之一的，撤销奖励：

（一）弄虚作假，骗取奖励的；

（二）申报奖励时隐瞒严重错误或者严重违反规定程序的；

（三）有严重违纪违法等行为，影响称号声誉的；

（四）有法律、法规规定应当撤销奖励的其他情形的。

第九章　监督与惩戒

第五十七条　机关应当对公务员的思想政治、履行职责、作风表现、遵纪守法等情况进行监督，开展勤政廉政教育，建立日常管理监督制度。

对公务员监督发现问题的，应当区分不同情况，予以谈话提醒、批评教育、责令检查、诫勉、组织调整、处分。

对公务员涉嫌职务违法和职务犯罪的，应当依法移送监察机关处理。

第五十八条　公务员应当自觉接受监督，按照规定请示报告工作、报告个人有关事项。

第五十九条　公务员应当遵纪守法，不得有下列行为：

（一）散布有损宪法权威、中国共产党和国家声誉的言论，组织或者参加旨在反对宪法、中国共产党领导和国家的集会、游行、示威等活动；

（二）组织或者参加非法组织，组织或者参加罢工；

（三）挑拨、破坏民族关系，参加民族分裂活动或者组织、利用宗教活动破坏民族团结和社会稳定；

（四）不担当，不作为，玩忽职守，贻误工作；

（五）拒绝执行上级依法作出的决定和命令；

（六）对批评、申诉、控告、检举进行压制或者打击报复；

（七）弄虚作假，误导、欺骗领导和公众；

（八）贪污贿赂，利用职务之便为自己或者他人谋取私利；

（九）违反财经纪律，浪费国家资财；

（十）滥用职权，侵害公民、法人或者其他组织的合法权益；

（十一）泄露国家秘密或者工作秘密；

（十二）在对外交往中损害国家荣誉和利益；

（十三）参与或者支持色情、吸毒、赌博、迷信等活动；

（十四）违反职业道德、社会公德和家庭美德；

（十五）违反有关规定参与禁止的网络传播行为或者网络活动；

（十六）违反有关规定从事或者参与营利性活动，在企业或者其他营利性组织中兼任职务；

（十七）旷工或者因公外出、请假期满无正当理由逾期不归；

（十八）违纪违法的其他行为。

第六十条 公务员执行公务时，认为上级的决定或者命令有错误的，可以向上级提出改正或者撤销该决定或者命令的意见；上级不改变该决定或者命令，或者要求立即执行的，公务员应当执行该决定或者命令，执行的后果由上级负责，公务员不承担责任；但是，公务员执行明显违法的决定或者命令的，应当依法承担相应的责任。

第六十一条 公务员因违纪违法应当承担纪律责任的，依照本法给予处分或者由监察机关依法给予政务处分；违纪违法行为情节轻微，经批评教育后改正的，可以免予处分。

对同一违纪违法行为，监察机关已经作出政务处分决定的，公务员所在机关不再给予处分。

第六十二条 处分分为：警告、记过、记大过、降级、撤职、开除。

第六十三条 对公务员的处分，应当事实清楚、证据确凿、定性准确、处理恰当、程序合法、手续完备。

公务员违纪违法的，应当由处分决定机关决定对公务员违纪违法的情况进行调查，并将调查认定的事实以及拟给予处分的依据告知公务员本人。公务员有权进行陈述和申辩；处分决定机关不得因公务员申辩而加重处分。

处分决定机关认为对公务员应当给予处分的，应当在规定的期限内，按照管理权限和规定的程序作出处分决定。处分决定应当以书面形式通知公务员本人。

第六十四条 公务员在受处分期间不得晋升职务、职级和级别，其中受记过、记大过、降级、撤职处分的，不得晋升工资档次。

受处分的期间为：警告，六个月；记过，十二个月；记大过，十八个月；降级、撤职，二十四个月。

受撤职处分的，按照规定降低级别。

第六十五条　公务员受开除以外的处分，在受处分期间有悔改表现，并且没有再发生违纪违法行为的，处分期满后自动解除。

解除处分后，晋升工资档次、级别和职务、职级不再受原处分的影响。但是，解除降级、撤职处分的，不视为恢复原级别、原职务、原职级。

第十章　培　训

第六十六条　机关根据公务员工作职责的要求和提高公务员素质的需要，对公务员进行分类分级培训。

国家建立专门的公务员培训机构。机关根据需要也可以委托其他培训机构承担公务员培训任务。

第六十七条　机关对新录用人员应当在试用期内进行初任培训；对晋升领导职务的公务员应当在任职前或者任职后一年内进行任职培训；对从事专项工作的公务员应当进行专门业务培训；对全体公务员应当进行提高政治素质和工作能力、更新知识的在职培训，其中对专业技术类公务员应当进行专业技术培训。

国家有计划地加强对优秀年轻公务员的培训。

第六十八条　公务员的培训实行登记管理。

公务员参加培训的时间由公务员主管部门按照本法第六十七条规定的培训要求予以确定。

公务员培训情况、学习成绩作为公务员考核的内容和任职、晋升的依据之一。

第十一章　交流与回避

第六十九条　国家实行公务员交流制度。

公务员可以在公务员和参照本法管理的工作人员队伍内部交流，也可以与国有企业和不参照本法管理的事业单位中从事公务的人员交流。

交流的方式包括调任、转任。

第七十条　国有企业、高等院校和科研院所以及其他不参照本法管理的事业单位中从事公务的人员，可以调入机关担任领导职务或者四级调研员以上及其他相当层次的职级。

调任人选应当具备本法第十三条规定的条件和拟任职位所要求的资格条件，并不得有本法第二十六条规定的情形。调任机关应当根据上述规定，对调任人选进行严格考察，并按照管理权限审批，必要时可以对调任人选进行考试。

第七十一条　公务员在不同职位之间转任应当具备拟任职位所要求的资格条件，在规定的编制限额和职数内进行。

对省部级正职以下的领导成员应当有计划、有重点地实行跨地区、跨部门转任。

对担任机关内设机构领导职务和其他工作性质特殊的公务员，应当有计划地在本机关内转任。

上级机关应当注重从基层机关公开遴选公务员。

第七十二条　根据工作需要，机关可以采取挂职方式选派公务员承担重大工程、重大项目、重点任务或者其他专项工作。

公务员在挂职期间，不改变与原机关的人事关系。

第七十三条　公务员应当服从机关的交流决定。

公务员本人申请交流的，按照管理权限审批。

第七十四条　公务员之间有夫妻关系、直系血亲关系、三代以内旁系血亲关系以及近姻亲关系的，不得在同一机关双方直接隶属于同一领导人员的职位或者有直接上下级领导关系的职位工作，也不得在其中一方担任领导职务的机关从事组织、人事、纪检、监察、审计和财务工作。

公务员不得在其配偶、子女及其配偶经营的企业、营利性组织的行业监管或者主管部门担任领导成员。

因地域或者工作性质特殊，需要变通执行任职回避的，由省级以上公务员主管部门规定。

第七十五条　公务员担任乡级机关、县级机关、设区的市级机关及其有关部门主要领导职务的，应当按照有关规定实行地域回避。

第七十六条 公务员执行公务时，有下列情形之一的，应当回避：

（一）涉及本人利害关系的；

（二）涉及与本人有本法第七十四条第一款所列亲属关系人员的利害关系的；

（三）其他可能影响公正执行公务的。

第七十七条 公务员有应当回避情形的，本人应当申请回避；利害关系人有权申请公务员回避。其他人员可以向机关提供公务员需要回避的情况。

机关根据公务员本人或者利害关系人的申请，经审查后作出是否回避的决定，也可以不经申请直接作出回避决定。

第七十八条 法律对公务员回避另有规定的，从其规定。

第十二章 工资、福利与保险

第七十九条 公务员实行国家统一规定的工资制度。

公务员工资制度贯彻按劳分配的原则，体现工作职责、工作能力、工作实绩、资历等因素，保持不同领导职务、职级、级别之间的合理工资差距。

国家建立公务员工资的正常增长机制。

第八十条 公务员工资包括基本工资、津贴、补贴和奖金。

公务员按照国家规定享受地区附加津贴、艰苦边远地区津贴、岗位津贴等津贴。

公务员按照国家规定享受住房、医疗等补贴、补助。

公务员在定期考核中被确定为优秀、称职的，按照国家规定享受年终奖金。

公务员工资应当按时足额发放。

第八十一条 公务员的工资水平应当与国民经济发展相协调、与社会进步相适应。

国家实行工资调查制度，定期进行公务员和企业相当人员工资水平的调查比较，并将工资调查比较结果作为调整公务员工资水平的依据。

第八十二条 公务员按照国家规定享受福利待遇。国家根据经济社会发展水平提高公务员的福利待遇。

公务员执行国家规定的工时制度，按照国家规定享受休假。公务员在法定工作日之外加班的，应当给予相应的补休，不能补休的按照国家规定给予补助。

第八十三条 公务员依法参加社会保险，按照国家规定享受保险待遇。

公务员因公牺牲或者病故的，其亲属享受国家规定的抚恤和优待。

第八十四条 任何机关不得违反国家规定自行更改公务员工资、福利、保险政策，擅自提高或者降低公务员的工资、福利、保险待遇。任何机关不得扣减或者拖欠公务员的工资。

第十三章 辞职与辞退

第八十五条 公务员辞去公职，应当向任免机关提出书面申请。任免机关应当自接到申请之日起三十日内予以审批，其中对领导成员辞去公职的申请，应当自接到申请之日起九十日内予以审批。

第八十六条 公务员有下列情形之一的，不得辞去公职：

（一）未满国家规定的最低服务年限的；

（二）在涉及国家秘密等特殊职位任职或者离开上述职位不满国家规定的脱密期限的；

（三）重要公务尚未处理完毕，且须由本人继续处理的；

（四）正在接受审计、纪律审查、监察调查，或者涉嫌犯罪，司法程序尚未终结的；

（五）法律、行政法规规定的其他不得辞去公职的情形。

第八十七条 担任领导职务的公务员，因工作变动依照法律规定需要辞去现任职务的，应当履行辞职手续。

担任领导职务的公务员，因个人或者其他原因，可以自愿提出辞去领导职务。

领导成员因工作严重失误、失职造成重大损失或者恶劣社会影响的，或者对重大事故负有领导责任的，应当引咎辞去领导职务。

领导成员因其他原因不再适合担任现任领导职务的，或者应当引咎辞职本人不提出辞职的，应当责令其辞去领导职务。

第八十八条 公务员有下列情形之一的，予以辞退：

（一）在年度考核中，连续两年被确定为不称职的；

（二）不胜任现职工作，又不接受其他安排的；

（三）因所在机关调整、撤销、合并或者缩减编制员额需要调整工作，本人拒绝合理安排的；

（四）不履行公务员义务，不遵守法律和公务员纪律，经教育仍无转变，不适合继续在机关工作，又不宜给予开除处分的；

（五）旷工或者因公外出、请假期满无正当理由逾期不归连续超过十五天，或者一年内累计超过三十天的。

第八十九条　对有下列情形之一的公务员，不得辞退：

（一）因公致残，被确认丧失或者部分丧失工作能力的；

（二）患病或者负伤，在规定的医疗期内的；

（三）女性公务员在孕期、产假、哺乳期内的；

（四）法律、行政法规规定的其他不得辞退的情形。

第九十条　辞退公务员，按照管理权限决定。辞退决定应当以书面形式通知被辞退的公务员，并应当告知辞退依据和理由。

被辞退的公务员，可以领取辞退费或者根据国家有关规定享受失业保险。

第九十一条　公务员辞职或者被辞退，离职前应当办理公务交接手续，必要时按照规定接受审计。

第十四章　退　　休

第九十二条　公务员达到国家规定的退休年龄或者完全丧失工作能力的，应当退休。

第九十三条　公务员符合下列条件之一的，本人自愿提出申请，经任免机关批准，可以提前退休：

（一）工作年限满三十年的；

（二）距国家规定的退休年龄不足五年，且工作年限满二十年的；

（三）符合国家规定的可以提前退休的其他情形的。

第九十四条　公务员退休后，享受国家规定的养老金和其他待遇，国家为其生活和健康提供必要的服务和帮助，鼓励发挥个人专长，参与社会发展。

第十五章　申诉与控告

第九十五条　公务员对涉及本人的下列人事处理不服的，可以自知道该人事处理之日起三十日内向原处理机关申请复核；对复核结果不服的，可以自接到复核决定之日起十五日内，按照规定向同级公务员主管部门或者作出该人事处理的机关的上一级机关提出申诉；也可以不经复核，自知道该人事处理之日起三十日内直接提出申诉：

（一）处分；

（二）辞退或者取消录用；

（三）降职；

（四）定期考核定为不称职；

（五）免职；

（六）申请辞职、提前退休未予批准；

（七）不按照规定确定或者扣减工资、福利、保险待遇；

（八）法律、法规规定可以申诉的其他情形。

对省级以下机关作出的申诉处理决定不服的，可以向作出处理决定的上一级机关提出再申诉。

受理公务员申诉的机关应当组成公务员申诉公正委员会，负责受理和审理公务员的申诉案件。

公务员对监察机关作出的涉及本人的处理决定不服向监察机关申请复审、复核的，按照有关规定办理。

第九十六条　原处理机关应当自接到复核申请书后的三十日内作出复核决定，并以书面形式告知申请人。受理公务员申诉的机关应当自受理之日起六十日内作出处理决定；案情复杂的，可以适当延长，但是延长时间不得超过三十日。

复核、申诉期间不停止人事处理的执行。

公务员不因申请复核、提出申诉而被加重处理。

第九十七条　公务员申诉的受理机关审查认定人事处理有错误的，原处理机关应当及时予以纠正。

第九十八条　公务员认为机关及其领导人员侵犯其合法权益的，可以依法向上级机关或者监察机关提出控告。受理控告的机关应当按照规定及时处理。

第九十九条　公务员提出申诉、控告，应当尊重事实，不得捏造事实，诬告、陷害他人。对捏造事实，诬告、陷害他人的，依法追究法律责任。

第十六章 职位聘任

第一百条 机关根据工作需要，经省级以上公务员主管部门批准，可以对专业性较强的职位和辅助性职位实行聘任制。

前款所列职位涉及国家秘密的，不实行聘任制。

第一百零一条 机关聘任公务员可以参照公务员考试录用的程序进行公开招聘，也可以从符合条件的人员中直接选聘。

机关聘任公务员应当在规定的编制限额和工资经费限额内进行。

第一百零二条 机关聘任公务员，应当按照平等自愿、协商一致的原则，签订书面的聘任合同，确定机关与所聘公务员双方的权利、义务。聘任合同经双方协商一致可以变更或者解除。

聘任合同的签订、变更或者解除，应当报同级公务员主管部门备案。

第一百零三条 聘任合同应当具备合同期限，职位及其职责要求，工资、福利、保险待遇，违约责任等条款。

聘任合同期限为一年至五年。聘任合同可以约定试用期，试用期为一个月至十二个月。

聘任制公务员实行协议工资制，具体办法由中央公务员主管部门规定。

第一百零四条 机关依据本法和聘任合同对所聘公务员进行管理。

第一百零五条 聘任制公务员与所在机关之间因履行聘任合同发生争议的，可以自争议发生之日起六十日内申请仲裁。

省级以上公务员主管部门根据需要设立人事争议仲裁委员会，受理仲裁申请。人事争议仲裁委员会由公务员主管部门的代表、聘用机关的代表、聘任制公务员的代表以及法律专家组成。

当事人对仲裁裁决不服的，可以自接到仲裁裁决书之日起十五日内向人民法院提起诉讼。仲裁裁决生效后，一方当事人不履行的，另一方当事人可以申请人民法院执行。

第十七章 法律责任

第一百零六条 对有下列违反本法规定情形的，由县级以上领导机关或者公务员主管部门按照管理权限，区别不同情况，分别予以责令纠正或者宣布无效；对负有责任的领导人员和直接责任人员，根据情节轻重，给予批评教育、责令检查、诫勉、组织调整、处分；构成犯罪的，依法追究刑事责任：

（一）不按照编制限额、职数或者任职资格条件进行公务员录用、调任、转任、聘任和晋升的；

（二）不按照规定条件进行公务员奖惩、回避和办理退休的；

（三）不按照规定程序进行公务员录用、调任、转任、聘任、晋升以及考核、奖惩的；

（四）违反国家规定，更改公务员工资、福利、保险待遇标准的；

（五）在录用、公开遴选等工作中发生泄露试题、违反考场纪律以及其他严重影响公开、公正行为的；

（六）不按照规定受理和处理公务员申诉、控告的；

（七）违反本法规定的其他情形的。

第一百零七条　公务员辞去公职或者退休的，原系领导成员、县处级以上领导职务的公务员在离职三年内，其他公务员在离职两年内，不得到与原工作业务直接相关的企业或者其他营利性组织任职，不得从事与原工作业务直接相关的营利性活动。

公务员辞去公职或者退休后有违反前款规定行为的，由其原所在机关的同级公务员主管部门责令限期改正；逾期不改正的，由县级以上市场监管部门没收该人员从业期间的违法所得，责令接收单位将该人员予以清退，并根据情节轻重，对接收单位处以被处罚人员违法所得一倍以上五倍以下的罚款。

第一百零八条　公务员主管部门的工作人员，违反本法规定，滥用职权、玩忽职守、徇私舞弊，构成犯罪的，依法追究刑事责任；尚不构成犯罪的，给予处分或者由监察机关依法给予政务处分。

第一百零九条　在公务员录用、聘任等工作中，有隐瞒真实信息、弄虚作假、考试作弊、扰乱考试秩序等行为的，由公务员主管部门根据情节作出考试成绩无效、取消资格、限制报考等处理；情节严重的，依法追究法律责任。

第一百一十条　机关因错误的人事处理对公务员造成名誉损害的，应当赔礼道歉、恢复名誉、消除影响；造成经济损失的，应当依法给予赔偿。

第十八章 附 则

第一百一十一条 本法所称领导成员,是指机关的领导人员,不包括机关内设机构担任领导职务的人员。

第一百一十二条 法律、法规授权的具有公共事务管理职能的事业单位中除工勤人员以外的工作人员,经批准参照本法进行管理。

第一百一十三条 本法自2019年6月1日起施行。

案例

新《公务员法》深夜发布！中组部负责人告诉你为何要在 2019 年 6 月 1 日实施[①]

新华社北京 12 月 29 日电 在新修订的《中华人民共和国公务员法》（以下简称《公务员法》）颁布之际，中共中央组织部负责人就《公务员法》的修订和学习贯彻等问题，回答了记者的提问。

问：请您介绍一下为什么要修订《公务员法》。

答：随着中国特色社会主义进入新时代，党和国家事业取得了历史性成就，发生了历史性变革，对公务员队伍建设和公务员工作提出了许多新要求，《公务员法》的一些规定也出现了一些不适应、不符合新形势、新要求的地方，需要与时俱进地加以修订完善。

一是贯彻落实习近平新时代中国特色社会主义思想的需要。习近平新时代中国特色社会主义思想明确了新时代党的组织路线，对干部工作提出了一系列新精神、新要求，为公务员制度建设和队伍建设提供了根本遵循，必须在《公务员法》中予以体现。

二是坚持和加强党对公务员工作领导的需要。贯彻落实党的十九大和十九届三中全会要求，加强党对公务员队伍的集中统一领导，必须将坚持和加强党对公务员工作的领导、党管干部原则等要求进一步体现到公务员法具体规定中。

三是深入推进公务员分类改革的需要。推行公务员职务与职级并行制度，是党的十八届三中全会确定的重大改革任务，经过一年多的实践，试点工作取得明显成效，制度设计切实可行，已经具备在全国范围推开的条件。同时，干部选拔任用制度、公务员分类管理、公务员聘任制改革等深入推进，这些改革成果也需要通过修订《公务员法》进一步加以巩固。

四是贯彻落实建设高素质、专业化干部队伍决策部署的需要。党的十九大和全国组织工作会议对建设忠诚、干净、担当的高素质、专业化干部队伍提出了明确要求，贯彻落实党中央决策部署，需要《公务员法》提供更有力的法律保障，特别是需要针对公务员队伍建设中存在的突出问题，采取有针

[①] 来源：新华社 2018-12-30。

对性的举措，作出有针对性的规定。

问：请介绍一下这次修订《公务员法》的简要过程和遵循原则。

答：《公务员法》修订工作是从2017年3月启动的，到今年12月正式颁布，历时1年10个月。修订过程是我们不断学习习近平新时代中国特色社会主义思想、深化理解的过程，不断分析问题、解决问题的过程，不断听取意见、凝聚共识的过程，从总体上看还是比较顺利的。

一是中央高度重视。2016年11月，中央领导同志在审议《关于建立公务员职务与职级并行制度的试点意见》时指出，要统筹做好《公务员法》修订工作。2017年4月，党中央正式批准修法工作。2018年9月，中央党的建设工作领导小组会议专题对修订草案进行了审议；12月10日，修订草案报中央政治局常委会会议审议。

二是深入研究、广泛听取意见。2017年6月以来，中央组织部、人力资源社会保障部、原国家公务员局开展专题调研、组织课题研究、书面征求各省区市公务员主管部门意见和建议，并邀请立法部门有关专家和部分省级公务员主管部门的业务骨干组成修法工作小组进行深入研讨，在此基础上研究起草了《公务员法修订草案》初稿。2018年7月，广泛征求31个省（区、市）和新疆生产建设兵团以及中央各部门单位的意见；其间，多次召开座谈会听取各方面意见；同年11月1—30日在中国人大网面向社会公开征求意见。

三是立法机构认真审议。全国人大宪法和法律委员会、全国人大常委会法工委对修订草案先后进行了多次研究修改，并到地方调研、召开座谈会广泛听取意见。10月26日和12月25日，第十三届全国人民代表大会常务委员会第六次和第七次会议先后进行了两次分组审议，委员们进行了认真讨论，并提出了很多很好的意见建议。12月29日，经第十三届全国人民代表大会常务委员会第七次会议审议通过，国家主席习近平签署第20号主席令予以公布。

修订工作主要遵循了以下原则：

一是坚持正确方向，体现中国特色。把深入贯彻习近平新时代中国特色社会主义思想、坚持和加强党的领导、坚持中国特色社会主义制度、贯彻新时代党的组织路线、坚持党管干部原则、旗帜鲜明讲政治、践行社会主义核心价值观等要求体现到《公务员法》修订过程和具体规定中。

二是坚持问题导向，巩固改革成果。立足于既有制度框架，根据工作实际需要，将已经成熟的政策规定和重大改革成果上升为法律规范；对不适应现实情况、改革要求的规定及时修改；对已经形成共识、必须改的作出修改，可改可不改的原则上不改，不成熟、有争议的不改，确保法律的连续性、稳定性、权威性。

三是坚持严管和厚爱结合，完善制度举措。落实党的十八大以来中央全面从严治党、从严管理干部和习近平总书记关于坚持严管和厚爱结合、激励和约束并重的要求，在从严教育、从严管理、从严监督公务员方面细化、实化制度举措，同时，围绕激励公务员新时代、新担当、新作为，进一步完善公务员激励保障制度规定。

四是坚持民主立法，提高修法质量。广泛听取、认真吸纳各级机关、广大公务员、社会公众和人大代表、政协委员、专家学者的意见建议，使公务员法的修改更能反映时代声音，体现实践要求，同时，进一步理顺《公务员法》与《宪法》、法律、党内法规的关系。

问：最后，请您谈谈下一步对贯彻落实新修订的公务员法有什么具体部署和要求。

答：新修订的《公务员法》将于2019年6月1日起正式实施。之所以这样规定，主要考虑以下几点：

一是《公务员法》的修订是我国干部人事制度改革的一件大事，是公务员制度的重大改革和完善，正式实施前需要有一个阶段集中进行广泛宣传解读，以营造良好的社会氛围，确保法律的贯彻实施取得成效。

二是根据党和国家机构改革要求，所有地方机构改革任务在2019年3月底前基本完成，明确在地方机构改革到位后再施行《公务员法》更为稳妥。

三是新修订《公务员法》的实施，最主要的是在全国推行公务员职务与职级并行制度，这项工作政治性、政策性强，正式实施前要制定相关配套办法和规定，抓好人员政策学习培训等，这也需要一个过程。

（节选）

第二章
公务员条件、义务与权利

一、公务员的条件

公务员的条件是指担任公务员应当具备的基本资格。公务员作为行使国家权力、执行国家公务、服务公众的群体，其素质与品行应当具备比较高的水准，因此，把好公务员的"入口关"，设置比较严格的公务员条件十分必要。另外，以法律的形式规定公务员条件，有利于形成一支优质、廉洁、稳定、高效的公务员队伍，对有效保障公务员执行公务，实现公务员管理的法制化、民主化和科学化也有着十分重要的意义。

在我国担任公务员应具备的条件包括以下几个方面：

(1) 具有中华人民共和国国籍。
(2) 年满十八周岁。
(3) 拥护中华人民共和国宪法，拥护中国共产党领导和社会主义制度。
(4) 具有良好的政治素质和道德品行。
(5) 具有正常履行职责的身体条件和心理素质。
(6) 具有符合职位要求的文化程度和工作能力。
(7) 法律规定的其他条件。

二、公务员义务与权利的内涵

（一）公务员义务与权利的概念

1. 公务员义务的概念。所谓公务员义务，是指国家法律对公务员必须作出一定行为或者不得作出一定行为的约束和强制，即国家通过法律规定国家公务员应该履行的某种责任。

公务员的义务按照不同的标准可以分为不同的类型。依据义务的履行方式不同，可分为作为的义务和不作为的义务。作为的义务是指以命令性的法律规范设定的公务员必须做一定行为的义务，如模范遵守宪法和法律的义务，公务员义务中的大多数义务都属于这种类型的义务；而不作为的义务是指以禁止性法律规范规定的公务员不得做出一定行为的义务。依据公务员履行义务的期间不同，可以分为公务员在职期间的义务和公务员退出公务员系统后的义务。在职期间的义务是指公务员在进入公务员系统后到退出公务员系统的整个期间内需要履行的各项义务；而退出公务员系统后的义务是指公务员由于各种原因脱离公务员系统、解除公务员法律关系后依法应该履行的义务。除此之外还有别的分类，如依据义务的内容不同，还可分为政治要求的义务和服务规则的义务等；依据内容不同分为职责性义务和禁止性义务等。

2. 公务员权利的概念。权利是指法律规定的，权利人自己或者要求他人为或者不为一定行为的能力或者资格。所谓公务员权利，是指国家法律规定的公务员在执行国家公务的过程中可以履行职责、行使职权，并要求他人作出某种行为或者抑制某种行为的许可和保障。

依据权力来源的不同，公务员权利可以分为三种类型：一是公务员以本人公务员的身份取得的权利。这种权利与公务员的身份相关联，而与执行的具体公务无关，如获得工资报酬和享受福利、保险待遇的权利等。二是公务员在执行公务时享有的权利，如履行职责应当具有的工作条件的权利等。由于公务员的职权既是权利又是义务，所以这种类型的权利通常与职权或者权力相关，是为了维持行政机关的正常运行、公务办理的需要而设的，并且是维持国家公共管理稳定有序的基本条件。三是公务员的权利受到侵犯时的救济权利，如非因法定事由、非经法定程序，不被免职、降职、辞退或者处分的权利，以及申请辞职的权利等。由于公务员不受《劳动合同法》的调整，所以当公务员的权利受到侵犯的时候，公务员的救济权利就显得很重要。

（二）公务员义务与权利的基本特征

公务员的身份具有双重性，作为普通公民，当然地享有宪法上规定的一般公民所享有的基本权利，履行一般公民应尽的基本义务。同时，作为国家机关工作人员，公务员也享有特定的权利并履行特定的义务，公务员的义务与权利主要有以下四个特点：

1. 义务与权利的一致性。区别于普通公民的权利、义务，公务员履行义务与行使权利是相互依存、不可分割的，如公务员履行职责是应有的权利，但是如果有职责而不履行会构成渎职。没有任何公务员只享受权利却不履行义务。

2. 权利内容的广泛性。这个特征是与其他国家相比较而言的，具体体现在以下几个方面：一是就权利的主体而言，凡进入公务员系统的，都可享有法律赋予公务员的权利；二是就权利的范围而言，涉及政治、经济、文化、工作和身份保障等各个方面；三是我国公务员享有十分充分的政治权力，并没有西方国家"不参与政治活动"等要求，可以参加宪法规定的政党等社会团体组织的活动，在宪法范围内可以通过各种形式参与国家的政治生活。

3. 义务与权利的层次性。公务员的义务和权利有两个层次：一是公务员作为普通公民，就应该享有宪法规定的公民的基本权利，也应履行公民应尽的义务；二是公务员又因职务关系而享有《公务员法》所赋予的特殊的义务和权利。应该说公务员的权利、义务更强调的是后一个层次，也就是基于公务员特定身份所享有的特有的权利，以及应履行特定的义务。

4. 义务规定在前，权利保障在后。这是公务员权利义务非常重要的一个特征。《公务员法》在明确规定了公务员的八项权利的同时，强化了公务员的九项义务，并在排序上将其位于公务员应享有的权利之前。这是因为，在我国当自然人经过法定程序成为公务员后，其宪法上的公民权利就必须受到一定的限制，公务员必须相对放弃某些宪法赋予的与公务员履行职责相冲突的权利（或义务）。可以说，公务员接受并自觉遵守其宪法权利的限制本身就是公务员的一项重要义务和责任，是公务员有效行使公共权力的必要前提。从法理上看，公务员取得行使国家公共权力的特殊权利，根据权利与义务相统一的原则，也就必须相应放弃一定的权利而增加一些义务，在公务员取得稀缺性资源（公共权力）的同时，其公民资源也要合理地相对耗费，受到合理的限制。从国家利益来看，由于公务员处于管理国家和公共事务的特殊地位，其行为较一般公民与国家利益更为密切相关，也就应该承担较一般公民更多的义务和责任。从政府廉政建设的角度讲，要保持政府的廉洁性和行政权的公正性也是限制公务员宪法权利的原因之一。公务员所处的社会环境和自然环境具有复杂多样性，而且公务员在行使公共权力时具有一定的自由裁量权和主观能动性，因此也必须对公共权力的行使作出较严格的规定，限制公务员享有某些公民权利。总之，公务员的义务优先有其深刻的含义，即考虑到公务员是履行公职的工作人员，需要对其加以严格约束和管理，因此，法律先行规定公务员义务可以突出强调公务员负有义务、承担着责任。《公务员法》这种先行规定公务员义务的做法体现了控制权力的理念，也是对人民主权、公民权利理念的强调。外国公务员法对公务员义务与权利的安排也是如此。例如，德国《公务员法》第三章"公务员的法律地位"中，第一节规定的是"义务"，第二节规定的才是"权利"。

三、我国公务员义务的基本内容

（一）公务员义务的内涵

我国公务员义务包括以下几点内涵。

1. 公务员的义务以公务员的身份为前提而设立。也就是说公务员的义务并非普通公民的义务，而是区别于普通公民的专属于公务员身份的义务内容，强调特定的身份性。

2. 公务员的义务包括了作出一定的行为和不得作出一定的行为两种，即具有作为和不作为的义务。一方面，公务员负有积极作为的义务，即必须依法主动地做出某种行为，如公务员必须依法执行公务、履行职责等；另一方面，公务员负有不作为的义务，即不得做出某种行为，如公务员不得贪污、盗窃、行贿、受贿或者利用职权为自己和他人谋取私利等。

3. 这种义务是对公务员的约束。公务员是行使公权力、执行公务的人员，对其手中掌握的权力如果不作规范并加以严格限制，就可能被滥用。所以，必须严格规定公务员的义务。而且更为特殊的是义务具有强制性，公务员不得放弃或不履行自己的义务，否则要承担相应的法律责任。

规定公务员义务有助于促使其依法履行职务，严格约束其行为，实现公务员管理的规范化、法制化；有助于增强公务员的责任感和法律意识，使之自觉履行义务，遵守国家法律与公务员纪律，防止和纠正各种违反法定义务的行为，有助于国家、公众与公民依照法律规定，对公务员在执行公务活动中的行为实行有效的监督，对公务员的各种违法行为予以批评和制止，促使公务员高效完成工作任务，认真履行职责，保证国家机器健康有序地运行。

（二）我国公务员义务的基本内容

按照我国《公务员法》（修订）第十四条的规定，我国公务员应当遵守下列义务。

1. 忠于宪法，模范遵守、自觉维护宪法和法律，自觉接受中国共产党领导。宪法是全国各族人民根本意志和最高利益的集中体现，是国家政治、经济、文化等社会生活有序运行的基石和保证，处于法律体系的最高位。法律是根据宪法制定的，由国家强制力保障实施的行为规范。遵守宪法与法律，是各个国家机关、各种社会组织和每个公民的义务。作为行使公权力的公务员，应当树立宪法至上的思想，维护宪法与法律的权威，自觉在宪法和法律允许的范围内活动，成为守法的模范和楷模。

模范遵守宪法和法律的核心意义是对宪法忠诚，以最高的能力与智力，以自身的言论与行为来维护宪法的权威，促进宪法的落实。就积极方面而言，对宪法忠诚就是有利于宪法实施的事情都尽最大的力量去做；就消极方面而言，有害于和不利于宪法的事情都应当予以反对和回避。在国外的法律中对公务员也有类似的义务要求，如日本公务员法规定："职员工作时，必须遵守法令和忠实地执行上级的命令。"美国公务员法要求公务员遵守宪法，不以罢工、暴力对抗政府。美国1978年《道德法案》规定："把对国家的忠诚置于个人和政党的忠诚之上。"西方公务员在任职前一般采用"宣誓就职"的方式来表达对国家和宪法的忠诚。近年来，这一方式也为我国所采纳。2018年我国对原《公务员法》进行修订时在第九条也规定，公务员就职时应当依照法律规定公开进行宪法宣誓。

2. 忠于国家，维护国家的安全、荣誉和利益。这首先是基于公民义务而产生的，我国宪法第54条规定："中华人民共和国公民有维护祖国的安全、荣誉和利益的义务，不得有危害祖国的安全、荣誉和利益的行为。"可见，维护国家的安全、荣誉和利益是我国每个公民的义务，公务员对此更是负有更大的责任和义务。对国家安全、荣誉和利益的维护是公务员工作中不可或缺的前提，这个在西方的公务员制度中通常表述为对国家的忠诚，如德国《官员法》规定，"公务员应遵守的最基本的义务是效忠国家"，官员必须为全体人民服务。法国公务员制度规定，公务员"必须绝对效忠国家"，"国家至上"是公务员的首要义务。

国家的安全主要包括：国家的领土、主权不受侵犯；国家的政权不受威胁；国家的社会秩序不被破坏；国家的秘密不被泄露。国家的荣誉是指国家的荣誉和尊严，它主要包括：国家的尊严不受侵犯；国家的信誉不受破坏；国家的荣誉不受玷污；国家的名誉不受侮辱。国家利益的范围十分广泛，对外主要是指国家政治、经济、文化、军事等方面的权利和利益；对内主要是指相对于集体利益和个人利益的国家利益。

3. 忠于人民，全心全意为人民服务，接受人民监督。我国《宪法》第二十七条第二款规定："一切国家机关和国家工作人员必须依靠人民的支持，经常保持同人民的密切联系，倾听人民的意见和建议，接受人民的监督，努力为人民服务。"人民群众是社会主义国家的主人，社会主义现代化建设事业必须依靠人民。国家机构及其工作人员的任务就是反映人民的愿望和要求，全心全意为人民服务。根据宪法的规定，所有的公务员都必须认真贯彻党的群众路线，采取群众路线的工作方法，深入实际、调查研究，把人民群众分散的意见科学地结合起来，形成计划、政策和法律、法规，然后再在群众中加以贯彻实施，"从群众中来，到群众中去"；经常保持同人民群众的密切联系，倾听人民的意见和建议，尊重人民群众的主人翁地位和首创精神，并且依靠他们的支持来完成各项工作，自觉接受人民群众的监督，全心全意为人民服务。

公务员应当接受公民的监督，这是由我国宪法规定的，我国《宪法》第四十一条第一款规定："中华人民共和国公民对于任何国家机关和国家工作人员，有提出批评和建议的权利；对于任何国家机关和国家工作人员的违法失职行为，有向有关国家机关提出申诉、控告或者检举的权利，但是不得捏造或者歪曲事实进行诬告陷害。"在国家机构及公务员履行职责的过程中，人民有权通过各种途径和形式对他们实行监督，以保证其不折不扣地代替人民行使权力，全心全意为人民服务。

4. 忠于职守，勤勉尽责，服从和执行上级依法作出的决定和命令。按照规定的权限和程序履行职责，努力提高工作质量和效率。我国《宪法》第二十七条规定，一切国家机关"实行工作责任制"。公务员的所有职位都是在国家机关定职能、定机构、定编制的基础上，根据工作需要而设置的，每个职位都有明确的任务和职责。因此在每个职位上的公务员都应忠于职守，勤勉尽责，发挥自己的全部精力，兢兢业业、专心致志地工作，严格履行工作职责，承担起本职位的责任。只有这样才能够提高工作效率，保证国家机关的正常运行。

"服从和执行上级依法作出的决定和命令"是关于公务员服从义务的规定。规定公务员的服从义务是十分必要的。首先，现代公务员体系的组织方式是科层制，公务员应当接受上级的指挥，以保证组织系统的权威性、统一性与效率性。其次，在法治化的政治体制和现代公务员制度下，公务员的首要职责是执行法律，其对上级不是人身依附关系，服从上级的决定与命令不过是执行法律的需要，服从上级的决定与命令是执行法律的手段和方式。公务员服从领导的义务，有利于贯彻执行国家的意志，保持国家政令畅通，提高政府工作效率。

"公务员应当服从和执行上级依法作出的决定和命令"有以下含义：第一，公务员服从的决定与命令应是上级作出的。所谓"上级"，是指同一系统或组织中地位、等级较高的机构或人员。上级包括直接上级和间接上级，直接上级是指直接具有领导权、指挥权与主管权的上级，间接上级是指除直接上级以外的具有领导权、指挥权或监督权的上级。一般而言，对公务员实施领导应逐级进行。上级向公务员交代任务，一般应通过其主管的上级，但也可以越级直接向下级公务员发出决定与命令。第二，公务员服从和执行的是上级作出的决定与命令。所谓决定和命令是指上级作出的下级公务员必须作出一定行为或者不得作出某种行为的指令。就形式而言，既有抽象行政行为的形式又有具体行政行为的形式。第三，公务员服从与执行的上级的决定与命令应是依法作出的。一方面，该决定与命令的内容应是合法的。该决定与命令应在上级的权限范围之内，否则下级公务员有权不执行；该决定与命令应与上级的职务有关，例如对上级领导的私事，公务员就可以拒绝执行；该决定与命令不属于法律所禁止之事项，对于明显违背法律的决定与命令，公务员可以拒绝服从与执行；该决定与命令不属于下级公务员独立执行职务的事项，一些特殊的部门，如有关的监察部门、审计部门、统计部门等，一旦法律赋予这些部门的公务员独立执行职务的权力，上级的决定与命令即不能涉及其独立执行职务的范围。另一方面，决定与命令发布的程序必须合法。上级作出的决定与命令必须是依照法定的程序作出的。程序合法是内容合法的重要保障，其具有独立的价值。在日常的行政管理活动中，行政机关实施行政许可、制定行政强制措施和进行行政执行时，都需要遵循严格的法定程序，这样才能保障相关行政命令内容的合法性，保障行政活动的公正和效率。对于未经法定程序作出的命令，公务员有权不予服从。特别是公安机关在执行拘留、监视居住、取保候审、逮捕等刑事强制措施时，来自上级命令的程序合法性，就更应当成为公务员执行命令的前提条件。第四，公务员执行公务时，认为上级的决定或者命令有错误的，可以向上级提出改正或者撤销该决定或者命令的意见；上级不改变该决定或者命令，或者要求立即执行的，公务员应当执行该决定或者命令，执行的后果由上级负责，公务员不承担责任；但是，公务员执行明显违法的决定或者命令的，应当依法承担相应的责任。

公务员应当按照权限履行职责。这包含两层含义：第一，该权限是明文规定的权限。公务员行使权力、履行公职应遵循依法原则，这是建设法治国家的基本要求。公务员只能在法律明文规定的范围内行使权力，不得超出法律的规定行动，否则就是滥用职权。第二，该权限属于实体法上的权限。实体法是确认权利义务关系以职权和责任为主要内容的法律，公务员履行职责所依照的权限是实体法上所规定的权限。

公务员应当按照规定的程序履行职责。在这里，所谓程序是指权利义务实现的步骤、顺序和方式。公务员应按照规定的程序履行职责，因为公正的、公开的程序能够使得实体的权利义务得到公平的实现，有利于更好地保护公众、公民的合法权益。目前，对行政程序规定比较集中的法律有行政处罚法、行政许可法等。公务员须按照法律规定的程序行使其权限。例如，食品卫生行政主管部门相关职位的公务员在审查批准食品生产经营企业的许可证时，就必须按照行政许可法规定的有关申请受理、审查与决定、期限、听证等法律程序进行审批。

公务员应当认真履行职责。在这里，认真履行职责的含义有三层：一是应亲自履行职责，非有正当理由，应依照规定程序，不应将自己的职责委托他人来履行；二是应按时办公，不得迟到、早退，请假须有正当理由并经过上级领导批准；三是不能擅离职守，一般情况下应坚守岗位，遇到突发的特别紧急的事件，应经过上级领导同意后才能离开，出差、休假也应及时回到自己的岗位。

公务员应当努力提高工作效率。公务员享有较好的福利待遇，工作比较稳定，这虽然有利于稳定公务员队伍、维持社会安定与秩序，但也容易带来公务员效率低下、官僚作风严重等问题。因此，规定公务员提高工作效率的义务有利于公务员高效地为公众提供优质服务。

5. 保守国家秘密和工作秘密。国家秘密是关系国家安全和利益的事项，依照法定程序确定，在一定时间内只限一定范围的人员知悉。国家秘密包括尚未公布的或不准公布的政治、经济、军事、外交和科学技术等方面的重大事项。国家秘密直接涉及国家的安全，因此，保守国家秘密是关系到国家安全和人民利益，关系到我国社会主义现代化建设的大事。

国家秘密涉及国家的安全和利益，保守国家秘密关系着国家和民族的全局利益。其他国家对于公务员保守国家秘密也有着严格的规定，如德国公务员制度规定："官员应对其在业务活动中了解的事情保守机密，即使在官员关系结束后也是如此。"日本《公务员法》规定："职员不得泄露工作上所知的机密，退职后也不得泄漏。"法国法律规定，除了严守刑法典中关于职业秘密的规定外，公务员还有义务对他在任中或行使职权中所了解的事实和情报严守秘密。行政管理的有序性、连续性和稳定性取决于国家政令信息沟通的时机、条件和环境。政令信息输出过早或失密都可能破坏行政管理的有序运行，甚至导致国家和社会的混乱，以及国家安全和利益的重大损失。因此，公务员必须严守国家秘密，以保证国家安全和行政管理的正常运行。

对公务员而言，履行保密义务的基本要求是：不该说的国家秘密不说；不该问的国家秘密不问；不该看的国家秘密不看；不该记录的国家秘密不记录；不在私人交往中涉及国家秘密；不在公共场所办理、谈论属于国家秘密的事项；不在没有保密保障的地方和设备中存贮、处理国家秘密信息和载体；不通过普通电话、明码电报、普通邮局、计算机公用网和普通传真递送、传输国家秘密信息和载体；不携带密件、密品参观、游览和探亲访友。此外，公务员对已知的窃取或者泄露国家秘密的行为，应当予以制止并及时向有关方面举报。国家秘密和工作秘密是有一定联系的。有的国家秘密是由一系列工作秘密组成的，泄露了工作秘密，就间接地泄露了国家秘密。公务员在工作任职期间负有保密的义务，在涉及国家秘密的特殊职位任职或者离开上述职位不满国家规定的脱密期限的，不得辞去公职。

6. 带头践行社会主义核心价值观，坚守法治，遵守纪律，恪守职业道德，模范遵守社会公德、家庭美德。党的十八大提出，倡导富强、民主、文明、和谐，倡导自由、平等、公正、法治，倡导爱国、敬业、诚信、友善，积极培育和践行社会主义核心价值观。富强、民主、文明、和谐是国家层面的价值目标，自由、平等、公正、法治是社会层面的价值取向，爱国、敬业、诚信、友善是公民个人层面的价值准则，这24个字是社会主义核心价值观的基本内容。面对世界范围思想文化交流、交融、交锋形势下价值观较量的新态势，面对改革开放和发展社会主义市场经济条件下思想意识多元、多样、多变的新特点，积极培育和践行社会主义核心价值观，对于巩固马克思主义在意识形态领域的指导地位、巩固全党全国人民团结奋斗的共同思想基础，对于促进人的全面发展、引领社会全面进步，对于集聚全面建成小康社会、实现中华民族伟大复兴中国梦的强大正能量，具有重要现实意义和深远历史意义。

公务员遵守纪律、恪守职业道德就是要严格遵守公务员从事公务活动应当遵守的纪律要求与道德准则。《公务员法》第五十三条对公务员的纪律做了全面的规定，包括：公务员不得弄虚作假，误导、欺骗领导和公众；不得贪污、行贿、受贿，利用职务之便为自己或者他人谋取私利；不得滥用职权，侵害公民、法人或者其他组织的合法权益；不得参与或者支持色情、吸毒、赌博、迷信等活动；不得违反职业道德、社会公德等。社会公德是要求一般人共同遵守的公共道德准则，包括遵守纪律、讲究礼貌、讲究卫生等。公务员应当率先垂范、带头遵守。

7. 清正廉洁，公道正派。所谓清正廉洁、公道正派，是指要求公务员办事公正无私，廉洁自律，个人利益服从国家利益，努力为人民服务。实现公务员的清正廉洁是党和国家的一贯要求，是维护党和政府的良好形象、加强党和政府同人民群众联系的重要措施。公务员代表国家执行公务，其权力是人民授予的，属于其所在的职位，而非属于个人。公务员必须建立正确的权力观，正确运用手中的权力，为公共利益工作，而不能利用职权搞不正之风、谋取私利。公务员应把兢兢业业、忠心耿耿为全体公民和国家利益服务作为最高准则。对此，各国都为保证公务员为官清廉做了严格规定。日本《公务员法》第九十六条规定："所有职员为全体国民的服务员，必须为公共利益进行工作，工作要竭尽全力、专心致志。"《德国公务员法》第五十二条规定：

"官员为全体人们服务，而不是为某一政党服务。"英国规定："公务员不得接受来自私营企业或利益集团的实物、钱财等馈赠，一般拒绝参加宴会宴请，除非得到上级主管部门或首长的同意。"新加坡《公务员法》规定："离职和退休前，不得接受属员礼物，不得受属员招待。"除此之外，国外的财产申报制度也在很大程度上保证了公务员的清正廉洁，如1978年美国国会通过的《申报真实财产情况法》规定："立法、行政、司法三个部门的所有官员都要提交家庭财产真实情况的说明。"英国和印度都规定，如公务员无力偿还债务，应向政府汇报真实情况。新加坡规定，公务员必须每年呈报自己和配偶的全部财产，包括动产、不动产、贵重首饰、银行存款、股票证券等。各国政府规定公务员有申报财产的义务，从制度上限制了公务员以权谋私的行为，同时也为社会舆论监督公务员利用职权巧取豪夺等不法行为提供了法律手段。但是我国目前还没有官员财产申报的相关制度，这将在今后逐步完善。

在我国，《中国共产党党员领导干部廉洁从政若干准则（试行）实施办法》规定：对于党员领导干部，禁止利用职权和职务上的影响谋取不正当利益，禁止私自从事营利活动，禁止假公济私、化公为私，禁止借选拔任用干部之机谋取私利，禁止利用职权和职务上的影响为亲友及身边工作人员谋取利益，禁止讲排场、比阔气、挥霍公款、铺张浪费。

8. 法律规定的其他义务。这是一个兜底条款，公务员法规定的公务员的义务，有的是宪法规定的国家机关工作人员义务的具体化，有的是由公务员职业本身特点决定并衍生的义务。作为公务员，对于法律规定的义务当然应当履行。规定公务员必须履行"法律规定的其他义务"，其目的和意义在于能够弥补因职业不同，公务员法无法详细列举的其他义务，使得公务员义务的内容更加全面、完整、具体，也更能够反映时代特征与时代精神。

四、我国公务员权利的基本内容

（一）公务员权利的内涵

公务员权利的内涵包括以下三个方面。

1. 我国公务员的权利是以其身份为前提的。公务员因为其特殊的身份使得其权利在设计时与一般的公民不同，往往与其从事的工作职责内容相关，公务员有些权利高于一般的公民，但对于公民享有的某些权利公务员却受到一定的限制和约束。

2. 我国公务员的权利是为了公务员有效地行使职权、执行公务的需要而被赋予的。因为公务员的工作具有一定的特殊性，公务员的工作是代表国家行使公权力的过程，因此在行使权力的过程中需要一定的权利，以使公务员更好、更有效地行使职权。

3. 公务员权利的具体内容是由国家明文规定的，并且公务员权利的行使是由国家法律保障的。我国《公务员法》（修订）第二章第十五条中明确写明了公务员所拥有的权利内容，并在《公务员法》（修订）的第七章规定了职务升降、第八章规定了奖励、第十章规定了培训、第十二章规定了工资福利、第十三章规定了辞职辞退、第十四章规定了退休、第十五章规定了申诉控告等条款，这些都与公务员的权利密切相关。

（二）公务员权利的基本内容

按照我国《公务员法》（修订）的规定，公务员享有下列权利。

1. 获得履行职责应当具有的工作条件。公务员作为国家法律、政策的执行者，国家有权要求其尽职尽责，同时国家也要为公务员履行职责提供应有的工作条件保障。外国公务员法都有类似的规定。公务员享有履行职责应当具有的工作条件，这包含两层含义：一是公务员有权获得工作条件的保障；二是这种工作条件的保障与公务员的职责相适应。

公务员有权获得工作条件的保障。工作条件的保障是指公务员为了执行公务、履行职责，有权要求一定的工作条件作保证。没有一定的工作条件，公务员就无法很好地执行公务、完成其工作任务。良好的工作条件是公务员正常履行公职、完成工作任务的保证，也有利于提高公务员的效率和工作质量。工作条件主要包括办公地点、办公用品、办公设备、通讯联络工具、交通工具以及医疗卫生条件等。公务员有权要求国家提供必要的工作条件。另外，公务员所需的工作条件也是随着社会经济与科学的进步而不断更新的，例如现在随着计算机技术的广泛应用，电脑成为办公必备的工具，提供电脑就是公务员工作条件的保障之一。

公务员工作条件的保障应与公务员的职责相适应。公务员有权获得的工作条件是公务员履行职责所应当具备的，其所应当获得的工作条件以满足履行职责为限。首先，公务员的工作条件应当是履行职责所必需的，即公务员如果没有该工作条件就无法正常履行其职责。例如，从事海上缉私的公务员，其所必需的工作条件是需要一定马力的缉私艇、配备可以保卫自己与打击罪犯的武器、与陆地联系的通信器材等。如果没有这些工具与器材，从事海上缉私的公务员就无法开展缉私活动。其次，公务员的工作条件不应超出履行职责所必需的范围，超出履行职责的需要而提供的工作条件对于公务员完成工作任务并无裨益，也容易造成腐败。再次，公务员的工作条件应当是公务员履行职责期间所需要的，即公务员只能够在履行职责的期间使用这些配备的工具、器材等，例如公务员的交通工具只能在公务员履行职责期间使用，公务员下班后，不得将其用于私人活动。

2. 非因法定事由、非经法定程序，不被免职、降职、辞退或者处分。该权利是指国家实行公务员职务常任制，公务员一经任用，非因法定事由、非经法定程序，不被免职、降职、辞退或者处分，这被称为公务员的身份保障权。外国公务员法无一例外，都规定了公务员的身份保障权。如，美国法律规定，公务员非因犯法或妨害工作效率不被免职。1955年英国颁布的"枢密院令"规定："经公开性考试录用的公务员，即永久性事务官，无过失不被免职。"各国通行的公务员职业保障权，从政治上保障了公务员不因长官的好恶遭受任何歧视，可以避免出现谄媚逢迎、拉帮结派的现象，有利于公务员客观公正、兢兢业业地为国家和社会服务，有利于保持公务员队伍的稳定，保证国家公务的高效有序运行。

规定公务员身份保障权的原因有这样几方面：第一，这是保持公务员队伍稳定和行政管理连续性的需要。一般而言，外国公务员实行职务常任制，不与政党共进退，职务的变动仅仅限于少数政务官的范围之内。这就维持了政局的稳定，保持了国家行政管理的连续性，有利于国家机器的正常运转，有利于维护社会的稳定与发展。虽然我国根本的政治制度是人民代表大会制度，不实行西方的多党制度，但是实行公务员职务常任制同样有利于保持公务员队伍稳定，保持国家管理的连续性，维护社会的稳定与持续发展。第二，这是保证公务员公正履行职责的需要。公务员在依法执行公务、履行职责的过程中，有可能触犯某些个人或集团的利益。这些个人或集团就有可能凭借权势对公务员施加不正当的影响或压力，甚至加以迫害，其结果就是公务员被非法免职、降职、辞退或处分。在这种情况下，为了保障公务员正常有效地执行公务、公正无私地履行职责,法律就必须为公务员提供一定的保障,使公务员免受非法的惩处,能够顺利地履行自己的职责,维护国家和人民的利益。第三,这是现代社会发展日益复杂化、专业化的需要。现代社会经济科技发展日新月异,各种新事物、新现象层出不穷,要维持国家机器的良好运转、维护社会的稳定与持续发展,就需要有一大批的专业人士从事国家管理与社会管理。公务员在固定的职位上工作,时间长,经验与知识的积累随着时间的推移越来越丰富,这是国家管理所需要的。保持公务员队伍的稳定,有利于各种复杂问题的顺利处理,有利于各种复杂、专业工作的完成。

公务员身份保障权的内容具体包括两点:第一,公务员非因法定事由,不被免职、降职、辞退或者处分。所谓法定事由,是指公务员的行为确实触犯了国家的法律或公务员的纪律,构成了被依法免职、降职、辞退或处分的情形或事由。公务员免职的情形一般有:转换职位;晋升或者降低职务;因身体健康状况不能坚持正常工作一年以上;退休等。公务员降职或处分的事由主要是指违反公务员纪律的行为。公务员辞退的事由主要有:在年度考核中,连续两年被确定为不称职;不胜任现职工作,又不接受其他安排;因所在机关调整、撤销、合并或者缩减编制员额需要调整工作,本人拒绝合理安排;不履行公务员义务,不遵守公务员纪律,经教育仍无转变,不适合继续在机关工作,又不宜给予开除处分;旷工或者因公外出,请假期满无正当理由逾期不归连续超过15天,或者一年内累计超过30天。第二,非经法定程序,不被免职、降职、辞退或者处分。所谓法定程序是指国家规定的公务员免职、降职、辞退或者处分所必须经过的全部法定过程。公务员违纪的,应当由处分机关决定对公务员的违纪情况进行调查,并将调查认定的事实及拟给予处分的依据告知公务员本人,公务员有权进行陈述和申辩。

3. 获得工资报酬,享受福利、保险待遇。公务员具有双重身份:一方面基于公务员的身份产生管理国家和社会公共事务的权力和职责;另一方面基于自然人的身份产生宪法赋予公民的基本权利和义务。公务员基于其劳动而具有要求国家支付对价的权利,获得工资报酬权与享受福利保险待遇权是公务员的基本权利,是公务员工作和生活的经济保障。公务员的工作是国家和社会不可缺少的有效劳动,没有公务员的辛勤劳动,就没有国家正常的运行,经济和社会活动将会陷于无序状态。因此,公务员应享有与其地位和作用相称的经济权利。同时，公务员获得工资报酬，享受福利、保险待遇也是一种调动公务员积极性，促使其圆满执行公务、履行职责的激励措施。

劳动工资和各种津贴、福利是国家对公务员劳动付出的报酬和补偿，是维持公务员生活的基本保障。公务员享有工资、津贴和福利的领取权，当然这些权利也会随着公务员与国家关系的终止而终止。这项权利世界各国的公务员都享有。如，英国文官法规定，公务员享有领取基本工资和附加收入的权利。其中附加收入包括奖金、津贴和额外津贴（加班加点费、夜班费、实物津贴、工龄津贴、出差津贴、非正常劳动条件津贴、生活补助等）。公务员工资必须按照工资福利法律具体细则支付。美国的公务员法除规定上述权利外，还规定了公务员健康安全和福利措施，如公务员享受医疗保险、娱乐及午餐补助、工作环境保障等权利。

公务员的劳动报酬，在我国一般表现为工资，它是社会根据按劳分配原则，分配给个人的消费品的货币表现形式。公务员的工资是公务员得以维持生活的必要条件，是公务员在社会中的地位和作用的合理反映。公务员的工资由国家财政予以保障。公务员的工资报酬与私人间的劳务合同关系不同，公务员虽然有获得工资报酬的权利，但是在工资报酬标准上，公务员没有协商请求权和决策权，即公务员不能与国家约定自己的工资标准，而由国家单方面确定公务员的工资报酬标准。公务员有获得工资报酬权意味着公务员的工资应按时足额发放，任何机关不得扣减或者拖欠公务员的工资。为了保障公务员的工资水平，国家实行工资调查制度，建立公务员工资的正常增长机制。但是，任何机关不得违反国家规定擅自提高或降低公务员的工资。

公务员享受福利、保险待遇的内容是：公务员按照国家规定享受休假，在法定工作日以外加班的，应当予以补休；公务员在退休、患病、工伤、生育、失业等情况下获得帮助和补偿；公务员因公致残的，享受国家规定的伤残待遇；公务员因公牺牲、因公死亡或者病故的，其亲属享受国家规定的抚恤和优待。公务员的福利、保险待遇所需经费由国家财政予以保障。国家根据经济社会发展水平提高公务员的福利、保险待遇，任何机关不得违反国家规定，擅自提高或者降低公务员的福利、保险待遇。

4. 参加培训。公务员享有参加培训的权利。首先，公务员参加培训是宪法的要求。我国《宪法》第四十六条规定："中华人民共和国公民有受教育的权利和义务。"公务员的学习权利同公民受教育的权利是一致的,或者说,公务员的学习权利,是公民受教育的权利在公务员身上的具体化。其次,公务员参加培训是现代社会经济科技发展对公务员提出的必然要求。随着社会经济的发展、科学技术的进步、知识经济时代的到来,社会分工越来越细密,国家管理的事务量不断增加,公务员的工作内容、工作方法、工作手段及工作环境也处在不断发展的过程中,公务员的工作越来越具有专业性、复杂性、科学性的特点,公务员只有接受终身教育,不断充实,不断提高,才能适应现代社会的要求。最后,参加培训也是公务员自身发展的需要。公务员为了求得自身的发展,也要求有学习和培训的机会,以补充更新知识、完善自己的知识结构、挖掘自己的潜力,只有这样才能适应社会发展的要求,才能够履行职责,胜任工作并创造性地执行公务。另外,公务员培训情况、学习成绩是公务员考核的内容和任职、晋升的依据之一。因此,参加培训也是公务员职务晋升的需要。

为了保证公务员的培训权,国家建立专门的公务员培训机构,机关根据需要也可以委托其他培训机构承担公务员的培训任务。机关根据公务员工作职责的要求和提高公务员素质的需要,对公务员进行分级分类培训。机关对新录用人员应当在试用期内进行初任培训;对晋升领导职务的公务员应当在任职前或者任职后一年内进行任职培训;对从事专项工作的公务员应当进行专门业务培训;对全体公务员应当进行更新知识、提高工作能力的在职培训,其中对担任专业技术职务的公务员,应当按照专业技术人员继续教育的要求,进行专业技术培训。国家有计划地加强对后备领导人员的培训。

5. 对机关工作和领导人员提出批评和建议。我国《宪法》第四十一条规定:"中华人民共和国公民对于任何国家机关和国家工作人员,有提出批评和建议的权利。"《宪法》第四十一条的规定是设定公务员这项权利的直接依据,作为公民,可以根据这项权利向任何国家机关和国家工作人员提出批评和建议;而对公务员来说,他们更有权利向本机关或上级机关及其领导人员的工作提出批评和建议。这是因为公务员是直接参与国家管理的,在国家管理活动中具体贯彻党和国家的方针政策,他们对于本机关和上级机关及其领导人的情况最了解,对于国家管理活动各个环节上的缺陷比较清楚。因此,强调公务员的这一权利,具有更为重要的意义。它有利于各级机关克服官僚主义,提高工作效率，改善工作质量。任何机关的领导人都不能压制公务员的批评和建议。

所谓批评，即指出机关及其领导人员工作中存在的缺点和不足的活动。开展批评，是公务员责任心的体现。建议则是公务员对改进工作提出的意见，是公务员主动性的表现。公务员的批评建议权，包括三层含义：一是批评建议的对象。公务员既可向本部门或有隶属关系的行政机关及其领导人员提出批评和建议，也可以向其他部门或无隶属关系的行政机关及其领导人员提出批评和建议。二是批评建议的内容。公务员既可就与自己工作、权益有关的问题提出批评和建议，也可针对行政机关的工作程序、工作内容、领导人的工作方式和作风等问题提出批评和建议。三是批评建议的形式。公务员可以用书面的、口头的或其他合理的形式在任何时期提出批评和建议。

6. 提出申诉和控告。公务员的申诉权利，是指公务员如对涉及本人的人事处理决定（包括处分决定和被降职、被辞退的决定等）不服时，可以向原处理机关申请复核，同时有权向同级公务员主管部门或者作出该人事处理的机关的上一级机关提出申诉，其中，行政机关的公务员对处分决定不服的，也可以向监察机关提出申诉。公务员的控告权利，是指公务员对于机关及其领导人员侵犯其合法权利的行为或者违法、违纪、失职及渎职的行为，有权向上级机关或者监察机关提出控告。

规定公务员的申诉控告权是十分必要的。首先，允许公务员依法提出申诉和控告有利于纠正公务员处分工作中的失误和不当，保障与救济公务员的权利，防止个别负责人对公务员打击报复。其次，对于国家机关及其公务员来讲，公务员的申诉控告权是纠正国家机关及其公务员违法失职行为的有效监督机制，有利于国家管理活动的民主化和法制化，对于监督机关及其工作人员依法办事、尽职尽责，都有重要的意义。也是因为这个原因，其他国家也都将这项权利赋予了公务人员，如法国《公务员总章程》规定，公务员在受到年度考核、晋升职务和纪律处分三个方面的不利处理时，可以进行申诉。如果公务员对行政纪律处分不服，可以上诉至最高公职委员会或行政法院。日本则规定公务员受到明显不利于自己的惩戒处分和在不良工作条件下工作以及对处理不服时，可以向人事院提出申诉和要求，人事院按照规定的审查手续，对各个案件进行审查以保障公务员的权益和人事工作的公正性，将其作为对公务员权利受到侵害时的救济权利来设计安排。

我国公务员提出申诉的程序是：公务员对本人申诉范围内的人事处理不服的，可以自知道该人事处理之日起 30 日内向原处理机关申请复核；对复核结果不服的，可以自接到复核决定之日起 15 日内，按照规定向同级公务员主管部门或者作出该人事处理的机关的上一级机关提出申诉；也可以不经复核，自知道该人事处理之日起 30 日内直接提出申诉。也就是说申诉分为两种方式：一是先向原处理机关申请复核，不服的话向上级机关申诉；另一种是不经复核直接申诉。一般来说选择第二种的较多，因为期待原处理机关改变自己的决定较为困难，而向上级机关申诉更加有利。

7. 申请辞职。公务员由于主观或客观原因不愿意继续担任公职时，国家允许公务员辞去公职。规定公务员可以辞职，就赋予公务员一定的选择职业的权利。国家赋予公务员这一权利的目的是为了调动、发挥公务员的积极性，促进人才合理流动，以增强人事管理的生机与活力。由于公务员的工作性质和职业特点不同，其实现辞职权的方式和程序与一般从业人员不同。公务员的辞职必须严格按照国家的法律规定进行。由于公务员身份的特殊性，各国对其辞职的要求和程序各不相同，有些国家较为自由和宽松，而有些国家的规定较为严格。如，法国就规定：公务员辞职必须书面报告，经主管领导查明辞职的实际情况与充分理由后，才能予以批准；对于集体辞职，一概不予批准，还需予以法律制裁。

8. 法律规定的其他权利。这也是一款兜底条款，公务员除享有公务员法规定的权利外，还享有法律规定的其他权利。主要包括两部分内容：一部分是法律规定的一般公民的权利；另一部分是法律所特别规定的机关工作人员应享有的权利。规定公务员可以享有法律规定的其他权利，使得公务员的权利成为一个开放的体系，体现了公务员权利的广泛性和全面性。

思考题

1. 一般法律里面，对权利与义务的规定是先规定哪个？比较《公务员法》权利与义务规定的顺序，领会其含义。

2. 在我国《公务员法》的八项义务中，你认为哪项或哪几项尤为重要？

为什么？谈谈你的理解。

案例 1

香港公务员上班禁穿拖鞋

2005年8月19日，香港特区政府公务员事务局发出"合宜的办公室衣着"指引，强调改善公务员形象先从外观入手，全体公务员衣着应整齐得体，配合场合。男职员上班不应穿拖鞋、凉鞋、背心；女士也不应穿拖鞋。在重要与正式会议、正式招待会上，男士应穿西装，戴领带或领结，女士穿外套配裙或西裤。警务处规定所有警员不能染发。（《青年报》2005年8月22日）

随着我国公务员制度的健全与完善，我国各地、各部门也纷纷出台了关于公务员执行公务时衣着形象的具体规定和要求。

案例思考：试分析执行公务时公务员的形象与公务员的基本权利、义务之间的关系。

案例 2

全国首例！2名公务员因执行领导命令被判刑！

河南永城的两位官员，因为坚决贯彻执行了领导的"会议纪要"，被判滥用职权罪，虽然免罚，但清白不再，不仅丢了工作，子女的前途也将受一定影响。

这两位公务员因执行领导命令被判刑，以后别背锅了！

为让开发商同意停建被老百姓投诉的车库，河南省永城市政法委书记张某委托永城市副市长和永城市住建局局长召开会议并形成"会议纪要"，允许开发商给两小区增高楼层。

开发商拿着"会议纪要"找永城市城乡规划服务中心主任夏明旭，要求给新增楼层办建设工程规划许可证，夏明旭和该中心时任用地规划股股长刘予永在明知"会议纪要"违法的情况下，仍然按照上级领导要求办了证。

周口市中级人民法院认定夏明旭、刘予永构成滥用职权罪，但免予刑事处罚。夏明旭不服，称自己是执行职务没有滥用职权的故意，但法院认为，其作为规划单位主要领导明知"会议纪要"违法但仍去执行,应属滥用职权。

(资料来源:《法制晚报》2019-8-6)

案例思考:结合案例,你认为应如何理解公务员必须执行上级依法作出的决定和命令?

第三章
公务员的职务、职位与级别

公务员的领导职务、职级与级别是确定公务员工资以及其他待遇的依据。完善公务员领导职务、职级与级别设置和管理制度，对于健全公务员激励和保障机制，建设信念坚定、为民服务、勤政务实、敢于担当、清正廉洁的高素质专业化公务员队伍有着十分重要的意义。我国公务员领导职务、职级与级别的设置和管理坚持以马克思列宁主义、毛泽东思想、邓小平理论、"三个代表"重要思想、科学发展观、习近平新时代中国特色社会主义思想为指导，贯彻新时代中国共产党的组织路线，坚持党管干部原则，加强党对公务员队伍的集中统一领导，遵循依法、科学、规范、效能的原则。

一、品位分类与职位分类

公务员分类管理，是指根据工作任务、权力与责任、公务员的素质和能力、工作环境等，按照法定程序，将公务员或其职位分为不同的类型，划定为不同的层次与等级，以确定公务员的职务、职位与级别，赋予公务员相应的权利、责任与义务，并为公务员职务任免与升降、考核、培训、交流与回避、辞职、辞退、退休、工资、保险、福利等制度提供必要的依据。品位分类与职位分类是目前世界各国主要采取的两种人事管理分类方法和制度，这两种制度各具特点，各有所长，因此必须根据本国国情进行研究，力求做到取其所长、去其所短。

（一）公务员品位分类制

1. 含义。品位是指按照公务员地位高低、职务大小而排列成的公务员等级序列。公务员品位分类是指公务员管理机构依据法律法规或者行政首长的意志，对公务员的身份、学历、资历、知识、能力、贡献等进行综合比较，据此确定其职务等级和薪酬等级，建立公务员的品位等级结构，以此作为公务员考试录用、职务任免与升降、考核、奖惩、交流、工资保险福利、辞职辞退等制度的基础。品位分类制是以公务员的个人条件为依据的管理制度。

2. 特点。

（1）以"人"为中心。品位分类制是对"人"的分类，而非对"事"的分类。它以人为中心，更多地考虑个人的资格条件，如资历、学历、能力、工龄、工作经验、贡献等因素。

（2）注重通才标准。品位分类制注重通才标准，强调培养和提高公务员的综合管理素质和技能，而非专业知识和岗位技能。

（3）等级与职位相分离。每一公务员都被赋予一定的等级，等级与其素质紧密相连，但与其所任的职位没有直接的关系。品位分类制以人为中心，因人设职、因人择事，官等随人走，公务员的级别一经确认，不管其身在何处、具体从事哪项工作，其级别保持不变。

3. 品位分类制的优点。

（1）以人为本，有助于选任高素质的人才。品位分类制以人为中心，注重个人的身份和资格条件，有助于吸收优秀的人才进入公务员队伍。

（2）管理方法简单、灵活、机动性强。公务员的级别与公共职位相对分离，级随人走，职位任免、升降、交流、考核、工资保险福利等不受烦琐程序的约束，人事管理方法相对简单。同时，人事管理运行机制灵活，机动性强，有利于根据实际需要适时调整公务员的职务和级别。

（3）人事管理权力集中统一。在品位分类管理中，机关人权与事权集中统一，有助于在部门内部有效地整合资源，提高公共部门人力资源管理效率。

4. 品位分类制的缺点。

（1）人职分离，权责不明。品位分类制强调"人在事先"，造成人与职务相分离，公务员的素质、能力与工作需要可能脱节；级随人走，可能导致公务员的级别与职务不相称，薪酬待遇与职务、职位和级别不相吻合；因人设职，容易导致机构臃肿，权责不明、人浮于事。

（2）弹性过大，制度松散。品位分类制度难以实现人事管理的规范化、制度化、标准化。由于无章可循，缺乏规范性程序和要求，人事管理呈现随意性，纪律不强，人事管理制度松散，容易滋生违法乱纪等人事腐败行为。

(3) 忽视专业知识和专门技能。品位分类制过分强调公务员的学历、资历、身份、工龄等条件，强调通才，忽视专业技能、知识的培养和教育，不利于吸引、培养和开发专业人才，不利于业务类与技术类行政管理工作效率的提高。

(4) 易滋生官本位思想。品位分类制因人设职、分级，职务和级别越高的公务员的权力越大，待遇越好。公共权力运行基于长官意志，可能滋生敬官畏官、论资排位、唯命是从的"官本位"现象，诱发个人主义与官僚主义作风。

(二) 公务员职位分类制

1. 含义。职位是指上级组织依照法律法规或组织规章确定的，由特定工作人员在特定时间内所担负的工作量以及职务与责任的集合体。

公务员职位分类制，是指依据工作性质、简繁程度、难易程度、责任轻重、所需资格条件等，将职位划分为不同的类别和等级，作为公务员管理基础的人事分类制度。

2. 职位分类制的特点。具体有以下几方面：

(1) 以工作为中心，因事设岗。职位分类以工作任务为中心设置职位，而不是因人设职。先确定职位，再根据职位的需要配备工作人员，"事在人先"。若短期内缺乏合适的工作人员，可以出现"职位空缺"的现象，但职位仍然存在。

(2) 职位数量有限。职位设置与机关编制紧密相关。公务员职位数量有限，主要由机构职能、工作性质、工作任务、工作量、部门特点、经费预算等因素决定。《地方各级人民政府机构设置和编制管理条例》规定："地方各级人民政府机构设置和编制管理工作，应当按照经济社会全面协调可持续发展的要求，适应全面履行职能的需要，遵循精简、统一、效能的原则。"

(3) 职位具有相对稳定性。同一职位在不同时期可由不同的公务员担任，不随公务员的去留而变动。当然，职位的相对稳定性也并不意味着职位是一成不变的，它可以随着时间、地点、条件、环境等多种因素的变化而灵活调整，可依法适时增设、缩简、合并、撤销某些职位。

(4) 职位可分类分级。可以对职位按照特定标准进行分类、分级，从而为公务员的考试、录用、考核、职务升降、交流与回避、培训、奖惩、工资保险福利等各项人事管理提供依据。

3. 职位分类制的优点。具体有以下几方面：

（1）因事设职，按职择人。公务员职位分类制度因事设职，按职择人，避免了因人设岗、滥竽充数现象，做到人与职合理搭配，实现公共部门人力、物力、财力等资源的优化配置。

（2）科学管理，权责分明。按岗位的工作性质、责任大小、难易程度和所需资格条件等对职位进行分类，形成科学、规范、稳定的职位结构，明确规定了不同职位公务员的权利、责任和义务，权责分明，为公务员科学管理奠定了坚实的基础。

（3）注重专业，强调技能。这有助于提高公务员的专业技能。与品位分类不同，职位分类注重"专才"标准，在公务员考试录用、职务任免与升降、考核、交流、培训与教育等人事管理过程中，注重考查、培养与开发公务员的专业知识和技能。

（4）激励竞争，优胜劣汰。职位分类制以工作任务为中心，同工同酬，在政府机关内部形成了优胜劣汰的竞争机制，搭建了公开、公平、竞争、择优的竞争性职务任免与升降、交流平台，有助于实现"人尽其才，才尽其用"。

4. 职位分类制的缺点。具体有以下几方面：

（1）以"职"为本，偏重专才，难以吸引复合型高级管理人才。因职选人用人、偏重专才的职位分类制度虽然有助于吸引掌握专业技能的"专才"，但难以吸引复合型高级管理人才。在一定程度上束缚了公务员个性发展和能力提升。

（2）人事管理方法复杂，灵活性低。职位分类制按照严格、规范的标准与方法进行人员配备和管理，由于公务员个人情况千差万别，因此造成人事管理方法错综复杂，程序烦琐，灵活性不强。

（3）人事管理权力分散，行政成本高。职位分类过程中，人事管理权力相对分散，职位分类程序复杂、事务繁多，需要耗费大量的人力、物力和财力资源，导致行政成本较高。

二、公务员的职位分类管理

品位分类与职位分类各有长短，在一定意义上是两种"对立"的分类制度。若实现二者的有机整合，可以促进公务员分类管理的人、事互动，不仅有助于构建科学、规范、严谨的标准化公共职位体系，也有助于选拔、培养和造就高技能、专业化公共管理人才队伍，优化公共部门人力资源配置。因此，自20世纪中后期以来，公务员职位分类制、品位分类制呈现相互融合、互通有无、取长补短的趋势。如，英国文官分类的结构经历了一个由简单到复杂的变化过程，其在职位横向划分的精确程度上向职位分类靠拢。同时，职位分类制度在发展过程中也借鉴了品位分类的一些因素，如1978年美国文官改革，设置了"高级行政职务"。因此，从一定意义上说，严格的职位分类与品位分类已不复存在，在实际的人事制度中，可以把二者结合在一起。

（一）我国实行职位分类制度的意义

我国公务员职位分类制度融合了职位分类制和品位分类制的优点，体现了我国干部管理的特色，为公务员考试录用、考核、奖惩、职务任免与升降、交流与回避、培训、工资保险和福利等制度奠定了坚实的基础。

1. 实行职位分类制度，使对公务员的考试录用可以根据不同职位的特点和要求，有针对性地进行，从而达到因事择人、人事结合的目标。

2. 职位分类为考核工作提供了客观的标准。

3. 职位分类有利于贯彻专业化原则，可以避免学非所用、用非所长的现象，有利于合理地使用人才。

4. 实行职位分类，可以根据工作特点和公务员的具体情况，有针对性地进行培训，提高培训效益，收到良好效果。

5. 实行职位分类制度有助于明确机构所担负的功能与实际职位数目设置之间的关系，从而为机构改革提供合理的方案。

（二）我国公务员职位的类别

根据《中华人民共和国公务员法》（修订）的规定，我国各机关依照确定的职能、规格、编制限额、职数以及结构比例，设置本机关公务员的具体职位，并确定各职位的工作职责和任职资格条件。公务员按照性质、特点和管理需要，可以划分为专业技术类、行政执法类和综合管理类等。

1. 专业技术类职位。专业技术类公务员，是指专门从事专业技术工作，为机关履行职责提供技术支持和保障的公务员，其职责具有强技术性、低替代性。专业技术类公务员职位根据工作性质、专业特点和管理需要，在以专业技术工作为主要职责的机关内设机构或者岗位设置。设立专业技术类职位，有利于提高决策的科学性与执行的准确性。同时，可以为从事专业技术工作的公务员提供职业发展的阶梯，吸引和稳定机关不可缺少的专业技术人才，激励他们立足本职岗位，成为本职工作的专家。

2. 行政执法类职位。行政执法类公务员，是指依照法律、法规对行政相对人直接履行行政许可、行政处罚、行政强制、行政征收、行政收费、行政检查等执法职责的公务员，其职责具有执行性、强制性。行政执法类公务员职位根据工作性质、执法职能和管理需要，在以行政执法工作为主要职责的机关或者内设机构设置。行政执法类职位主要集中在公安、海关、税务、工商、质检、药监、环保等政府部门的基层单位。

3. 综合管理类职位。综合管理类职位，是指除专业技术类、行政执法类以及其他职位类别以外的，履行决策、规划、组织、人事、指挥、协调、监督、咨询等综合管理或机关内部管理等职责的公务员职位类别。综合管理类职位是机关中数量最多的主体类别。

4. 法官与检察官职位。法官和检察官是我国公务员的重要组成部分，其职位严格按照《中华人民共和国法官法》《法官职务序列设置暂行规定》《中华人民共和国检察官法》《检察官职务序列设置暂行规定》等法律法规进行分类管理。

5. 其他职位类别。《中华人民共和国公务员法》（修订）规定，对于具有职位特殊性，需要单独管理的，可以增设其他职位类别。各职位类别的适用范围由国家另行规定。

三、公务员的职务与职级

我国实行公务员职务与职级并行制度，根据公务员职位类别和职责设置公务员领导职务、职级序列。领导职务与职级是确定公务员待遇的重要依据。公务员根据所任职级执行相应的工资标准，享受所在地区（部门）相应职务层次的住房、医疗、交通补贴、社会保险等待遇。担任领导职务且兼任职级的公务员，按照就高原则享受有关待遇。

（一）公务员领导职务

领导职务是指机关中具有计划、组织、管理、决策、指挥、控制、协调等职能的职务。公务员领导职务根据宪法、有关法律和机构规格设置。我国公务员领导职务层次分为"国家级正职、国家级副职、省部级正职、省部级副职、厅局级正职、厅局级副职、县处级正职、县处级副职、乡科级正职、乡科级副职"。总体上，我国综合管理类的领导职务可以分为选任制、委任制、聘任制领导职务。

1. 选任制领导职务。选任制领导干部，是指依照法定条件和程序，被选举担任特定领导职务的公务员。选任制领导职务，依照机关的性质不同，按照领导职务序列，依法设置相应职务。《中华人民共和国全国人民代表大会组织法》《中华人民共和国国务院组织法》《中华人民共和国地方各级人民代表大会和地方各级人民政府组织法》《中华人民共和国检察官法》《中华人民共和国法官法》《中国共产党章程》《中国人民政治协商会议章程》等法规，规定了相应领导职务序列。按照我国党政机关的机构设置层次与规格，选任制领导职务主要包括：国家主席、副主席；国务院总理、国务院副总理、国务委员、各部部长、各委员会主任、审计长、秘书长；中央军事委员会主席、委员；各级监察委员会主任；最高人民法院院长、副院长、审判员、审判委员会委员、军事法院院长；最高人民检察院检察长、副检察长、检察员、检察委员会委员、军事检察院检察长；省长、副省长、自治区主席、副主席；市长、副市长；州长、副州长；县长、副县长；区长、副区长；乡长、副乡长；镇长、副镇长；各级人民政府秘书长、厅长、局长、委员会主任、科长；地方各级人民法院院长、副院长、庭长、副庭长、审判委员会委员、审判员；地方各级人民检察院副检察长、检察委员会委员、检察员。选任制领导职务，还包括各级党委、人大、政协机关、民主党派实行选任制的领导。

2. 委任制领导职务。委任制领导干部，是指在任免权限范围下，由公务员任免机关依法直接委派工作人员担任一定领导职务的公务员。除选任制和聘任制外，我国公务员基本上都实行委任制。实行委任制的行政机关的领导职务，包括国务院各部委的副职领导人、县级以上地方各级人民政府组成部门的副职领导人，以及各机关内设机构的领导职务等。

（二）公务员职级

职级，是公务员的等级序列，是与领导职务并行的晋升通道，体现公务员政治素质、业务能力、资历贡献，是确定工资、住房、医疗等待遇的重要依据，不具有领导职责。

公务员可以通过领导职务或者职级晋升。担任领导职务的公务员履行领导职责，不担任领导职务的职级公务员依据隶属关系接受领导指挥、履行职责。根据工作需要和领导职务与职级的对应关系，公务员担任的领导职务和职级可以互相转任、兼任；符合规定资格条件的，可以晋升领导职务或者职级。确定公务员领导职务、职级，应当在规定的领导职务、职级序列和职数限额内，按照有关任职条件和程序进行。

我国在厅局级以下设置公务员职级，实行公务员职务与职级并行制度。这一制度旨在适应推进国家治理体系和治理能力现代化的要求，完善中国特色公务员制度，改革公务员职务设置办法，建立职级序列，畅通职级晋升通道，拓展职级晋升空间，促进公务员立足本职安心工作，加强专业化建设，激励公务员干事创业、担当作为。

公务员职务与职级并行制度坚持以马克思列宁主义、毛泽东思想、邓小平理论、"三个代表"重要思想、科学发展观、习近平新时代中国特色社会主义思想为指导，贯彻新时代党的组织路线，坚持党管干部原则，坚持德才兼备、以德为先，坚持五湖四海、任人唯贤，坚持事业为上、公道正派，坚持向基层倾斜，坚持严管和厚爱结合、激励和约束并重。

专业技术类公务员职级，分为十一个层次。通用职级名称由高至低依次为：一级总监、二级总监、一级高级主管、二级高级主管、三级高级主管、四级高级主管、一级主管、二级主管、三级主管、四级主管、专业技术员。

行政执法类公务员职级，分为十一个层次。通用职级名称由高至低依次为：督办、一级高级主办、二级高级主办、三级高级主办、四级高级主办、一级主办、二级主办、三级主办、四级主办、一级行政执法员、二级行政执法员。

综合管理类公务员职级序列分为：一级巡视员、二级巡视员、一级调研员、二级调研员、三级调研员、四级调研员、一级主任科员、二级主任科员、三级主任科员、四级主任科员、一级科员、二级科员。综合管理类公务员职级按照规格设置。中央机关，省、自治区、直辖市机关设置一级巡视员以下职级；副省级城市机关设置一级巡视员以下职级，副省级城市的区领导班子设置一级、二级巡视员；市（地、州、盟）、直辖市的区领导班子设置一级巡视员，市（地、州、盟）、直辖市的区机关设置二级巡视员以下职级，副省级城市的区机关设置一级调研员以下职级；县（市、区、旗）领导班子设置二级巡视员、一级调研员、二级调研员、三级调研员，县（市、区、旗）、乡镇机关设置二级调研员以下职级。

四、公务员的级别

级别在公务员管理过程中具有十分重要的功能，是确定公务员工资、保险、福利待遇的重要依据，是职务职级任免与升降的重要考虑因素，并与考核、培训、奖励与惩戒等制度息息相关。

公务员的领导职务、职级应当对应相应的级别。公务员的级别根据所任领导职务、职级及其德才表现、工作实绩和资历确定。公务员在同一领导职务、职级上，可以按照国家规定晋升级别。

公务员级别由低至高依次为二十七级至一级。

公务员领导职务层次与级别的对应关系是：国家级正职为一级；国家级副职为四级至二级；省部级正职为八级至四级；省部级副职为十级至六级；厅局级正职为十三级至八级；厅局级副职为十五级至十级；县处级正职为十八级至十二级；县处级副职为二十级至十四级；乡科级正职为二十二级至十六级；乡科级副职为二十四级至十七级。副部级机关内设机构、副省级城市机关的司局级正职对应十五级至十级；司局级副职对应十七级至十一级。

专业技术类公务员职级与级别的对应关系是：一级总监为十三级至八级；二级总监为十五级至十级；一级高级主管为十七级至十一级；二级高级主管为十八级至十二级；三级高级主管为十九级至十三级；四级高级主管为二十级至十四级；一级主管为二十一级至十五级；二级主管为二十二级至十六级；三级主管为二十三级至十七级；四级主管为二十四级至十八级；专业技术员为二十六级至十八级。

行政执法类公务员职级与级别的对应关系是：督办为十五级至十级；一级高级主办为十七级至十一级；二级高级主办为十八级至十二级；三级高级主办为十九级至十三级；四级高级主办为二十级至十四级；一级主办为二十一级至十五级；二级主办为二十二级至十六级；三级主办为二十三级至十七级；四级主办为二十四级至十八级；一级行政执法员为二十六级至十八级；

二级行政执法员为二十七级至十九级。

综合管理类公务员职级对应的级别是：一级巡视员为十三级至八级；二级巡视员为十五级至十级；一级调研员为十七级至十一级；二级调研员为十八级至十二级；三级调研员为十九级至十三级；四级调研员为二十级至十四级；一级主任科员为二十一级至十五级；二级主任科员为二十二级至十六级；三级主任科员为二十三级至十七级；四级主任科员为二十四级至十八级；一级科员为二十六级至十八级；二级科员为二十七级至十九级。

国家根据人民警察、消防救援人员以及海关、驻外外交机构等公务员的工作特点，设置与其领导职务、职级相对应的衔级。

思考题

1. 试比较职位分类和品位分类的优劣。
2. 什么是职位和职位分类？
3. 我国实行职位分类制度的意义。
4. 我国公务员的职级如何确定？

附录

《公务员职务与职级并行规定》
第一章 总 则

第一条 为了深化公务员分类改革，推行公务员职务与职级并行、职级与待遇挂钩制度，健全公务员激励保障机制，建设忠诚干净担当的高素质专业化公务员队伍，根据《中华人民共和国公务员法》等有关法律法规，制定本规定。

第二条 国家根据公务员职位类别和职责设置公务员领导职务和职级序列。

本规定所称职级，是公务员的等级序列，是与领导职务并行的晋升通道，体现公务员政治素质、业务能力、资历贡献，是确定工资、住房、医疗等待遇的重要依据，不具有领导职责。

公务员可以通过领导职务或者职级晋升。担任领导职务的公务员履行领导职责，不担任领导职务的职级公务员依据隶属关系接受领导指挥，履行职责。

第三条 实行公务员职务与职级并行制度旨在适应推进国家治理体系和治理能力现代化的要求，完善中国特色公务员制度，改革公务员职务设置办法，建立职级序列，畅通职级晋升通道，拓展职级晋升空间，促进公务员立足本职安心工作，加强专业化建设，激励公务员干事创业、担当作为。

第四条 公务员职务与职级并行制度坚持以马克思列宁主义、毛泽东思想、邓小平理论、"三个代表"重要思想、科学发展观、习近平新时代中国特色社会主义思想为指导，贯彻新时代党的组织路线，坚持党管干部原则，坚持德才兼备、以德为先，坚持五湖四海、任人唯贤，坚持事业为上、公道正派，坚持向基层倾斜，坚持严管和厚爱结合、激励和约束并重。

第五条 公务员职务与职级并行制度实施工作，由各级党委（党组）及其组织（人事）部门分级负责。中央公务员主管部门负责全国公务员职务与职级并行制度组织实施的宏观指导。县级以上地方各级公务员主管部门具体指导本辖区内公务员职务与职级并行制度的组织实施工作。

第二章 职务与职级序列

第六条 领导职务根据宪法、有关法律和机构规格设置。

领导职务层次分为：国家级正职、国家级副职、省部级正职、省部级副职、厅局级正职、厅局级副职、县处级正职、县处级副职、乡科级正职、乡科级副职。

第七条 职级序列按照综合管理类、专业技术类、行政执法类等公务员职位类别分别设置。

综合管理类公务员职级序列分为：一级巡视员、二级巡视员、一级调研员、二级调研员、三级调研员、四级调研员、一级主任科员、二级主任科员、三级主任科员、四级主任科员、一级科员、二级科员。

综合管理类以外其他职位类别公务员职级序列另行规定。

第八条 公务员领导职务、职级对应相应的级别。

领导职务对应的级别，按照国家有关规定执行。

综合管理类公务员职级对应的级别是：

（一）一级巡视员：十三级至八级；

（二）二级巡视员：十五级至十级；

（三）一级调研员：十七级至十一级；

（四）二级调研员：十八级至十二级；

（五）三级调研员：十九级至十三级；

（六）四级调研员：二十级至十四级；

（七）一级主任科员：二十一级至十五级；

（八）二级主任科员：二十二级至十六级；

（九）三级主任科员：二十三级至十七级；

（十）四级主任科员：二十四级至十八级；

（十一）一级科员：二十六级至十八级；

（十二）二级科员：二十七级至十九级。

第九条 厅局级以下领导职务对应的综合管理类公务员最低职级是：

（一）厅局级正职：一级巡视员；

（二）厅局级副职：二级巡视员；

（三）县处级正职：二级调研员；

（四）县处级副职：四级调研员；

（五）乡科级正职：二级主任科员；

（六）乡科级副职：四级主任科员。

第三章 职级设置与职数比例

第十条 综合管理类公务员职级按照下列规格设置：

（一）中央机关，省、自治区、直辖市机关设置一级巡视员以下职级；

（二）副省级城市机关设置一级巡视员以下职级，副省级城市的区领导班子设置一级、二级巡视员；

（三）市（地、州、盟）、直辖市的区领导班子设置一级巡视员，市（地、州、盟）、直辖市的区机关设置二级巡视员以下职级，副省级城市的区机关设置一级调研员以下职级；

（四）县（市、区、旗）领导班子设置二级巡视员、一级调研员、二级调研员、三级调研员，县（市、区、旗）、乡镇机关设置二级调研员以下职级。

第十一条 职级职数按照各类别公务员行政编制数量的一定比例核定。综合管理类公务员职级职数按照下列比例核定：

（一）中央机关一级、二级巡视员不超过机关综合管理类职位数量的12%，其中，正部级单位一级巡视员不超过一级、二级巡视员总数的40%，副部级单位一级巡视员不超过一级、二级巡视员总数的20%；一级至四级调研员不超过机关综合管理类职位数量的65%。

（二）省、自治区、直辖市机关一级、二级巡视员不超过机关综合管理类职位数量的5%，其中一级巡视员不超过一级、二级巡视员总数的30%；一级至四级调研员不超过机关综合管理类职位数量的45%。

（三）副省级城市机关一级、二级巡视员不超过机关综合管理类职位数量的2%，其中一级巡视员不超过一级、二级巡视员总数的30%；一级至四级调研员不超过机关综合管理类职位数量的43%，其中一级调研员不超过一级至四级调研员总数的20%。

（四）市（地、州、盟）、直辖市的区领导班子一级巡视员不超过领导班子职数的15%。市（地、州、盟）、直辖市的区机关二级巡视员不超过机关综合管理类职位数量的1%；一级至四级调研员不超过机关综合管理类职位数量的20%，其中一级、二级调研员不超过一级至四级调研员总数的40%，一级调研员不超过一、二级调研员总数的50%；一级至四级主任科员不超过机关综合管理类职位数量的60%，其中一级、二级主任科员不超过一级至四级主任科员总数的50%。

（五）副省级城市的区领导班子一级、二级巡视员不超过领导班子职数的15%，其中一级巡视员不超过一级、二级巡视员总数的40%；副省级城市的区机关一级调研员以下职级职数，按照第四项规定执行。

（六）县（市、区、旗）领导班子二级巡视员不超过领导班子职数的10%，一级、二级调研员不超过领导班子职数的20%。县（市、区、旗）、乡镇机关二级调研员不超过机关综合管理类职位数量的2%；三级、四级调研员不超过机关综合管理类职位数量的10%，其中三级调研员不超过三级、四级调研员总数的40%；一级至四级主任科员不超过机关综合管理类职位数量的60%，其中一级、二级主任科员不超过一级至四级主任科员总数的50%。

中央和地方各级机关中个别情况特殊需要调整职级比例的，应当报中央公务员主管部门审批。中央机关和省级公务员主管部门根据工作需要和实际，可以对前款规定中未作区分的各职级层次的比例予以细化。

第十二条 中央和省级机关垂直管理的机构、市地级以上机关的直属单位或者派出机构，根据机构规格，参照第十条、第十一条规定，设置职级和核定职数。

直辖市的县领导班子和县、乡镇机关，副省级城市的乡镇机关，根据机构规格，由省级公务员主管部门参照第十条、第十一条规定，研究确定职级设置和比例。

第十三条 职级职数一般按照各机关分别核定。职数较少或者难以按照各机关分别核定的职级，由县级以上地方党委及其公务员主管部门根据实际情况和职级晋升审批权限，分级统筹核定和使用。市（地、州、盟）、直辖市的区、县（市、区、旗）的领导班子与所属部门职级职数分开统筹核定和使用。

省、自治区、直辖市党委可以统筹使用若干名一级巡视员职数，用于激励少数特别优秀的县（市、区、旗）党委书记。

第十四条 中央机关及其直属机构职级设置方案，报中央公务员主管部门备案；省级以下机关及其直属机构职级设置方案的审批或者备案程序，由省级公务员主管部门规定。

第四章 职级确定与升降

第十五条 公务员领导职务的任免与升降，按照有关规定执行。

第十六条 公务员的职级依据其德才表现、工作实绩和资历确定。

非领导职务公务员首次确定职级按照有关规定套转。新录用公务员按照有关规定确定一级主任科员以下及相当层次的职级。从国有企业、事业单位、人民团体和群众团体调任的人员，按照公务员调任有关规定，综合考虑其原任职务、调任职位和工作经历确定职级。机关接收的军队转业干部，按照国家军转安置有关规定确定职级。

第十七条 公务员晋升职级，应当在职级职数内逐级晋升，并且具备下列基本条件：

（一）政治素质好，拥护中国共产党的领导和社会主义制度，坚决维护习近平总书记核心地位，坚决维护党中央权威和集中统一领导；

（二）具备职位要求的工作能力和专业知识，忠于职守，勤勉尽责，勇于担当，工作实绩较好；

（三）群众公认度较高；

（四）符合拟晋升职级所要求的任职年限和资历；

（五）作风品行好，遵纪守法，自觉践行社会主义核心价值观，清正廉洁。

第十八条 公务员晋升职级，应当具备下列基本资格：

（一）晋升一级巡视员，应当任厅局级副职或者二级巡视员4年以上；

（二）晋升二级巡视员，应当任一级调研员4年以上；

（三）晋升一级调研员，应当任县处级正职或者二级调研员3年以上；

（四）晋升二级调研员，应当任三级调研员2年以上；

（五）晋升三级调研员，应当任县处级副职或者四级调研员2年以上；

（六）晋升四级调研员，应当任一级主任科员2年以上；

（七）晋升一级主任科员，应当任乡科级正职或者二级主任科员2年以上；

（八）晋升二级主任科员，应当任三级主任科员2年以上；

（九）晋升三级主任科员，应当任乡科级副职或者四级主任科员2年以上；

（十）晋升四级主任科员，应当任一级科员2年以上；

（十一）晋升一级科员，应当任二级科员2年以上。

公务员晋升职级应当根据工作需要、德才表现、职责轻重、工作实绩和资历等因素综合考虑，不是达到最低任职年限就必须晋升，也不能简单按照任职年限论资排辈，体现正确的用人导向。

第十九条　公务员晋升职级所要求任职年限的年度考核结果均应为称职以上等次，其间每有1个年度考核结果为优秀等次的，任职年限缩短半年；每有1个年度考核结果为基本称职等次或者不定等次的，该年度不计算为晋升职级的任职年限。

第二十条　公务员晋升职级按照下列程序办理：

（一）党委（党组）或者组织（人事）部门研究提出工作方案。

（二）对符合晋升职级资格条件的人员进行民主推荐或者民主测评，提出初步人选。

（三）考察了解并确定拟晋升职级人选。中央机关公务员晋升一级、二级巡视员，应当进行考察；晋升其他职级可以综合考虑民主推荐、民主测评与平时考核、年度考核、一贯表现等情况确定人选。省级以下机关公务员晋升职级的考察了解方式，由省级公务员主管部门结合实际研究确定。

（四）对拟晋升职级人选进行公示，公示期不少于5个工作日。

（五）审批。中央机关公务员晋升职级由本机关党组（党委）及其组织（人事）部门审批，一级、二级巡视员职级职数使用等情况按年度报中央公务员主管部门备案。省级以下机关公务员晋升职级的审批权限，由省级公务员主管部门提出意见，报省、自治区、直辖市党委审定。

各级机关中未限定职数比例的职级，其晋升程序可以适当简化。

第二十一条　公务员具有下列情形之一的，不得晋升职级：

（一）不符合第十七条、第十八条规定的；

（二）受到诫勉、组织处理或者处分等影响期未满或者期满影响使用的；

（三）涉嫌违纪违法正在接受审查调查尚未作出结论的；

（四）影响晋升职级的其他情形。

第二十二条　公务员职级实行能上能下，具有下列情形之一的，应当按照规定降低职级：

（一）不能胜任职位职责要求的；

（二）年度考核被确定为不称职等次的；

（三）受到降职处理或者撤职处分的；

（四）法律法规和党内法规规定的其他情形。

第二十三条　中央机关和地方各级公务员主管部门可以根据本章规定，按照落实好干部标准、从严管理干部和树立鼓励干事创业、担当作为导向的要求，结合实际细化公务员职级升降的条件和情形。

第五章　职级与待遇

第二十四条　领导职务与职级是确定公务员待遇的重要依据。公务员根据所任职级执行相应的工资标准，享受所在地区（部门）相应职务层次的住房、医疗、交通补贴、社会保险等待遇。

担任领导职务且兼任职级的公务员，按照就高原则享受有关待遇。

第二十五条　公务员晋升职级，不改变工作职位和领导指挥关系，不享受相应职务层次的政治待遇、工作待遇。因不胜任、不适宜担任现职免去领导职务的，按照其职级确定有关待遇，原政治待遇、工作待遇不再保留。

第二十六条　公务员因公出国出差的交通、住宿标准以及办公用房标准等待遇，不与职级挂钩。

第二十七条　县处级副职以上领导成员因换届不再提名、机构改革等原因免去领导职务转任职级的，保留原待遇，不改变干部管理权限。

第六章　管理与监督

第二十八条　担任领导职务且兼任职级的公务员，主要按照领导职务进行管理。

不担任领导职务的职级公务员一般由所在机关进行日常管理。公务员晋升至所在机关领导成员职务对应的职级，不作为该机关领导成员管理。

第二十九条　根据工作需要和领导职务与职级的对应关系，公务员担任的领导职务和职级可以互相转任、兼任；符合规定资格条件的，可以晋升领导职务或者职级。

第三十条　综合管理类、专业技术类、行政执法类等不同职位类别公务员之间可以交流，根据不同职位类别职级的对应关系确定职级。

第三十一条　机关应当严格执行公务员职务与职级并行制度，不得违反规定设置职级，不得超职数配备职级，不得随意放宽职级任职资格条件，不得违反规定提高或者降低职级待遇标准。对违反相关规定的，由县级以上党委或者公务员主管部门按照管理权限，区别不同情况，分别予以责令纠正或者宣布无效；对负有责任的领导人员和直接责任人员，根据情节轻重，给予批评教育、组织处理或者处分。

第七章　附　则

第三十二条　参照公务员法管理的机关（单位）中除工勤人员以外的工作人员，参照本规定执行。

第三十三条　本规定由中共中央组织部负责解释。

第三十四条　本规定自 2019 年 6 月 1 日起施行。2006 年 4 月 9 日中共中央、国务院印发的《〈中华人民共和国公务员法〉实施方案》附件四《综合管理类公务员非领导职务设置管理办法》和 2015 年 1 月 15 日中共中央办公厅、国务院办公厅印发的《关于县以下机关建立公务员职务与职级并行制度的意见》同时废止。

第四章
公务员的录用

考试录用是公务员管理的进口环节，涉及考试录用的主管机关、录用机关、录用对象、条件、方法、程序、原则等内容。规范公务员录用工作，对保证新录用公务员的基本素质，建设信念坚定、为民服务、勤政务实、敢于担当、清正廉洁的高素质专业化公务员队伍具有十分重要的意义。

一、公务员录用的含义和发展历程

（一）公务员录用的含义

公务员录用，是指主管机关按照公开、平等、竞争、择优的原则，遵循法定程序、标准、条件，通过考试、考察等方式，面向社会或机关内部选拔优秀人才进入公务员队伍担任公职。国家对行政机关中初次从事行政处罚决定审核、行政复议、行政裁决、法律顾问的公务员实行统一法律职业资格考试制度，由国务院司法行政部门商有关部门组织实施。

（二）公务员录用制度的发展历程

我国公务员录用制度的发展经历了一个不断探索的过程。

新中国成立之初，我国录用干部主要来源于国家统一分配的大中专毕业生、组织调配安置的退伍军人、从社会上有计划地吸收的符合资格条件的人员。

1980年，邓小平同志提出要勇于改革不合时宜的组织制度、人事制度，要健全包括招考制度在内的一系列干部人事制度，并提出，将来很多职务、职称，只要考试合格，就应当录用或授予。

1987年，党的十三大将干部人事制度改革的重点确定为建立国家公务员制度。

1989年，中组部、人事部下发了关于国家行政机关补充工作人员实行考试办法的通知，考试录用国家机关工作人员的工作逐步开展。

1993年10月1日，《国家公务员暂行条例》开始实施，其中第四章专门就公务员的录用做了规定，明确国家行政机关录用担任主任科员以下非领导职务的国家公务员，采用公开考试、严格考核的办法，按照德才兼备的标准择优录用；同时还明确了录用公务员的具体要求和方式。这种"公开考试，择优录用"制度的建立，是对原来传统的机关进人方式的重大改革。

1994年6月《国家公务员录用暂行规定》的颁布，标志着国家公务员考试录用制度正式建立。随后，各地区、各部门根据工作实际又制定下发了相应的实施办法和细则，形成了涵盖笔试、面试、体检、考核、监督等诸多环节的考录法规体系，考试录用国家公务员工作开始步入规范化、制度化轨道。

2000年8月20日，中共中央办公厅发布《深化干部人事制度改革纲要》，明确指出，要"坚持和完善党政机关干部考试录用制度，改进考试考核方法"。

2001年8月21日，中共中央组织部、人事部、中央编办（中央机构编制委员会办公室）发布《关于进一步加强管理，严肃干部人事工作纪律有关问题的通知》，明确指出："坚持考试录用制度，严把国家公务员和机关工作人员'进口'关；各级党政机关、社会团体机关以及依照公务员管理的单位，录用公务员或机关工作人员，必须遵守有关规定面向社会公开招考；凡未经考试或不按规定资格条件、标准和程序录用的人员，由同级组织、人事部门取消其录用资格。对违反规定的招考单位，由录用主管机关宣布其录用结果无效或责令其按规定程序重新办理。"

2002年8月1日，人事部发布关于印发《人事部关于学习贯彻〈党政领导干部选拔任用工作条例〉的意见》的通知，指出："要贯彻'公开、平等、竞争、择优'的原则，进一步坚持和完善考试录用制度，严格按'凡进必考'原则办事，从'入口'上保证公务员队伍的基本素质。"

2006年1月1日开始施行的《公务员法》规定：录用担任主任科员以下以及其他相当职务层次的非领导职务公务员，采用公开考试、严格考察、平等竞争、择优录取的办法。至此，公务员考录工作正式进入法制化轨道。

2007年11月6日，人事部部长尹蔚民发布中华人民共和国人事部第7号令，公布并施行《公务员录用规定（试行）》。2019年10月15日中共中央组织部对《公务员录用规定（试行）》修订，2019年11月26日发布实施《公务员录用规定》。《公务员录用规定》共11章51条，对公务员录用的管理机构、计划与招考公告、报名与资格审查、考试、考察与体检、公示、审批或备案以及纪律与监督等做了详细的规定。

二、公务员考试录用的对象、原则和基本做法

（一）公务员考试录用的对象

考试录用的对象是担任主任科员以下及其他相当职务层次的非领导职务公务员。除此之外的公务员，不实行公开考试的方式录用。民族自治地方录用公务员时，依照法律和有关规定对少数民族报考者予以适当照顾。

（二）公务员考试录用的原则和基本做法

录用公务员，坚持公开、平等、竞争、择优的原则，按照德才兼备的标准，采取考试与考察相结合的方法进行。基本做法是公开考试、严格考察、平等竞争、择优录取。

所谓公开考试，是指各级机关录用主任科员以下非领导职务的公务员，都必须面向社会公开进行考试。所谓严格考察，是指对参加公务员录用公开考试的人，从报考资格条件、个人的政治表现、思想道德品质、身体和心理素质等方面按照规定进行严格考察。所谓平等竞争，指一切符合报考条件的公民都可以参加考试，享有进入公务员队伍、担任公职的平等权利和机会；同时，在公务员考试录用中，录取人数只占应试人数的一定比例，而不是只要符合某些标准就可被录用，所以应试者会被层层筛选，逐步淘汰，以自己的真才实学参加竞争。特别是当前报考人数众多，录取名额有限，竞争尤为激烈，所以平等竞争非常重要。所谓择优录取，是指通过竞争性考试，按照成绩排列名次，同时结合其他方面进行全面衡量考核，经过比较和筛选，最后选拔最符合要求的优秀人才进入公务员队伍。

根据《公务员法》（修订）第三十三条，录用特殊职位的公务员，经过特定程序后，可以采用简化程序或者其他测评办法。

民族自治地方在录用担任一级主任科员以下及其他相当职级的公务员时，应当依照法律和有关规定对少数民族报考者予以适当照顾。实践中，对少数

民族录用公务员的照顾方式有：规定一定的录取比例，或同等条件下优先录用，或适当降低分数线，或明确规定计划录用的少数民族公务员只在少数民族中招考等。

三、公务员考试录用的组织管理机构

中央公务员主管部门负责全国公务员录用的综合管理工作。具体职能包括：拟定公务员录用法规；制定公务员录用的规章、政策；指导和监督地方各级机关公务员的录用工作；负责组织中央机关及其直属机构公务员的录用。

省级公务员主管部门负责本辖区公务员录用的综合管理工作。具体工作包括：贯彻有关公务员录用的法律、法规、规章和政策；根据《公务员法》（修订）和本规定，制定本辖区内公务员录用实施办法；负责组织本辖区内各级机关公务员的录用；指导和监督设区的市级以下各级机关公务员录用工作；承办中央公务员主管部门委托的公务员录用有关工作。必要时，省级公务员主管部门可以授权设区的市级公务员主管部门组织本辖区内公务员的录用。

设区的市级以下公务员主管部门按照省级公务员主管部门的规定，负责本辖区内公务员录用的有关工作。招录机关按照公务员主管部门的要求，负责本机关及直属机构公务员录用的有关工作。公务员录用有关专业性、技术性、事务性工作可以授权或者委托考试机构以及其他专业机构承担。

四、公务员的报考条件和录用程序

（一）公务员的报考条件

我国《公务员法》（修订）在总结实践经验的基础上，借鉴国际上的通行做法，对报考公务员的条件做了明确的规定。

1. 资格条件。报考公务员，应当具有中华人民共和国国籍；年龄为18周岁以上、35周岁以下；拥护中华人民共和国宪法，拥护中国共产党领导和社会主义制度；具有良好的政治素质和道德品行；具有正常履行职责的身体条件和心理素质；具有符合职位要求的工作能力；具有大学专科以上文化程度；省级以上公务员主管部门规定的拟任职位所要求的资格条件；以及法律、法规规定的其他条件。其中年龄和学历条件，经省级以上公务员主管部门批准，可以适当调整。

2. 消极条件。这些人员不得录用为公务员：因犯罪受过刑事处罚的；被开除中国共产党党籍的；被开除公职的（"开除公职"是指依法定的程序被用人单位开除。这里的公职，主要是指在国家机关、国有公司、企业、事业单位、人民团体中担任的职务）；被依法列为失信联合惩戒对象的；有法律规定不得录用为公务员的其他情形的。

3. 其他条件。录用公务员，必须在规定的编制限额内，并有相应的职位空缺。报考者不得报考录用后即构成应当回避的职位，也不得报考与本人有夫妻关系、直系血亲关系、三代以内旁系血亲关系以及近姻亲关系的人员担任领导成员的用人单位的职位。

（二）公务员的录用程序

1. 发布招考公告。招录机关根据队伍建设需要和职位要求，提出招考的职位、名额和报考资格条件，拟订录用计划。中央机关及其直属机构的录用计划，由中央公务员主管部门审定。省级机关及其直属机构的录用计划，由省级公务员主管部门审定。设区的市级以下机关录用计划的申报程序和审批权限，由省级公务员主管部门规定。省级以上公务员主管部门依据有关法律、法规、规章和政策，制定招考工作方案。设区的市级公务员主管部门经授权组织本辖区公务员录用时，其招考工作方案应当报经省级公务员主管部门审核同意。

发布招考公告，将录用政策、原则、招考部门、岗位、人数、报考资格、考试科目、时间、地点、办法、程序等，向社会公开，是公开原则的具体体现。发布招考公告，是录用公务员的一项前期性工作，同时也是报名前的首要工作。招考公告，一般应当选择知名度高、读者面广以及权威性高、严肃性强的新闻媒体发布，同时也需要考虑到地域性。中央机关面向全国招考公务员的，则应在全国性新闻媒体发布招考公告；省级机关如果面向全国招考公务员的，通常也应当在全国性的新闻媒体上发布招考公告；如果只是面向本省、自治区、直辖市招考公务员的，则可以在省级新闻媒体上发布招考公告；如果只限于面向特定地区招考的，则可以在该地区的新闻媒体上发布招考公告。现在互联网十分发达，许多机关设立了网站，招考公告也可以在政府网站上进行发布。

招考公告一经发布，任何单位、个人不得违背其内容行事，如果出现特殊情况需要改变或者调整招考内容的，必须由发布公告的机关于报名前在原发布招考公告的新闻媒体上发布更正声明。

招考公告应当载明下列事项：招考的职位，包括录用单位、职位名称等；录用的名额，即每一职位计划录用的具体名额指标；报考资格条件，明确提出具备什么样的要求才能够报考，如年龄条件等；报考需要提交的申请文件和有关材料，如报名表、学历证书、资格证书等；其他报考须知事项，如报名方式等。

在实践中，招考公告通常包括以下内容：招考范围、招考对象和条件；录用单位、职位与计划（名额）；考试录用的方法和程序；报名时间、地点及报名时应审查的证件；笔试的科目、时间和地点；面试办法；笔试、面试成绩公布办法；录用的程序和方法；其他须向考生说明的事宜。

2. 报名与资格审查。招录机关发布招考公告以后，希望参加公务员录用考试的人员，应当在规定的时间和地点领取报名所需的各种表格和报考须知资料，认真填写好报名表，到指定的报考点报名，并按照规定交纳费用，如报名费、考务费、试卷费等。

同时，向招录机关提交报考申请材料，报考者提交的申请材料应当真实、准确、完整。

招录机关根据报考资格条件对报考申请进行审查，确认报考者是否具有报考资格。资格审查贯穿录用的全过程。审查主要包括以下几个方面：

（1）对报考职位的审查。主要审查报考者报考的职位的类别；本人所具备的资格条件是否符合其拟报职位的要求。

（2）对证件的审查。主要审查报考者所持的证件，重点审查户口簿登记的情况，如居住地、出生年月，以及有关证件，如学生证、工作证等；对于有学历、学位要求的，相应地审查报考者的学历证明、学位证明等。

（3）对报考者体格外貌的审查。一般来讲，对报考国家公务员的，在体格外貌方面并无特殊要求，但也应当查看报考者有无明显的生理缺陷。如果报考职位对体格外貌有特殊要求的，按照要求进行审查，确认是否符合要求。

（4）审查报考者的照片。主要是为了防止替考等违反考试纪律现象的发生。

（5）根据招考公告规定的要求需要审查的其他事项。

招录机关经过审查以后，确认报考者符合招考公告规定的报考资格条件的，应当向报考者发放准许其参加公务员录用考试的证明，即"准考证"。不符合报考资格条件的，不予发放"准考证"，不许其参加公务员录用考试。

3. 考试。公务员录用考试采取笔试和面试的方式进行。录用特殊职位的公务员，经省级以上公务员主管部门批准，可以简化程序或者采用其他测评办法。考试内容根据公务员应当具备的基本能力和不同职位类别、不同层级机关分别设置，重点测查用习近平新时代中国特色社会主义思想指导分析和解决问题的能力。

（1）笔试。所谓笔试，是指通过书面答题的形式对报考者水平进行测试的一种方式。笔试分公共科目和专业科目两种。公共科目由中央公务员主管部门统一确定。公共科目包括行政职业能力测验、申论。行政职业能力测验主要测查应试人员从事公务员职业必须具备的潜能。试卷主要包括知觉速度与准确性、数量关系、判断推理、言语理解与表达和资料分析等五个部分。申论主要测试应试人员对给定资料的阅读理解能力、分析归纳能力、提出和解决问题能力以及文字表达能力，全部为主观性试题。专业科目由省级以上公务员主管部门根据需要设置。笔试由政府人事部门组织实施，面试可由政府人事部门组织实施，也可委托用人部门组织实施。

（2）面试。所谓面试，是指通过当面交谈的形式对报考者水平进行测试的一种方式。面试主要测评应试人员适应职位要求的基本素质和实际工作能力，包括与拟任职位有关的知识、经验、能力、性格和价值观等基本情况。笔试合格者方可参加面试。面试必须贯彻公开、平等、竞争、择优原则。面试内容涵盖若干测评要素，主要包括综合分析能力、言语表达能力、应变能力、计划组织协调能力、人际交往的意识与技巧、自我情绪控制、求职动机与拟任职位的匹配性、举止仪表和专业能力。必要时，可以根据职位要求增加其他测评要素。面试测评要素由录用主管机关确定，确定面试测评要素的基本原则是：根据拟任职位的工作性质、职责任务、难易程度、责任大小、对人员的要求，确定要素项目；选择面试测评要素，应当适应和发挥面试功能，避免与资格审查、笔试、考核等环节的测评内容重复；根据不同测评要素的可测程度及与拟任职位要求的关联程度，确定其分数权重。

编制面试试题必须贯彻这样几个原则：①政治思想性原则，即试题内容健康，符合党的方针、政策和国家的法律法规。②科学性原则，即试题具有科学性，编排、评分要求规范。③针对性原则，即试题编制要贯彻"为用而考"和"因岗择人"的原则，体现测评要素的要求，同时要符合应试者的特点。④灵活性原则，即试题的内容设计、提问、追问、评分要点等要给考官和考生留有发挥的余地。

编制面试试题的基本程序是：根据测评要素和测评对象，确定题目类型；科学、合理地取材；命题小组讨论；形成试题，包括题干、出题思路、参考答案、评分要点；组合题目。面试测评方法由录用主管机关规定，主要采用结构化面谈和情景模拟相结合的方法，也可根据拟任职位要求采用其他测评方法。

面试按照以下程序进行：制定面试实施方案；编制面试试题及相关测评材料；成立面试考官小组；培训面试考官；实施面试，由面试考官小组进行，面试考官小组一般由用人部门内部相对固定并具备面试考官资格的5名或者7名人员组成，也可根据录用主管机关的要求组成，面试考官小组设主考官1名；公布面试结果。

4. 体检。为了保证录用的公务员具备正常履行职责的身体条件，在对考察人选的报考资格条件复查、考察以后，还需要进行体检。招录机关按照省级以上公务员主管部门的规定，根据报考者考试成绩由高到低的顺序确定体检人选，并进行体检。体检的项目和标准根据职位要求确定。承担体检工作的医疗机构由设区的市级以上公务员主管部门会同同级卫生健康行政部门指定。体检完毕，主检医生应当审核体检结果并签名，医疗机构加盖公章。招录机关或者报考者对体检结果有疑问的，可以按照规定提出复检。复检只能进行一次。体检结果以复检结论为准。必要时，设区的市级以上公务员主管部门可以要求体检对象重新体检。

招录机关根据职位需要，经省级以上公务员主管部门批准，还可以对报考者进行体能、心理素质测评，测评结果作为择优确定拟录用人员的重要参考。

5. 考察。考试结束以后，招录机关应当按照规定的程序和标准，根据报考者的考试成绩等确定考察人选，并进行报考资格复审和考察。报考资格复审主要核实报考者是否符合规定的报考资格条件，确认其报名时提交的信息和材料是否真实、准确、完整。

考察工作突出政治标准，重点考察人选是否符合增强"四个意识"、坚定"四个自信"、做到"两个维护"，热爱中国共产党、热爱祖国、热爱人民等政治要求。考察内容主要包括人选的政治素质、道德品行、能力素质、心理素质、学习和工作表现、遵纪守法、廉洁自律、职位匹配度以及是否需要回避等方面的情况。考察应当组成两人以上的考察组，采取个别谈话、实地走访、严格审核人事档案、查询社会信用记录、同考察人选面谈等方法，根据需要也可以进行延伸考察等，广泛深入地了解情况，做到全面、客观、公正，并据实写出考察材料。考察情况作为择优确定拟录用人员的主要依据。考察对象所在单位（学校）或者相关单位应予积极配合，并客观、真实反映有关情况。考察人选达不到公务员应当具备的条件或者不符合报考职位要求的，不得确定为拟录用人员。

6. 公示。在笔试、面试、体检、考察结束以后，招录机关根据报考者的考试成绩、体检结果和考察情况等，择优提出拟录用人员名单，并向社会公示。公示期不少于5个工作日。公示内容包括招录机关名称，拟录用职位，拟录用人员姓名、性别、准考证号、毕业院校或者工作单位，监督电话以及省级以上公务员主管部门规定的其他事项。公示期满，对没有问题或者反映问题不影响录用的，按照规定程序办理审批或者备案手续；对有严重问题并查有实据的，不予录用；对反映有严重问题，但一时难以查实的，暂缓录用，待查实并作出结论后再决定是否录用。

7. 备案和审批。公示期满后，没有群众提出意见或者反映情况，或者提出的意见不成立以及反映的情况不属实的，中央一级招录机关进行招录的，应当将拟录用人员名单报中央公务员主管部门备案，然后与拟录用人员办理手续，正式建立公务员的权利义务等法律关系。地方各级招录机关进行招录的，应当将拟录用人员名单报省级或者设区的市级公务员主管部门审批。审批后与拟录用人员办理手续，建立公务员的权利义务等法律关系。

五、试用期制度

新录用的公务员，主要是通过公开考试的方式择优录取的，录用以后能否真正胜任其工作岗位要求，仍然需要实际工作的检验。而且有些不符合担任公务员条件的情形,仅通过考试的方式也是难以考察出来的,如实际工作能力、是否具有良好的品行以及是否患有某种慢性疾病等,必须经过一段时间后才能发现。因此,对新录用的公务员实行试用期制度。

我国公务员制度规定,对新录用公务员设定了一年的试用期限。新录用公务员应当安排在录用职位工作,一般不调整岗位,不得借调到其他单位工作,不得参加规定以外的离职学习,不得报考其他机关的公务员和到企事业单位应聘。

新录用公务员应当履行公务员法规定的义务,享有公务员法规定的相应权利,其依法履行职务的行为,受法律保护。招录机关应当采取多种方式对新录用公务员进行政治素质、职业道德、履职能力、工作作风等方面的培养锻炼,使其尽快胜任录用职位工作;应当按照职位要求明确新录用公务员的工作职责,帮助其尽快熟悉业务,提高实际工作能力;应当在试用期内安排新录用公务员参加初任培训,根据需要安排专门业务培训和在职培训。一年试用期满,合格的,予以任职。新录用国家公务员,在试用期满经考核合格后,应及时予以任命职务,确定级别。新录用的公务员经过一年试用期满,不合格的,取消录用。

思考题

1. 国家公务员考试录用的对象和原则。
2. 国家公务员考试录用的基本程序。

案例1

2005年10月,孔庆军报名参加了湖南省气象局的公务员考试,并通过了笔试(唯一上线考生),参加了面试。面试后湖南省气象局通知他次日上午参加体检,但当晚又打电话给他称其综合成绩不合格取消体检资格。对此气象局的解释是孔庆军所申报的职位只有一人笔试合格,按《中央、国家机关2006年考试录用公务员和机关工作人员工作实施方案》的相关规定,面试人数与拟录用人数达不到3~5倍的比例时,用人单位可以不对其面试。而当时是考虑在其他职位上调剂才让其面试的,但没有告知他。面试成绩(62.3分)虽达到国家标准,但在所有参加面试人员中是最差的,故取消其录取资格。对此,孔庆军向法院起诉,请求判决湖南省气象局录用程序违法。

案例思考: 湖南省气象局录用程序违法吗?有何违法之处?孔庆军是否可补录为公务员?

案例2

故意欺骗他人吸毒 一审获刑八个月

女子小慧(化名)报名参加公务员考试,当时报考的岗位只招录一人。笔试第一、综合成绩第二的她为了顺利被录取,遂找人合谋给对手"下毒"。昨天,北京顺义法院对此案进行了公开宣判,被告人小慧、肖某因犯欺骗他人吸毒罪,均被判处有期徒刑八个月,并处罚金一万元。

2018年3月13日,小慧为使国家公务员考试竞争对手张凯(化名)受到行政处罚,遂与肖某合谋,由肖某前往张凯工作单位,以应聘为名接触张凯。3月17日,肖某在办公室内趁机将毒品放入张凯水杯中并确保其喝下。次日,肖某拨打110举报张凯吸毒,张凯随后被抓获,民警从张凯办公室电脑键盘下查获甲基苯丙胺0.05g。经检验,张凯尿液中检出苯丙胺和甲基苯丙胺。此后小慧共给付肖某人民币26 250元作为酬劳。事发后,小慧和肖某被警方抓获,其持有的毒品也已被收缴。在此前的庭审中,两人均认罪认罚。

在顺义法院审理过程中,小慧的近亲属向法院提交刑事责任能力鉴定申请书,主张她有神经衰弱、失眠和抑郁的症状,并提交了相关门诊病历材料。经查,小慧在实施危害行为时,能够辨认和控制自己的行为,积极追求危害结果的发生，且上述材料均系案发之后形成，故法院对该申请不予受理。

　　法院认为，被告人小慧、肖某合谋欺骗他人吸食毒品，其行为已构成欺骗他人吸毒罪，且系共同犯罪，依法应予惩处。鉴于到案后如实供述主要犯罪事实，故依法对二被告人从轻处罚。关于小慧、肖某的辩护人所提对二被告人适用缓刑的辩护意见，根据此案犯罪的事实、犯罪的性质、情节和对社会的危害程度，不宜适用缓刑。据此，被告人小慧、肖某因犯欺骗他人吸毒罪，均被判处有期徒刑八个月，并处罚金人民币一万元；追缴肖某的违法所得 26 250 元，追缴后予以没收。

（资料来源：《北京青年报》2019-12-27）

　　案例思考：结合案例谈谈如何在公务员考试录用中贯彻公平公正的原则。

第五章 公务员考核

公务员考核在整个公务员制度中占有十分重要的地位，科学合理的考核不仅能够了解公务员的整体素质，而且能够达到激励公务员、提高工作质量和工作效率的重要目的。目前我国虽然制定了公务员考核的诸多法律规范和政策，对考核的标准、程序等做了详细的规定，但具体指标客观化仍然不足，公务员工作的实际情况仍难以全面考察，因此，当前我们应借鉴国外的先进经验，结合自身的实际情况，不断探索出适合我国国情的考核办法。

一、公务员考核制度的含义和意义

公务员考核是指公务员主管部门和各机关按照管理权限，依据一定的程序和方法，对所管理公务员的政治业务素质、履行岗位职责和完成工作目标的情况，进行的了解、核实和评价。考核的对象是已经确立公务员身份的人员，考核必须严格按照法律法规所规定的标准和程序进行，考核结果作为合理使用公务员的依据。

公务员的考核制度，就是国家行政机关根据有关法律法规，按照管理权限，对公务员的思想品德、工作成绩、工作能力和工作态度等进行考察、作出评价，并以此作为对公务员进行奖惩、任用、培训、晋级增资等的依据的制度。

建立科学的公务员考核制度，具有十分重要的意义：它有利于对公务员的劳动和贡献作出公平合理的评价，做到功过分明；有利于合理使用公务员，发挥公务员的作用，调动他们的积极性；有利于为公务员的奖惩、培训以及晋级增资等提供依据，使这些工作做到科学、公平、合理；有利于鼓励先进，鞭策后进，增强公务员的工作责任感；有利于对公务员实行监督。

二、公务员考核的原则

公务员考核必须坚持如下原则。

（一）客观公正的原则

公务员的考核是正确评价公务员德才表现和工作实绩的基础，是实行公务员奖惩、培训、辞退以及调整职务、级别和工资的重要依据。只有全面、准确、实事求是地反映公务员的状况，并按照统一的标准，才能公平地对公务员作出评价，对公务员的管理提供客观的依据。

（二）民主公开的原则

这一原则要求将考核的内容、标准、方法和程序等公之于众，公开接受群众监督，并通过征求意见、民主评议方式，让广大群众参与考核，考核结果正式通知本人。

（三）注重实绩的原则

这一原则要求在公务员考核中重视被考核人的实际工作表现和工作成绩。

（四）简便易行的原则

这一原则要求公务员考核应当具有可操作性，不烦琐，易于推广。

（五）分类考核的原则

公务员内部有不同的类别，从事着性质、内容各不相同的工作，因此，只有区别不同的对象，采取各具特色的考核内容和形式，才能使考核更具针对性、科学性和公信力。公务员法明确规定考核指标根据不同职位类别、不同层级机关分别设置，充分体现了这一原则。

（六）考用结合的原则

考核是公务员管理的重要环节，但考核本身不是唯一目的和最终目的，关键是要发挥其在公务员管理中的作用，以此作为对公务员进行奖励、培训、辞退、晋级、晋职、增资的依据。如在对领导干部的考核中坚持考用结合，就是将考核结果与选拔任用、培养教育、管理监督、激励约束、问责追责等结合起来，鼓励先进、鞭策落后，推动能上能下，促进担当作为，严厉治庸治懒。

三、公务员考核的内容

公务员考核的内容是指对公务员进行考察和评价的基本项目。对公务员的考核，应以公务员的职位职责和所承担的工作任务为基本依据，全面考核德、能、勤、绩、廉，重点考核工作实绩。

（一）德

德是指思想政治素质及个人品德、职业道德、社会公德等方面的表现。主要包括政治思想与道德品质两个方面。政治思想又可以细化为对国家大政方针的基本态度和对事物的基本认识两大指标，道德品质又可细化为职业道德和社会公德两大指标。依此类推，这些指标都可以继续分解、细化为更具体的指标，从而将公务员在德方面的考核内容具体化。依据我国公务员管理的法律法规，公务员在政治思想方面的表现主要是指公务员能否贯彻以经济建设为中心、坚持四项基本原则、坚持改革开放的基本路线，能否执行党和国家的方针、政策，能否从本地区、本部门、本单位的实际情况出发，将党的路线、方针、政策变为群众的自觉行动和巨大的物质财富。公务员应当遵守的基本社会公德包括遵守宪法、法律和法规，依照国家法律、法规和政策执行公务，忠于职守，勤奋工作，尽职尽责，服从命令，保守国家机密和工作机密，密切联系群众，倾听群众意见，接受群众监督，努力为人民服务等基本内容。公务员遵守的基本社会公德包括不散布有损政府声誉的言论，不组织或者参加非法组织，不组织或者参加旨在反对政府的集会、游行、示威等活动，不参与或者支持色情、吸毒、迷信、赌博等有损国家荣誉和利益的活动，不弄虚作假、欺骗领导和群众，不滥用职权、侵犯群众的利益、损害政府和人民群众的关系，不挥霍公款、浪费国家资财等项内容。

（二）能

能是指履行职责的业务素质和能力。能主要包括组织能力、协调能力、决策能力、执行能力、判断能力、分析能力、计划能力、应变能力、语言表达能力、文字表达能力等基本能力，以及利用现代化设备办公的能力和某些特殊的专业技能。在知识经济日见端倪、人类已跨入 21 世纪的今天，还应逐步将英语会话能力、汽车驾驶能力和计算机操作能力视为公务员必须掌握的三大基本技能，将这些技能作为公务员任用必须具备的条件并及时纳入公务员级别能力的考核内容之中。当然，考核公务员的能力应以职位所需的资格条件为准，不能面面俱到，更不能求全责备。

（三）勤

勤是指责任心、工作态度、工作作风等方面的表现。1979 年中共中央组织部颁发的《关于实行干部考核制度的意见》中将"勤"界定为"工作态度和事业心,是否肯学肯钻、对业务精益求精、任劳任怨、勇于创新、充分发挥工作积极性"。勤的主要内容包括积极性、主动性、纪律性、协作性、出勤率等五个方面。

(四) 绩

绩是指完成工作的数量、质量、效率和所产生的效益。绩主要考察公务员在履行职责中所完成的工作项目、工作质量、工作效率、工作效益等内容。数量由论著、成果、解决实际问题和完成具体任务等多少来决定。质量是指对上述成果的水平、难度、社会作用和经济效果等进行的评价。效率是由工作中所消耗的人力、物力、财力与所获得的劳动成果的比率来衡量的。

(五) 廉

廉是指廉洁自律等方面的表现。将干部或公务员考核的内容确定为德、能、勤、绩四项在我国具有较长时间的历史。虽然没有将"廉"列为一项单独的考核标准,但并不意味着就不对公务员的廉政情况进行考核,因为在考察干部或公务员的"德"时,必然要考察其廉政情况。近年来,由于中国社会变革与转型时期的特殊矛盾与问题,国家公职人员贪污受贿的情况屡见不鲜,甚至有愈演愈烈之势。为了能够有效遏制腐败,有必要将廉作为一项独立的考核内容,放到更重要的位置上。

四、公务员考核的方法

(一) 领导考核与群众考核相结合

我国公务员的考核采取领导与群众相结合的方法。这一基本考核方法是首长负责制原则和党的群众路线的工作方法在公务员考核工作中的具体体现。一方面,考核权属于机关首长对机关管理权的一部分,应由机关首长主持或者直接参与公务员的考核;另一方面,在考核工作中应坚持民主公开的原则,通过不同形式让群众直接参与考核,增加考核工作的透明度,接受群众监督。对一个公务员的表现进行考核不仅要看领导对他的评价,而且要参考其本人的评价,以及各方面群众如同事、下级和服务对象对他的评价。只有这样才能反映实际情况,避免片面性、盲目性和随意性,防止长官意志和只对领导负责、不对人民群众负责的现象出现。

（二）定性考核与定量考核相结合

定性考核是指考核组织要对公务员的考核结果作出优、良、中、差等不同等级的考核评价，这种考核评价一般属于程序性考核的产物。定量考核是指考核组织对公务员作出优秀、良好、中、差等不同的考核评价，是按照既定考核指标和考核比重对公务员的工作表现和工作实绩进行定量分析的结果。

（三）全面考核与重点考核相结合

公务员考核应坚持全面考核与重点考核相结合的原则。全面考核是指在对公务员的考核中，德、能、勤、绩、廉五个方面不可或缺，考核能够全面反映公务员的各个方面。与此同时，公务员考核应以政治素质和工作实绩为重点。这是因为作为社会主义国家干部的骨干，公务员首先应具备较高的政治素质，而以工作实绩为重点则是公务员管理中"功绩制"的要求；在德、能、勤、绩、廉五个方面的考核中，绩相对于德、能、勤更加具体、明确，易于把握；把工作实绩作为考核的重点，有利于公务员总结工作中所取得的成绩，发现存在的问题和缺点，从而不断改进工作，取得进步。通过考核实绩，也有利于鼓励公务员少说空话，干实事，讲实效。这样，既可以克服领导考评中个人偏见的影响，又可以减少公务员队伍中靠吃"大锅饭"混日子的现象。

（四）平时考核与定期考核相结合

公务员的考核分为平时考核、专项考核和定期考核。

所谓公务员平时考核，是指各级机关按照干部管理权限，对非领导成员公务员日常工作和一贯表现所进行的了解、核实和评价。为了加强党对公务员队伍的集中统一领导，贯彻落实习近平总书记关于干部考核要把功夫下在平时的重要要求，建立日常考核、分类考核、近距离考核的知事识人体系，激励广大公务员新时代、新担当、新作为，促进事业发展和公务员成长进步，中共中央组织部2019年8月27日根据《中华人民共和国公务员法》和有关法律法规，制定了《公务员平时考核办法（试行）》，同年11月26日发布，自2020年1月1日起施行。公务员平时考核坚持党管干部原则，坚持把政治标准放在首位，坚持严管和厚爱结合、激励和约束并重，坚持客观公正、精准科学，坚持注重实绩、奖惩分明，坚持分级分类、简便易行。公务员平时考核由其所在机关组织实施，作为加强公务员日常管理的重要抓手，党委

（党组）承担考核工作主体责任，组织（人事）部门承担具体工作责任。公务员平时考核以公务员的职位职责和所承担的工作任务为依据，及时了解公务员德、能、勤、绩、廉日常表现，重点考核深入学习贯彻习近平新时代中国特色社会主义思想、遵守政治纪律和政治规矩、践行党的群众路线、完成日常工作任务和阶段工作目标的情况，以及承担急难险重任务、处理复杂问题、应对重大考验的表现等。

专项考核是对公务员在完成重要专项工作、承担急难险重任务、应对和处置重大突发事件中的工作态度、担当精神、作用发挥、实际成效等情况所进行的针对性考核。专项考核一般应当按照下列程序进行：①制定方案，明确考核对象、考核内容指标、程序步骤和工作要求等。②听取考核对象的总结汇报。③了解核实。采取查阅资料、实地调研、舆情分析、个别谈话、民主测评等方式，核实印证有关情况，必要时可以向纪检监察机关或者审计、信访等部门了解情况。④形成考核结果，对领导班子和领导干部作出评价。专项考核结果可以采用考核报告、评语、等次或者鉴定等形式确定。

所谓定期考核，是指公务员管理机关或主管首长按照规定时间、程序、内容、标准等对公务员的工作表现和工作实绩作出鉴定，分出优、良、中、差等考核等次，将确定的考核等次存档，作为公务员管理和使用的重要依据。平时考核是定期考核的基础。平时考核重点考核公务员完成日常工作任务、阶段工作目标情况以及出勤情况，可以采取被考核人填写工作总结、专项工作检查、考勤等方式进行，由主管领导予以审核评价。

定期考核采取年度考核的方式，在每年年末或者翌年年初进行。机关在年度考核时可以设立考核委员会。考核委员会由本机关领导成员、公务员管理及其他有关部门人员和公务员代表组成。

五、公务员定期考核的程序

（一）对非领导成员公务员的定期考核

对非领导成员公务员的定期考核按以下步骤进行。

1. 被考核公务员按照职位职责和有关要求进行总结，并在一定范围内述职。内容包括：本人承担的职责；履行职责的成绩和不足；提出下年度改进的办法和努力的方向。

2. 主管领导在听取群众和公务员本人意见的基础上，根据平时考核情况和个人总结，写出评语，提出考核等次建议和改进提高的要求。

3. 对拟定为优秀等次的公务员在本机关范围内公示。

4. 由本机关负责人或者授权的考核委员会确定考核等次。

5. 将考核结果以书面形式通知被考核公务员，并由公务员本人签署意见。

对担任机关内设机构领导职务公务员的考核，必要时可以在一定范围内进行民主测评。

（二）对领导成员公务员的定期考核

由于领导成员情况比较复杂，既有选任制的领导又有委任制的领导，既有国家级的领导人又有乡科级领导，在公务员法中难以对各层次领导成员的定期考核问题作出全面具体的规定。因此《公务员法》（修订）规定，对领导成员的定期考核，由主管机关在广泛听取群众意见的基础上，进行民主测验和民主评议等，按照有关规定进行考核。

2019年4月，中共中央办公厅印发了中组部制定的《党政领导干部考核工作条例》。该条例自2019年4月7日起施行。《干部考核条例》的颁布实施，对于进一步发挥干部考核的指挥棒、风向标、助推器作用，激励引导广大干部以更好的状态、更实的作风贯彻落实党中央决策部署，推动全党统一意志、统一行动、步调一致前进，具有重要意义。

六、公务员考核的结果

（一）考核结果的等次及标准

公务员年度考核的结果分为优秀、称职、基本称职和不称职四个等次。

确定优秀等次必须做到：思想政治素质高；精通业务，工作能力强；工作责任心强，勤勉尽责，工作作风好；工作实绩突出；清正廉洁。

确定为称职等次必须做到：思想政治素质较高；熟悉业务，工作能力较强；工作责任心强，工作积极，工作作风较好；能够完成本职工作；廉洁自律。

公务员具有下列情形之一的，应确定为基本称职等次：思想政治素质一般；履行职责的工作能力较弱；工作责任心一般，或工作作风方面存在明显不足；能基本完成本职工作，但完成工作的数量不足、质量和效率不高，或在工作中有较大失误；能基本做到廉洁自律，但某些方面存在不足。

公务员具有下列情形之一的，应确定为不称职等次：思想政治素质较差；业务素质和工作能力不能适应工作要求；工作责任心或工作作风差；不能完成工作任务，或在工作中因严重失误、失职造成重大损失或者恶劣社会影响；存在不廉洁问题，且情形较为严重。

（二）考核结果的运用

公务员年度考核的结果作为调整公务员职位、职务、级别、工资以及公务员奖励、培训、辞退的依据。如按照规定，公务员累计2年被确定为称职以上等次的，可以在所定级别对应工资标准内晋升一个工资档次；累计5年被确定为称职以上等次的，在所任职务对应级别范围内晋升一个级别；确定为称职以上等次，且符合规定的其他任职资格条件的，具有晋升职务的资格；连续3年以上被确定为优秀等次的，晋升职务时优先考虑；被确定为优秀等次的，当年给予嘉奖；连续3年被确定为优秀等次的，记三等功；被确定为优秀等次的，享受年度考核奖金。

思考题

1. 公务员考核的含义是什么？
2. 公务员考核的基本原则与意义是什么？
3. 简要论述我国公务员考核的内容和方法。
4. 简述我国公务员考核的程序与结果及其使用。

附录

《党政领导干部考核工作条例》
第一章 总 则

第一条 为了坚持和加强党的全面领导，坚持党要管党、全面从严治党，推动各级党政领导班子和领导干部做到忠诚干净担当、带头贯彻落实党中央决策部署，完善干部考核评价机制，建设一支信念坚定、为民服务、勤政务实、敢于担当、清正廉洁的高素质党政领导干部队伍，根据《中国共产党章程》和有关法律，制定本条例。

第二条 本条例所称考核工作，是指党委（党组）及其组织（人事）部门按照干部管理权限，对党政领导班子和领导干部的政治素质、履职能力、工作成效、作风表现等所进行的了解、核实和评价，以此作为加强领导班子和领导干部队伍建设的重要依据。

考核方式主要包括平时考核、年度考核、专项考核、任期考核。

第三条 考核工作以马克思列宁主义、毛泽东思想、邓小平理论、"三个代表"重要思想、科学发展观、习近平新时代中国特色社会主义思想为指导，贯彻落实新时代党的建设总要求和新时代党的组织路线，坚持把政治标准放在首位，着眼于实现"两个一百年"奋斗目标，突出考核贯彻党中央重大决策部署，统筹推进"五位一体"总体布局和协调推进"四个全面"战略布局、贯彻落实新发展理念的实际成效，坚持严管和厚爱结合、激励和约束并重，奖勤罚懒、奖优罚劣，调动各级党政领导班子和领导干部积极性、主动性、创造性，树立讲担当、重担当、改革创新、干事创业的鲜明导向。

第四条 考核工作坚持下列原则：

（一）党管干部；

（二）德才兼备、以德为先；

（三）事业为上、公道正派；

（四）注重实绩、群众公认；

（五）客观全面、简便有效；

（六）考用结合、奖惩分明。

第五条 本条例适用于考核中共中央、全国人大常委会、国务院、全国政协工作部门或者有关工作机构的领导班子和领导干部；中央纪委国家监委领导班子和领导干部（不含正职）；最高人民法院、最高人民检察院领导班子和领导干部（不含正职）；县级以上地方各级党委、人大常委会、政府、政协、纪委监委、法院、检察院的领导班子和领导干部；县级以上地方各级党委、人大常委会、政府、政协工作部门或者有关工作机构的领导班子和领导干部。

参照公务员法管理的县级以上党委和政府直属事业单位、群团组织的领导班子和领导干部的考核，参照本条例执行。

第六条　中央和国家机关领导班子和领导干部应当在思想上政治上行动上发挥表率作用，带头接受高标准严格考核。

第二章　考核内容

第七条　领导班子考核内容主要包括：

（一）政治思想建设。全面考核领导班子坚决维护习近平总书记党中央的核心、全党的核心地位，坚决维护党中央权威和集中统一领导，坚持和加强党的全面领导，执行党的理论和路线方针政策，增强"四个意识"，做到"四个服从"，遵守政治纪律和政治规矩的情况；用习近平新时代中国特色社会主义思想武装头脑，坚定理想信念，坚定"四个自信"，不忘初心、牢记使命的情况；坚持民主集中制，执行新形势下党内政治生活若干准则，发现和解决自身问题，营造风清气正政治生态的情况；践行新时代党的组织路线，贯彻新时期好干部标准，树立正确选人用人导向的情况。

（二）领导能力。全面考核领导班子适应新时代要求、落实党中央决策部署、完成目标任务的能力，重点了解学习本领、政治领导本领、改革创新本领、科学发展本领、依法执政本领、群众工作本领、狠抓落实本领、驾驭风险本领。

（三）工作实绩。全面考核领导班子政绩观和工作成效。考核政绩观，主要看是否恪守立党为公、执政为民理念，是否具有"功成不必在我"精神，以造福人民为最大政绩，真正做到对历史和人民负责。考核地方党委和政府领导班子的工作实绩，应当看全面工作，看推动本地区经济建设、政治建设、文化建设、社会建设、生态文明建设，解决发展不平衡不充分问题，满足人民日益增长的美好生活需要的情况和实际成效。考核其他领导班子的工作实绩，主要看全面履行职能、服务大局和中心工作的情况和实际成效。注重考核各级党委（党组）领导班子落实新时代党的建设总要求、抓党建工作的实绩。

（四）党风廉政建设。全面考核领导班子履行管党治党政治责任，加强党风廉政建设，持之以恒正风肃纪，推进反腐败斗争等情况。

（五）作风建设。全面考核领导班子坚持以人民为中心，贯彻党的群众路线，密切联系群众，为群众排忧解难，全心全意为人民服务的情况；结合实际落实党中央决策部署，增强人民获得感、幸福感、安全感的情况；深入改进作风，落实中央八项规定及其实施细则精神，反对"四风"特别是形式主义、官僚主义的情况；实事求是，真抓实干，察实情、出实招、办实事、求实效的情况。

第八条 领导干部考核内容主要包括：

（一）德。全面考核领导干部政治品质和道德品行。考核领导干部的政治品质，重点了解坚定理想信念、对党忠诚、尊崇党章、遵守政治纪律和政治规矩，在思想上政治上行动上同以习近平同志为核心的党中央保持高度一致等情况。考核领导干部的道德品行，重点了解坚守忠诚老实、公道正派、实事求是、清正廉洁等价值观，遵守社会公德、职业道德、家庭美德和个人品德等情况。

（二）能。全面考核领导干部履职尽责特别是应对突发事件、群体性事件过程中的政治能力、专业素养和组织领导能力等情况。

（三）勤。全面考核领导干部的精神状态和工作作风，重点了解发扬革命精神、斗争精神，坚持"三严三实"，勤勉敬业、恪尽职守，认真负责、紧抓快办，锐意进取、敢于担当，艰苦奋斗、甘于奉献等情况。

（四）绩。全面考核领导干部坚持正确政绩观，履职尽责、完成日常工作、承担急难险重任务、处理复杂问题、应对重大考验的情况和实际成效。考核党委（党组）书记的工作实绩，首先看抓党建工作的成效，考核领导班子其他党员领导干部的工作实绩应当加大抓党建工作的权重。

（五）廉。全面考核领导干部落实党风廉政建设"一岗双责"政治责任，遵守廉洁自律准则，带头落实中央八项规定及其实施细则精神，秉公用权，树立良好家风,严格要求亲属和身边工作人员,反对"四风"和特权思想、特权现象等情况。

第九条 具体考核内容的确定必须以贯彻党中央精神为前提,根据党中央决策部署及时调整优化。

第十条 落实新发展理念,突出高质量发展导向,构建推动高质量发展指标体系,改进推动高质量发展的政绩考核,因地制宜合理设置经济社会发展实绩考核指标和权重,突出对打好重点任务攻坚战的考核,加强对深化供给侧结构性改革、保障和改善民生、加强和创新社会治理、推动创新发展、加强法治建设、促进社会公平正义等工作的考核,加大安全生产、社会稳定、新增债务等约束性指标的考核权重。

第十一条 坚持从实际出发,实行分级分类考核。考核内容应当体现不同区域、不同部门、不同类型、不同层次领导班子和领导干部特点。

第十二条 根据不同岗位职责要求,明确领导班子和领导干部不担当不作为的具体情形和评价标准,推动工作落实和担当尽责。

第十三条 建立健全可量化、能定责、可追责的领导班子和领导干部工作目标以及岗位职责规范,作为确定考核内容的重要依据。

第三章 平时考核

第十四条 平时考核是对领导班子日常运行情况和领导干部一贯表现所进行的经常性考核,及时肯定鼓励、提醒纠偏。

第十五条 平时考核应当突出重点。

考核领导班子的日常运行情况,重点了解政治思想建设、执行民主集中制、贯彻党的群众路线、科学决策、完成重点任务和反对"四风"等情况。

考核领导干部的一贯表现,重点了解政治态度、担当精神、工作思路、工作进展,特别是对待是与非、公与私、真与假、实与虚的表现等情况。

第十六条 平时考核主要结合领导班子和领导干部日常管理进行,可以采取下列途径:

(一)列席领导班子民主生活会、理论学习中心组学习、重要工作会议,参加重要工作活动等;

(二)与干部本人或者知情人谈心谈话,到所在单位听取干部群众意见;

（三）开展调研走访、专题调查、现场观摩等；

（四）结合党内集中学习教育、纪委监委日常监督、巡视巡察、工作督查、干部培训等进行深入了解；

（五）其他适当方法。

第十七条　平时考核可以根据实际情况形成考核结果。考核结果可以采用考核报告、评语、等次或者鉴定等形式确定。

第十八条　建立平时考核工作档案，将相关材料整理归档，作为了解评价领导班子日常运行情况和领导干部一贯表现的重要依据。

第四章　年度考核

第十九条　年度考核是以年度为周期对领导班子和领导干部所进行的综合性考核，一般在每年年末或者次年年初组织开展。

根据工作需要，各级党委（党组）每年可以选定部分领导班子和领导干部进行重点考核。

第二十条　年度考核一般按照下列程序进行：

（一）总结述职。召开会议，领导班子总结报告全年工作，领导干部进行个人述职。

（二）民主测评。根据对领导班子和领导干部考核内容的要求设计测评表，由参加民主测评的人员填写评价意见。参加测评的人员范围，按照知情度、关联度、代表性原则，结合实际确定。

（三）个别谈话。与领导班子成员、相关干部群众以及其他需要参加的人员个别谈话了解情况。

（四）了解核实。根据需要采取查阅资料、采集有关数据和信息、实地调研等方式，核实考核对象有关情况。

（五）形成考核结果。对领导班子和领导干部进行综合分析，形成考核结果并及时反馈。

当年开展党内集中学习教育、换届考察、巡视巡察的，年度考核可以结合实际适当简化程序。

根据工作需要和实际情况，对公共服务部门和窗口单位的领导班子和领导干部，可以在一定范围内听取公众意见。

第二十一条　领导班子年度考核结果一般分为优秀、良好、一般、较差4个等次。领导干部年度考核结果分为优秀、称职、基本称职、不称职4个等次。

优秀是指综合表现突出，出色履行领导职责或者岗位要求，圆满地完成了年度工作任务，成绩显著。

良好、称职是指综合表现好，认真履行领导职责或者岗位要求，较好地完成了年度工作任务。

一般、基本称职是指综合表现勉强达到领导职责或者岗位要求，或者在某个方面存在明显不足、有较大问题。

较差、不称职是指综合表现达不到领导职责或者岗位要求，或者在某个方面存在严重问题、出现重大错误。

各级党委（党组）应当结合实际，制定考核等次具体评定标准。

第二十二条　担任多项职务的领导干部，一般在承担主要工作职责的单位进行考核，对兼任的其他工作以适当方式进行了解。

新提拔任职的领导干部，按照现任职务进行考核，注意了解在原任职岗位的工作情况。

交流任职的领导干部，在现工作单位进行考核，其交流任职前的有关情况由原单位提供。

援派或者挂职锻炼的领导干部，由当年工作半年以上的地方或者单位进行考核，以适当方式听取派出单位或者接收单位的意见。

本年度内病、事假累计超过半年的领导干部，参加年度考核，不确定等次。

涉嫌违纪违法被立案审查调查尚未结案、受党纪政务处分或者组织处理的领导干部，其年度考核按照有关规定进行。

第五章　专项考核

第二十三条　专项考核是对领导班子和领导干部在完成重要专项工作、承担急难险重任务、应对和处置重大突发事件中的工作态度、担当精神、作用发挥、实际成效等情况所进行的针对性考核。

根据平时掌握情况，对表现突出或者问题反映较多的领导班子和领导干部，可以进行专项考核。

第二十四条 专项考核一般应当按照下列程序进行：

（一）制定方案。明确考核对象、考核内容指标、程序步骤和工作要求等。

（二）听取考核对象的总结汇报。

（三）了解核实。采取查阅资料、实地调研、舆情分析、个别谈话、民主测评等方式，核实印证有关情况，必要时可以向纪检监察机关或者审计、信访等部门了解情况。

（四）形成考核结果。对领导班子和领导干部作出评价。

第二十五条 专项考核结果可以采用考核报告、评语、等次或者鉴定等形式确定。

第六章　任期考核

第二十六条 任期考核是对实行任期制的领导班子和领导干部在一届任期内总体表现所进行的全方位考核，一般结合换届考察或者任期届满当年年度考核进行。

任期考核应当突出对完成届期目标或者任期目标情况的考核。

第二十七条 任期考核一般应当按照总结述职、民主测评、个别谈话、了解核实、实绩分析、形成考核结果等程序进行。

第二十八条 任期考核结果可以采用考核报告、评语、等次或者鉴定等形式确定。

第七章　考核结果确定

第二十九条 考核结果确定应当加强综合分析研判，坚持定性与定量相结合，全面、历史、辩证地分析个人贡献与集体作用、主观努力与客观条件、增长速度与质量效益、显绩与潜绩、发展成果与成本代价等情况，注重了解人民群众对经济社会发展的真实感受和评价，防止简单以地区生产总值以及增长率排名或者以民主测评、民意调查得票得分确定考核结果。

第三十条 平时考核、年度考核、专项考核、任期考核情况应当相互补充印证，坚持考人与考事相结合，注重吸收运用巡视巡察、审计、绩效管理、工作督查、相关部门业务考核、个人有关事项报告查核等成果，把敢不敢扛事、愿不愿做事、能不能干事作为识别干部、评判优劣的重要标准，增强考核结果的真实性、准确性。

第三十一条 考核结果应当全面准确反映考核对象情况，以考核报告、评语、鉴定等形式确定结果的，应当明确具体肯定成绩和优点，指出问题和不足。

第三十二条 年度考核结果以平时考核结果为基础，年度考核优秀等次应当在平时考核结果好的考核对象中产生。

领导班子年度考核优秀等次比例一般不超过参加考核领导班子总数的30%，领导干部年度考核优秀等次比例一般不超过参加考核领导干部总人数的25%。

领导班子为优秀等次的，其领导成员评为优秀等次的比例可以适当上调，最高不超过30%；领导班子为一般等次的，其领导成员评为优秀等次的比例不得超过20%，主要负责人一般不得确定为优秀等次；领导班子为较差等次的，其领导成员评为优秀等次的比例不得超过15%，主要负责人一般不得确定为称职及以上等次。

第三十三条 有下列情形之一，领导班子和领导干部年度考核结果不得确定为优秀等次：

（一）贯彻落实党中央决策部署成效不明显的；

（二）干事创业精气神不够，拈轻怕重、患得患失，不敢直面矛盾、不愿动真碰硬，不担当不作为的；

（三）受到上级党委和政府通报批评，责令检查的；

（四）工作实绩不突出的；

（五）组织领导能力较弱，年度工作目标任务完成不好的；

（六）履行管党治党责任不力，违反廉洁自律规定的；

（七）其他原因不宜确定为优秀等次的。

在上级党组织开展的基层党建述职评议考核工作中，党委（党组）书记抓基层党建工作情况综合评价等次未达到好的，其年度考核结果不得确定为优秀等次。

第三十四条 有下列情形之一，领导班子年度考核结果应当确定为较差等次，领导干部年度考核结果应当确定为不称职等次：

（一）违反政治纪律和政治规矩，政治上出现问题的；

（二）不执行民主集中制，领导班子运行状况不好，不能正常发挥职能作用，领导干部闹无原则纠纷，影响较差的；

（三）责任心差、能力水平低，不能履行或者不胜任岗位职责要求，依法履职出现重大问题的；

（四）表态多调门高，行动少落实差，敷衍塞责、庸懒散拖，作风形象不佳，群众意见大，造成恶劣影响的；

（五）不坚守工作岗位，擅离职守的；

（六）其他原因应当确定为较差或者不称职等次的。

第三十五条　领导班子和领导干部在履职担当、改革创新过程中出现失误错误，经综合分析给予容错的，应当客观评价，合理确定考核结果。

第三十六条　考核对象对考核结果有异议的，可以按照有关规定提出复核或者申诉。

第八章　考核结果运用

第三十七条　坚持考用结合，将考核结果与选拔任用、培养教育、管理监督、激励约束、问责追责等结合起来，鼓励先进、鞭策落后，推动能上能下，促进担当作为，严厉治庸治懒。

第三十八条　考核结果采取个别谈话、工作通报、会议讲评等方式，实事求是地向领导班子和领导干部反馈，肯定成绩、指出不足，督促整改，传导压力、激发动力。

第三十九条　依据考核结果，有针对性地加强领导班子建设：

（一）领导班子作出重要贡献的，按照有关规定记功、授予称号，给予物质奖励；

（二）领导班子表现突出或者年度考核结果为优秀等次的，按照有关规定给予嘉奖；

（三）领导班子运行状况不好、凝聚力战斗力不强、不担当不作为、干部群众意见较大的，应当进行调整；

（四）领导班子年度考核结果为一般等次的，应当责成其向上级党组织写出书面报告，剖析原因、进行整改；

（五）领导班子年度考核结果为较差或者连续两年为一般等次的，应当对主要负责人和相关责任人进行调整。

第四十条　依据考核结果，激励约束领导干部：

（一）领导干部作出重大贡献的，可以按照有关规定记功、授予称号，给予物质奖励；表现突出或者年度考核结果为优秀等次的，按照有关规定给予嘉奖；连续三年为优秀等次的，记三等功，同等条件下优先使用。

（二）领导干部年度考核结果为称职及以上等次的，按照有关规定享受年度考核奖金、晋升工资级别和级别工资档次。

（三）领导干部年度考核结果为基本称职等次的，应当对其进行诫勉，限期改进。

（四）领导干部年度考核结果为不称职等次的，按照规定程序降低一个职务或者职级层次任职。

（五）不参加年度考核、参加年度考核不确定等次或者年度考核结果为基本称职以下等次的，该年度不计算为晋升职务职级的任职年限，不计算为晋升工资级别和级别工资档次的考核年限。

（六）领导干部不适宜担任现职的，应当根据有关规定对其进行调整。

第四十一条　依据考核结果加强干部教育培养，按照"缺什么补什么"的原则，对领导干部进行调学调训、安排实践锻炼，补齐能力素质短板。对有潜力的优秀年轻干部加强针对性培养。

第四十二条　考核中发现领导班子和领导干部存在问题的，区分不同情形，予以谈话提醒直至组织处理；发现违纪违法问题线索，移送纪检监察、司法机关处理。

第四十三条　领导干部考核形成的结论性材料，应当存入干部人事档案。

第九章　组织实施

第四十四条　党委（党组）及其组织（人事）部门按照干部管理权限，履行考核领导班子和领导干部的职责。

党委（党组）承担考核工作主体责任，党委（党组）书记是第一责任人，组织（人事）部门承担具体工作责任。

第四十五条　考核人员应当具有较高的思想政治素质以及胜任考核工作的政策水平和业务知识，公道正派，组织纪律观念和保密意识强。考核人员按照规定实行公务回避。

根据工作需要，党委（党组）可以组建和派出考核组。考核组组长根据每次考核任务确定并授权，应当具有较强的组织领导能力，坚持原则、敢于担当。

第四十六条　实行考核工作责任制。

考核人员应当认真履行职责，按照规定的程序和要求实施考核，全面客观准确地了解和反映情况，公道公平公正地对待和评价领导班子和领导干部。

考核人员应当在考核材料上签名，对考核材料的客观性、真实性负责。

第四十七条　考核工作的组织实施应当严肃认真、稳妥审慎，注意与日常工作相协调、相促进。根据不同考核对象和考核任务，改进创新考核方法，充分发扬民主，多到基层干部群众中、多在乡语口碑中听取意见、了解情况，坚持在现场看、见具体事，多渠道、多层次、多侧面了解核实领导班子和领导干部的现实表现。

第四十八条　组织（人事）部门应当加强考核工作信息化建设，充分运用互联网技术和信息化手段开展考核，提高工作质量和效率。

第四十九条　各级党委（党组）应当加强对本地区本部门本单位干部考核工作与其他业务考核工作的统一领导、统筹协调和督促指导，整合考核力量，归并考核项目和种类，严格控制"一票否决"事项，防止多头考核、重复考核。

第十章　纪律与监督

第五十条　考核工作必须严格遵守下列纪律：

（一）不准搞形式、走过场；

（二）不准隐瞒、歪曲事实；

（三）不准弄虚作假；

（四）不准搞非组织活动；

（五）不准泄露谈话内容、测评结果等考核工作秘密；

（六）不准凭个人好恶评价干部、决定或者改变考核结果；

（七）不准借考核之机谋取私利；

（八）不准干扰、妨碍考核工作；

（九）不准打击报复干部和反映问题的人员。

第五十一条　领导班子和领导干部应当正确对待和接受组织考核，如实汇报工作和思想，客观反映情况。

对不按照要求参加或者不认真配合考核工作，经教育后仍不改正的，领导班子年度考核结果直接确定为较差等次，领导干部年度考核结果直接确定为不称职等次。

第五十二条　对不按照规定组织开展考核、考核工作失真失实造成严重后果、本地区本部门本单位考核工作中不正之风严重、干部群众反映强烈以及对违反考核工作纪律等行为查处不力的，应当追究党委（党组）及其组织（人事）部门主要负责人和有关领导成员、直接责任人的责任。

第五十三条　对违反本条例的，根据情节轻重，依规依纪给予批评教育、责令检查、通报批评、诫勉、组织调整或者组织处理，涉嫌违纪或者职务违法、职务犯罪的，按照有关纪律和法律法规处理。

第五十四条　党委（党组）、纪检监察机关、组织（人事）部门应当加强对考核工作的监督检查，自觉接受群众和舆论监督，认真受理有关举报、复核、申诉，严肃查处违反考核工作纪律的行为。

第十一章　附　则

第五十五条　本条例对工作部门的规定，同时适用于党委和政府的办事机构、派出机构、特设机构以及其他直属机构。

第五十六条　本条例由中共中央组织部负责解释。

第五十七条　本条例自2019年4月7日起施行。1998年5月26日中共中央组织部印发的《党政领导干部考核工作暂行规定》、2009年7月16日中共中央组织部印发的《党政领导班子和领导干部年度考核办法（试行）》同时废止。此前发布的有关领导班子和领导干部考核的规定，凡与本条例不一致的，按照本条例执行。

第六章
公务员职务、职级任免与升降

一、公务员职务、职级任免制度概述

（一）公务员职务、职级任免制度的含义

公务员职务、职级任免，是公务员管理的重要环节，与公务员考试录用、考核、职务职级升降、奖惩、辞职、辞退、退休、交流与回避、工资、保险、福利等制度息息相关。

公务员职务、职级任免是指具有法定任免权的公务员管理机关根据有关法律、法规，在其任免权限范围内，通过法定程序，任命公务员担任一定的职务、职级或免去其职务、职级，从而确立、变更或解除公务员与国家行政机关职务、职级关系的人事行政行为。公务员职务、职级任免制度是关于公务员职务、职级任免形式、任免机关及其权限、任免职务情形等相关事项的制度，包括任职和免职两方面的内容。

（二）建立和完善公务员职务、职级任免制度的意义

1. 有助于完善公务员权责体系。"在其位，谋其政"。按照公务员职位分类的要求，处于不同职位的公务员，具有不同职责，需要承担不同责任，掌握不同的公共权力。职务、职级是职位的载体，职位是职务、职级的表现形式。形成和完善科学合理的公务员职务、职级任免制度，能根据公务员个人的德、能、勤、绩、廉等表现和职位设置的具体要求，将公务员安排到特定职位，并使之掌握相应的职权，承担相应的职责，具有重要的现实意义。

2. 有助于加强公务员管理与监督。公务员考核、奖惩、职务、职级升降、培训、工资、保险、福利、辞职、辞退、退休、申诉、控告等其他管理环节都以公务员职务、职级任免为基础。科学、合理、规范的公务员职务、职级

任免制度，有助于加强公务员管理与监督，推动公务员管理制度化、科学化、民主化，促进反腐倡廉建设。

3. 有助于提高行政效率，促进经济与社会发展。"把最合适的人配备到最合适的职位，使之从事最合适的工作"，这是公共部门人力资源管理的金科玉律。科学合理的公务员职务、职级任免制度，为每一个公共职位配备合适的公共管理人才，有助于充分发挥公务员的工作积极性、主动性和创造性，提高行政效率，促进经济与社会发展。

（三）我国公务员职务、职级任免的原则

我国公务员的职务任免与职务升降，必须执行《中华人民共和国公务员法》（修订）等有关法律法规和《公务员职务与职级并行规定》《公务员职务、职级与级别管理办法》，坚持以马克思列宁主义、毛泽东思想、邓小平理论、"三个代表"重要思想、科学发展观、习近平新时代中国特色社会主义思想为指导，贯彻新时代中国共产党的组织路线，坚持党管干部原则，加强党对公务员队伍的集中统一领导，遵循依法、科学、规范、效能的原则。

（四）我国公务员职务、职级任免制度演变

中华人民共和国成立初期，我国出台了一系列公务员职务任免法规，如《中央人民政府任免国家机关工作人员暂行条例》《县级以上人民委员会任免国家机关工作人员条例》等，规范了公务员职务任免管理制度。1966年6月至1976年10月，由于特殊历史原因，我国公务员职务任免制度基本瘫痪。1976年10月以后，我国干部人事工作进入"拨乱反正"历史时期，公务员职务任免制度逐渐规范。1978—1992年间，我国各级政府及其工作部门不断探索和改进公务员职务任免制度，积累了丰富的工作经验，"革命化、年轻化、知识化和专业化"四化方针得到认真贯彻落实。

1993年8月14日，国务院出台《国家公务员暂行条例》，规定了公务员职务任免的指导性方针。1995年2月9日，中共中央下发《党政领导干部选拔任用工作暂行条例》。人事部于1995年3月31日发布《国家公务员职务任免暂行规定》，该规定包括总则、任免机关和任免权限、任职、免职、附则五章。2002年7月9日，中共中央总结《党政领导干部选拔任用工作暂行条例》实施经验，修订颁布《党政领导干部选拔任用工作条例》，与之相配套的党政领导干部公开选拔、竞争上岗、选拔任用监督等相关法规陆续颁发。

2005年4月27日第十届全国人民代表大会常务委员会第十五次会议审议通过《中华人民共和国公务员法》，我国公务员职务任免步入法制化轨道。《公务员登记实施办法》《综合管理类公务员非领导职务设置管理办法》《公务员职务与级别管理规定》《新录用公务员任职定级规定》等配套法规为我国公务员职务任免奠定了坚实的基础。2008年2月29日，中共中央组织部、人力资源和社会保障部联合颁发《公务员职务任免与职务升降规定（试行）》，我国公务员职务任免制度日渐完善。

为了深化公务员分类改革，健全公务员激励保障机制，建设忠诚干净担当的高素质专业化公务员队伍，2019年3月，中共中央办公厅印发了《公务员职务与职级并行规定》，推行公务员职务与职级并行、职级与待遇挂钩制度。2019年12月23日中共中央组织部根据《中华人民共和国公务员法》（修订）等有关法律法规和《公务员职务与职级并行规定》，制定《公务员职务、职级与级别管理办法》，2020年3月3日发布，使我国公务员职务、职级管理制度更加完善。

（五）职务与职级并行制度

我国公务员实行职务与职级并行、职级与待遇挂钩制度。所谓职级，是公务员的等级序列，是与领导职务并行的晋升通道，体现公务员政治素质、业务能力、资历贡献，是确定工资、住房、医疗等待遇的重要依据，不具有领导职责。国家根据公务员职位类别和职责设置公务员领导职务和职级序列。公务员可以通过领导职务或者职级晋升。担任领导职务的公务员履行领导职责，不担任领导职务的职级公务员依据隶属关系接受领导指挥，履行职责。

公务员职务与职级并行制度坚持以马克思列宁主义、毛泽东思想、邓小平理论、"三个代表"重要思想、科学发展观、习近平新时代中国特色社会主义思想为指导，贯彻新时代党的组织路线，坚持党管干部原则，坚持德才兼备、以德为先，坚持五湖四海、任人唯贤，坚持事业为上、公道正派，坚持向基层倾斜，坚持严管和厚爱结合、激励和约束并重。

实行公务员职务与职级并行制度旨在适应推进国家治理体系和治理能力现代化的要求，完善中国特色公务员制度，改革公务员职务设置办法，建立职级序列，畅通职级晋升通道，拓展职级晋升空间，促进公务员立足本职安心工作，加强专业化建设，激励公务员干事创业、担当作为。

二、公务员的职务、职级任免

(一) 公务员的职务、职级任用

1. 我国领导职务公务员任职的含义和方式。领导职务公务员任职，是指公务员任免机关按照管理权限，依据有关法律法规，通过法定程序，任命公务员担任某一职务。

2. 领导职务公务员任职方式。在西方国家，政务官除少数职位实行委任制外，一般实行选任制；文官则实行委任制。我国领导职务公务员任职方式包括选任制、委任制、聘任制。不同任职方式的管理权限、任职主体与对象、任职程序、任职手续、任职期限各异。

(1) 选任制。选任制是指按照法定的民主程序自下而上选举产生任用对象的制度。在我国，选任制公务员包括国家权力机关、行政机关、审判机关、检察机关中由各级人大或人大常务委员会选举产生并决定任命的人员，以及政协、共产党机关、民主党派机关中按章程选举产生并决定任命的人员。

第一，中国共产党机关的选任制公务员。按照《中国共产党章程》，应当经过选举产生的职务包括：党的中央政治局委员、候补委员，中央政治局常务委员会和中央委员会总书记，中央纪律检查委员会常委和书记、副书记；党的地方各级委员会常务委员会委员和书记、副书记，地方各级纪律检查委员会常委和书记、副书记；乡镇、街道党委书记、副书记，乡镇、街道纪律检查委员会书记、副书记。

第二，人大机关的选任制公务员。按照《中华人民共和国全国人民代表大会组织法》和《中华人民共和国地方各级人民代表大会和地方各级人民政府组织法》，应当经过选举产生的职务包括：全国人大常委会委员长、副委员长、秘书长；县级以上地方各级人大常委会主任、副主任、秘书长；乡镇人大主席、副主席。

第三，行政机关的选任制公务员。按照《中华人民共和国全国人民代表大会组织法》《国务院组织法》，国务院总理、副总理应当经过选举产生。按照《中华人民共和国地方各级人民代表大会和地方各级人民政府组织法》，应当经过选举产生的职务包括：省长、副省长，自治区主席、副主席；市长、副市长，州长、副州长；县长、副县长，区长、副区长；乡长、副乡长，镇长、副镇长。

第四，监察机关的选任制公务员。应当经过选举产生的职务包括中央和地方各级监察委员会主任。

第五，审判机关、检察机关的选任制公务员。按照《中华人民共和国法官法》《中华人民共和国人民法院组织法》《中华人民共和国检察官法》《中华人民共和国人民检察院组织法》，应当经过选举产生的职务包括：最高人民法院院长；地方各级人民法院院长；最高人民检察院检察长；地方各级人民检察院检察长。

第六，政协机关的选任制公务员。按照《中国人民政治协商会议章程》，应当经过选举产生的职务包括：政协全国委员会主席、副主席、秘书长；政协各级地方委员会主席、副主席、秘书长。

第七，民主党派机关、全国工商联的选任制公务员。按照《中国人民政治协商会议章程》和各民主党派章程，应当经过选举产生的职务包括：民主党派全国委员会的主席、副主席、秘书长；民主党派各级地方委员会主席、副主席、秘书长；全国及地方各级工商联的主席、副主席、秘书长。

选任制公务员的任职开始时间为选举结果生效的时间。所谓"选举结果生效时间"，是指选举结果产生最后的、确定的法律意义的时间。根据我国有关法律规定，选任制公务员选举结果生效时间有三种情况：第一种是选举结果宣布时立即生效。如，国家主席、副主席，全国和地方人大常委会组成人员，地方人民政府正副职领导人员，人民法院院长等职务，在本级人代会主席团宣布选举结果时即生效。第二种是选举结果在任职命令颁布时生效。如根据宪法规定，国务院总理、副总理、国务委员和各部部长、各委员会主任、审计长、秘书长，由国家主席任命，因此，全国人大通过任命决定后，还需国家主席颁布任职命令才能生效。第三种是选举结果在获得上级机关批准时生效。如，根据地方组织法和人民检察院组织法规定，地方各级人民检察院检察长经本级人大选举后，还需报上一级人民检察院检察长提请该级人大常委会批准，因此，地方各级人民检察院检察长的选举结果，必须在获得上一级人大常委会批准后方能生效。

选任制公务员任职终止的时间因终止任职的方式不同也有所不同。具体有以下几种情况：

一是任期届满不再连任的，以新的一届公务员产生时为任职终止时间。如，由各级人民代表大会选举产生的领导人员的任职终止时间，为新的一届人民代表大会选举产生新的领导人员的任职时间。

二是辞职的，以辞职获得批准时为任职终止时间。公务员是履行公职的人员，对国家和社会负有责任和义务，因此，公务员辞职必须得到批准才能生效，不能完全由自己决定。公务员辞职未获得批准的，不能离职。

三是被罢免或被撤职的，自罢免或撤职决定生效时任职终止。一般来讲，公务员被罢免或被撤职的，在罢免或撤职决定通过时，其任职终止，但人民检察院检察长被罢免或被撤职，需经上一级人民检察院检察长提请该级人大常委会批准后，其任职方能终止。

（2）委任制。委任制是指任免机关在其任免权限范围内，按照法定的公务员管理权限，自上而下直接委派工作人员担任一定职务的制度（任用方式）。委任制一般适用于国家机关和政党等机关内设机构的领导人员和其他公务员。如，国务院各部委的副职领导人，县级以上各级人民政府部门的副职领导人，以及各机关内设机构的领导人。除选任制和聘任制外，我国公务员基本上都实行委任制，具体分布在行政机关、审判机关、检察机关、政协机关、中国共产党机关、民主党派机关、人大机关等单位。一般情况下，由有关方面提出拟任职的人选，经过干部人事部门考察后，由任免机关决定任命，并办理相关任职手续。

委任制具有实现治事与用人相统一、保证公务员队伍相对稳定、操作简便等优点，但也存在一些弊端，如在用人上主要根据上级领导的意志，容易滋生主观随意性，缺乏透明度，对委任制公务员中不胜任职务者不易调整，容易造成能上不能下、能进不能出的问题。

委任制公务员任职情形。公务员具有下列情形之一的，应予任命职务：新录用公务员试用期满经考核合格的；通过调任、公开选拔等方式进入公务员队伍的；晋升或者降低职务的；转任、挂职锻炼的；免职后需要新任职务的；其他原因需要任职的。

（3）聘任制。聘任制是指按照公开、平等、竞争、择优、双向选择的原则，由用人单位通过人事合同形式聘用公务员的任用方式。聘任制具有合同管理、平等协商、任期明确等特点。机关聘任公务员，应当按照平等自愿、协商一致的原则，签订书面的聘任合同，确定机关与所聘公务员双方的权利、义务。聘任合同应当具备合同期限，职位及其职责要求，工资、福利、保险待遇，违约责任等条款。聘任合同期限为一年至五年。聘任合同可以约定试用期，试用期为一个月至六个月。聘任制公务员按照国家规定实行协议工资制。国家建立人事争议仲裁制度。实行聘任制有利于健全用人机制、增强公务员制度的生机和活力，有利于满足机关吸引和使用多样化人才的需求，有利于提高公务员整体素质，提高公务员队伍的专业化水平。在我国，机关根据工作需要，经省级以上公务员主管部门批准，可以对专业性较强的职位和辅助性职位实行聘任制。涉及国家秘密的职位，不实行聘任制。

3. 领导职务公务员任职的限制。领导职务公务员任职必须在规定的编制限额和职数内进行，并有相应的职位空缺。本机关人员编制或职数已满的，不得任命公务员；如果本机关的编制和职数虽然未满，但拟任命的职位没有空缺，仍不能任命。公务员一般不应在机关外兼任其他职务；如果确因工作需要需在机关外兼职的，应当以书面或口头形式报经公务员的直接上级机关批准同意，但不得领取兼职报酬。

4. 公务员的职级确定。公务员的职级依据其德才表现、工作实绩和资历确定。公务员根据所任职级执行相应的工资标准，享受所在地区（部门）相应职务层次的住房、医疗、交通补贴、社会保险等待遇。非领导职务公务员首次确定职级按照有关规定套转。新录用公务员按照有关规定确定一级主任科员以下及相当层次的职级。从国有企业、事业单位、人民团体和群众团体调任的人员，按照公务员调任有关规定，综合考虑其原任职务、调任职位和工作经历确定职级。机关接收的军队转业干部，按照国家军转安置有关规定确定职级。

（二）公务员的免职

1. 含义。公务员免职，是指公务员任免机关依据有关法律法规，按照管理权限，通过法定程序，免去公务员所担任的某一职务。

2. 类型。按照不同标准，可以将公务员免职方式分为不同类型。

（1）按任职方式可划分为选任制、委任制、聘任制公务员免职。

选任制公务员免职的事由包括：任期届满不再连任；任期内辞职、被罢免、被撤职等。

委任制公务员免职的事由。公务员具有下列情形之一的，应予免去现任职务：晋升职务后需要免去原任职务的；降低职务的；转任的；辞职或者调出机关的；非组织选派，离职学习期限超过一年的；退休的；其他原因需要免职的。

委任制公务员的免职程序，由公务员所在单位或上级根据实际情况提出免职人员的建议；由公务员任免机关人事部门负责对免职事由进行认真审核，如果情况属实，可交任免机关领导讨论；任免机关领导按照惯例权限集体讨论决定是否免职；领导作出免职决定后，发布任免通知，并通知公务员本人。

聘任制公务员免职由具有法定聘任权限的机关，与聘任制公务员协商一致后，依法变更或解除其劳动合同，免除公务员的职务。聘任制公务员免职的事由包括公务员职务升降、辞职、辞退、退休、转任等。

此外，公务员属于下列情形之一的，其职务即自行免除，不再办理免职手续，由所在单位报任免机关备案：一是受到刑事处罚或者劳动教养的；二是受到撤职以上处分的；三是被辞退的；四是法律、法规及有关章程有其他规定的。公务员被免职后，应及时办理工作交接手续。

(2) 按惩戒性可划分惩戒性免职、非惩戒性免职。

惩戒性免职，是指公务员因违反行政纪律、组织章程、法律法规，被任免机关依法免除其公共职务，并追究其政纪、党纪或法律责任。惩戒性免职事由包括：公务员因被撤职、开除、罢免、引咎辞职、责令辞职等而被免职。

非惩戒性免职，是指因工作需要或公务员个人的正当原因，而非因违法乱纪，任免机关按照法定权限和程序免除公务员的职务。非惩戒性免职事由包括：公务员由于自愿辞职、因公辞职、转任、退休、任期届满不再连任等而被免职。

三、公务员职务、职级升降制度概述

(一) 公务员职务、职级升降的含义

1. 公务员职务、职级晋升。公务员职务、职级晋升是指公务员管理机关，依照国家有关法律、法规的规定，依据机关工作的需要和公务员本人的表现与业绩情况，提高公务员原有的职务、职级，由较低的职务、职级升任至较

高职务、职级的管理活动。晋升意味着公务员所处地位的上升,职权加重和责任范围扩大,同时伴随着工资、福利等方面待遇提高。

2. 公务员降职、降级。公务员降职、降级是指公务员管理机关,按照国家有关法律、法规的规定,对由于各种原因不能胜任现任职务、职级的公务员,依一定程序,降低其原有的职务,改任一种较低职务、职级的管理活动。降职、降级意味着公务员所处地位的降低,以及职权与责任范围的缩小,一般来说也意味着工资、福利等方面待遇的降低。

(二) 公务员职务、职级升降制度的意义

国家公务员职务、职级升降制度是指对国家公务员晋升或降低职务、职级的规定。

建立这一制度,有利于贯彻执行党的干部路线、方针、政策,建立科学规范的党政领导干部选拔任用制度,形成富有生机与活力、促进优秀人才脱颖而出的选人、用人机制,推进干部队伍的革命化、年轻化、知识化、专业化,建设一支高举马克思列宁主义、毛泽东思想、邓小平理论伟大旗帜,认真实践"三个代表"重要思想的,高素质的党政领导干部队伍,保证党的基本路线的全面贯彻执行和中国特色社会主义建设事业的顺利发展。

(三) 公务员职务、职级升降的原则

1. 党管干部。在公务员职务、职级升降过程中,要贯彻党的干部路线和方针,实行党的组织领导,坚持党管干部原则。

2. 任人唯贤、德才兼备、以德为先、注重实绩。在公务员职务、职级升降过程中,要将公务员职务、职级升降制度与公务员考核紧密结合起来,从德、能、勤、绩、廉等各方面对公务员进行全方位的考核和评估。坚持"任人唯贤、德才兼备、以德为先、注重实绩"的原则,选贤任能。

3. 民主、公开、平等、竞争、择优。民主,要求在公务员职务、职级升降过程中坚持群众路线,发扬民主集中制原则,规范民主推荐、民主评议、民意测验等流程。公开,要求将空缺的职位、职务、职级升降的资格条件与标准、升降程序与方法、拟升降人选的相关信息、升降结果等信息,依法在一定范围和时间内及时公布,并告知涉及的公务员。平等,意味着在公务员职务、职级升降中一视同仁,不因人而异。竞争,要求在公务员职务、职级升降过程中,引入竞争机制,构建优胜劣汰机制,营造积极向上的良好氛围。

择优,就是要严格考核、科学评估拟升降人选的德、能、勤、绩、廉等方面的素质,选拔任用优秀的公务员。

4. 逐级升降。《中华人民共和国公务员法》(修订)第四十五条规定,"公务员晋升职务,应当逐级晋升。特别优秀的或者工作特殊需要的,可以按照规定破格或者越级晋升"。第四十九条规定:"公务员职级应当逐级晋升,根据个人德才表现、工作实绩和任职资历,参考民主推荐或者民主测评结果确定人选,经公示后,按照管理权限审批。"《公务员职务与职级并行规定》指出:"公务员晋升职级,应当在职级职数内逐级晋升。"

所谓逐级晋升是指按照职务的高低由低向高,一级一级晋升。如由科长晋升为副处长,由副处长晋升为处长。但是,对于特别优秀的人才,也要不拘一格,为之创造脱颖而出的条件,因此,对于特别优秀的或者工作特殊需要的,也可以按照规定破格或者越一级晋升职务。当然,公务员破格或者越一级晋升职务,必须执行比一般晋升职务更加严格的程序,越级晋升的,有的须经任免机关的上一级同意,有的须经同级党委或政府人事主管部门同意。

四、公务员的职务、职级升降

(一) 我国公务员的升职

1. 公务员领导职务的晋升。公务员晋升领导职务,应当具备拟任职务所要求的政治素质、工作能力、文化程度和任职经历等方面的条件和资格。

(1) 政治素质。政治素质是指公务员"德"的方面,具体体现在:第一,具有履行职责所需要的马克思列宁主义、毛泽东思想、邓小平理论的水平,认真贯彻科学发展观,学习和实践"三个代表"重要思想,努力用马克思主义的立场、观点、方法分析和解决实际问题,树立"四个意识"、增强"四个自信",做到"两个维护",经得起各种风浪的考验。第二,具有共产主义远大理想和中国特色社会主义坚定信念,坚决执行党的基本路线和各项方针、政策,立志改革开放,献身民族复兴伟大事业,在中国特色社会主义建设中艰苦创业,做出实绩。第三,坚持解放思想,实事求是,与时俱进,开拓创新,认真调查研究,能够把党的方针、政策同本地区、本部门的实际相结合,卓有成效地开展工作,讲实话、办实事、求实效,反对形式主义、官僚主义、享乐主义和奢靡主义。第四,有强烈的事业心和责任感,勇于担当、主动作为,有胜任领导工作的实践经验、组织能力、文化水平和专业知识。第五,正确行使人民赋予的权力,依法办事,清正廉洁,作风正派,勤政为民,以身作则,艰苦朴素,密切联系群众,坚持党的群众路线,自觉接受党和群众的批评和监督,做到自重、自省、自警、自励,反对官僚主义,反对任何滥用职权、谋求私利的不正之风。第六,坚持和维护党的民主集中制,有民主作风和全局观念。善于集中正确意见,善于团结同志,包括团结同自己有不同意见的同志一道工作。

(2) 工作能力。工作能力是指公务员应具有任职所需要的工作能力。其中,晋升领导职务的,还必须具有相应的理论、政策水平和计划、决策、组织、协调能力。近年来,我们党和国家十分重视加强干部,特别是领导干部的能力建设。在当前的形势下,加强干部的执政能力建设,必须重视培养"五种能力",即驾驭社会主义市场经济的能力、发展社会主义民主政治的能力、建设社会主义先进文化的能力、构建社会主义和谐社会的能力、应对国际局势和处理国际事务的能力。这五种能力,集中体现了时代的标准和人民的要求。

(3) 文化程度。文化程度是一个人接受教育、具有一定知识的标志,也是履行岗位职责所需的必备条件,主要包括公务员任职所需要的文化水平和专业知识。公务员一般应当具有大学专科以上文化程度,其中地(厅)、司(局)级以上领导干部一般应当具有大学本科以上文化程度。

(4) 任职经历。公务员晋升领导职务应当具备一定的资格条件,因领导职务层级而有所不同,其中晋升乡科级正职领导职务的,应当任乡科级副职领导职务2年以上,或者任乡科级副职领导职务和三级、四级主任科员及相当层次职级累计2年以上,或者任三级、四级主任科员及相当层次职级累计2年以上,或者任四级主任科员及相当层次职级2年以上。晋升乡科级副职领导职务的,应当任一级科员及相当层次职级3年以上。

2. 公务员职级晋升。公务员晋升职级应当根据工作需要、德才表现、职责轻重、工作实绩和资历等因素综合考虑,在职级职数内逐级晋升。

公务员晋升职级应具备的基本条件:政治素质好,拥护中国共产党的领导和社会主义制度,坚决维护习近平总书记核心地位,坚决维护党中央权威和集中统一领导;具备职位要求的工作能力和专业知识,忠于职守,勤勉尽责，勇于担当，工作实绩较好；群众公认度较高；符合拟晋升职级所要求的任职年限和资历；作风品行好，遵纪守法，自觉践行社会主义核心价值观，清正廉洁。

公务员晋升职级应当具备一定的资格条件。晋升一级巡视员，应当任厅局级副职或者二级巡视员4年以上；晋升二级巡视员，应当任一级调研员4年以上；晋升一级调研员，应当任县处级正职或者二级调研员3年以上；晋升二级调研员，应当任三级调研员2年以上；晋升三级调研员，应当任县处级副职或者四级调研员2年以上；晋升四级调研员，应当任一级主任科员2年以上；晋升一级主任科员，应当任乡科级正职或者二级主任科员2年以上；晋升二级主任科员，应当任三级主任科员2年以上；晋升三级主任科员，应当任乡科级副职或者四级主任科员2年以上；晋升四级主任科员，应当任一级科员2年以上；晋升一级科员，应当任二级科员2年以上。

公务员不具备基本条件和资格条件的，受到诫勉、组织处理或者处分等影响期未满或者期满影响使用的；涉嫌违纪违法正在接受审查调查尚未作出结论的；以及影响晋升职级的其他情形均不得晋升职级。

3. 公务员职务、职级晋升的程序。晋升程序，是指晋升国家公务员职务、职级必须经历的法定工作步骤。公务员的管理中所坚持的公开、平等、竞争、择优的原则，除了体现在权限、条件、标准等实体方面的要求外，还必须体现在合法的程序方面，没有合法的程序，即使实体方面是符合要求的、合法的，那么最终的结果也是不合法的、无效的。程序合法已经成为公务员管理中的一项重要法治原则。非经这些步骤晋升的职务、职级就不具有合法性。

(1) 公务员晋升领导职务的程序。具体如下：

一是动议。动议是指公务员机构领导按照干部管理权限，根据工作需要和领导班子建设实际，通过书面或口头向组织部门提出晋升某个或某些公务员职务的建议。一般有以下程序：①党委（党组）或者组织部门提出启动干部选拔任用工作意见。②组织部门综合有关方面建议和平时了解掌握的情况，对领导班子进行分析研判，就选拔任用的职位、条件、范围、方式、程序等提出初步建议。③初步建议向党委（党组）主要领导成员报告后，在一定范围内进行酝酿，形成工作方案。

二是民主推荐。根据《党政领导干部选拔任用工作条例》的规定，选拔任用党政领导干部，必须经过民主推荐提出考察对象。民主推荐包括会议投票推荐和个别谈话推荐。民主推荐的结果在一年内有效。领导班子换届时民主推荐按照领导班子职位的设置全额定向推荐；个别提拔任职时，按照拟任职位推荐。民主推荐工作部门领导成员人选，由本部门的领导成员、内设机构领导成员、直属单位主要领导成员和其他需要参加的人员参加；本部门人数较少的，可以由全体人员参加。领导班子换届，由本级党委书记办公会根据上级党委组织部门反馈的民主推荐情况，对考察对象人选进行酝酿，本级党委常委会研究提出考察对象建议名单，经与上级党委组织部门沟通后，确定考察对象。个别提拔任职，由党委（党组）或者组织（人事）部门在民主推荐的基础上，集体研究确定考察对象。个人向党组织推荐领导干部人选，必须负责地写出推荐材料并署名。经组织（人事）部门审核后，按照规定程序进行民主推荐。所推荐人选不是所在单位多数群众拥护的，不得列为考察对象。党委、政府及其工作部门个别特殊需要的领导成员人选，可以由组织推荐提名，作为考察对象。

三是确定考察对象，组织考察。对确定的考察对象，由组织（人事）部门按照干部管理权限，进行严格考察。部门与地方双重管理干部的考察工作，由主管方负责，会同协管方进行。考察党政领导职务拟任人选，必须依据干部选拔任用条件和不同领导职务的职责要求，全面考察其德、能、勤、绩、廉，注重考察工作实绩。各级党委（党组）根据不同领导职务的职责要求，制定具体考察标准。考察党政领导职务拟任人选，应当听取考察对象所在单位组织部门、纪检监察机关和机关党组织的意见。对需要进行经济责任审计的考察对象，应当委托审计部门按照有关规定进行审计。考察党政领导职务拟任人选，必须形成书面考察材料，建立考察文书档案。已经提拔任职的，考察材料归入本人档案。考察材料必须真实，全面、准确、清楚地反映考察对象的情况。党委（党组）或者组织部门派出的考察组由两名以上成员组成；考察人员应当具有较高素质和相应资格。考察组负责人应当由思想政治素质好、有较丰富工作经验并熟悉干部工作的人员担任，实行干部考察工作责任制。考察组必须坚持原则，公道正派，深入细致，如实反映考察情况和意见，并对考察材料负责；考察中了解到的考察对象的表现情况，一般由考察组向党委（党组）主要领导成员和本人反馈。党政领导职务拟任人选，在考察前，讨论决定或者决定呈报前应当充分酝酿。酝酿应当根据党政领导职位和拟任人选的不同情况，分别在党委（党组）、人大常委会、政府、政协等有关领导成员中进行。工作部门领导成员人选，应当征求上级分管领导成员的意见。非中共党员拟任人选，应当征求党委统战部门和民主党派、工商联主要领导成员、无党派人士中代表人物的意见。

四是按照管理权限讨论决定。选拔任用党政领导干部，应当按照干部管理权限由党委（党组）集体讨论作出任免决定，或者决定提出推荐、提名的意见。属于上级党委（党组）管理的，本级党委（党组）可以提出选拔任用建议。市（地）、县（市）党委、政府领导班子正职的拟任人选和推荐人选，由上级党委常委会提名，党的委员会全体会议审议，进行无记名投票表决；党的委员会全体会议闭会期间，由党委常委会作出决定，决定前应当征求全委会成员的意见。党委（党组）讨论决定干部任免事项，必须有三分之二以上的成员到会，并保证与会成员有足够的时间听取情况介绍、充分发表意见。党委（党组）讨论决定干部任免事项，应当按照下列程序进行：党委（党组）分管干部工作的领导成员或者组织部门负责人，逐个介绍领导职务拟任人选的提名、推荐、考察和任免理由等情况；参加会议人员进行讨论；进行表决，以党委（党组）应到会成员超过半数同意形成决定。需要报上级党委（党组）审批的拟提拔任职的干部，必须呈报党委（党组）的请示并附干部任免审批表、干部考察材料、本人档案和党委（党组）会议纪要、讨论记录、民主推荐材料。上级组织部门对呈报的材料应当严格审查。需要报上级备案的干部，应当按照规定及时向上级组织（人事）部门备案。

五是按照规定履行任职手续。

(2) 公务员晋升职级的程序。具体如下：

一是党委（党组）或者组织（人事）部门研究提出工作方案。

二是对符合晋升职级资格条件的人员进行民主推荐或者民主测评，提出初步人选。

三是考察了解并确定拟晋升职级人选。中央机关公务员晋升一级、二级巡视员，应当进行考察；晋升其他职级可以综合考虑民主推荐、民主测评与平时考核、年度考核、一贯表现等情况确定人选。省级以下机关公务员晋升职级的考察了解方式，由省级公务员主管部门结合实际研究确定。

四是对拟晋升职级人选进行公示，公示期不少于5个工作日。

五是审批。中央机关公务员晋升职级由本机关党组（党委）及其组织（人事）部门审批，一级、二级巡视员职级职数使用等情况按年度报中央公务员主管部门备案。省级以下机关公务员晋升职级的审批权限，由省级公务员主管部门提出意见，报省、自治区、直辖市党委审定。各级机关中未限定职数比例的职级，其晋升程序可以适当简化。

4. 任职前公示制度和任职试用期制度。

（1）任职前公示制度。中共中央颁布的《党政领导干部选拔任用工作条例》第三十八条规定："实行党政领导干部任职前公示制度。提拔担任地（厅）、司（局）级以下领导职务的，除特殊岗位和在换届考察时已进行过公示的人选外，在党委（党组）讨论决定后、下发任职通知前，应当在一定范围内进行公示。公示期一般为7~15天。公示结果不影响任职的，办理任职手续。"任职前公示制度的公示对象、公示内容、公示程序和方式，以及公示结果的处置内容如下：

一是公示对象。公务员晋升地（厅）、司（局）级以下领导职务的，除特殊岗位和在换届考察时已进行过公示的人选外，都应当进行任职前公示。

二是公示内容。一般应包括拟选拔对象本人的基本情况，包括姓名、出生年月、性别、籍贯、学历、政治面貌、工作简历和拟任职务。此外还应公示拟选拔对象近年来的主要工作成绩以及学习、工作、勤政等方面的表现和存在的问题。

三是公示的程序和方式。公示的时间应在党委（党组）讨论决定后、下发任职通知前。公示的范围固定，一般是在公示对象所在的单位内部进行。公示期一般为7~15天。公示的方式主要是下发公示文件，各单位通过召开会议、张贴公示文件等方式向干部群众传达。公示期间，干部群众对公示对象的德、能、勤、绩、廉以及8小时以外等方面的情况，认为需要举报或反映的，可以用口头或书面形式向实施公示的部门举报，也可以通过本单位党组织向上转告。举报必须坚持实事求是的原则，要求真实具体、线索清晰、有据可查，为便于核实情况，举报信应署真实姓名。

四是公示结果的处置。公示结束后，对没有问题反映的拟提拔对象，按规定程序办理任职手续；公示期间有来信、来电、来访反映拟提拔对象相关问题的，由组织人事部门负责收集，按规定进行调查核实。对平时和考察过程中已掌握了解的问题，由组织部门直接向举报人说明情况；对反映的一般性问题，由市委组织部进行专题调查了解；所反映的问题比较严重的，由纪委、监察部门会同组织部门共同调查核实。调查核实后必须形成书面汇报材料，并向党委报告，党委视情况决定是否缓行或取消原任职方案。

（2）任职试用期制度。公务员晋升领导职务的，按照有关规定实行任职试用期制度，可以更加完善党政领导干部选拔任用制度，增强选人用人准确性，防止用人失察，提高干部的任职能力。

《党政领导干部选拔任用工作条例》第三十九条明确了实行任职试用期制度的对象、期限和试用期满后的处置办法。

一是实行任职试用期制度的对象包括：党委、人大常委会、政府、政协工作部门的副职和内设机构的领导职务；纪委内设机构的领导职务；人民法院、人民检察院内设机构的非国家权力机关依法任命的领导职务。担任非选举产生的上述职务中，地（厅）、司（局）级以下领导职务的公务员均实行任职试用期制度。

二是试用期的期限：一年，从任职通知颁发之日起计算。

三是试用期满后的处置办法：干部试用期满，经考核合格的，办理正式任职手续；经考核不合格的，按干部管理权限，免去干部的试用职务，按试用前的职级另行安排工作。

实行任职试用期制度，有三点必须注意：①干部在试用期间，履行试用职务的职责，享受相应待遇。②党委（党组）及组织人事部门按照干部管理权限，履行领导干部试用期间的管理和监督职责：组织人事部门要定期联系试用干部，帮助干部提高对岗位的适应能力和工作水平。③考核一般应当采取本人述职、民意测评、单位党委（党组）鉴定和组织考察相结合的办法。试用干部本人应总结自己在试用期间履行职责的表现，向单位党委（党组）提交书面述职报告。民意测评工作按干部管理权限由组织人事部门组织，单位领导的测评由本单位中层以上干部参加，内设处（科）室的领导测评原则上由其本人所在处（室）的工作人员参加，到会率80%以上有效。民意测评票有"称职、基本称职、不称职"三种选项。单位党委（党组）依据试用干部表现作出鉴定，填写干部试用期鉴定表，按干部管理权限报上级组织人事部门。

(二) 我国公务员的降职、降级制度

公务员的职务、职级实行能上能下。对不适宜或者不胜任现任职务、职级的，应当进行调整。公务员在年度考核中被确定为不称职的，按照规定程序降低一个职务或者职级层次任职。

1. 公务员降职、降级的含义。公务员降职、降级是指公务员管理机关按照国家有关法律法规，对不适宜或者不胜任现任职务、职级的公务员依照一定程序进行调整，降低其原有职务、职级，改任较低职务、职级的管理活动。降职、职级意味着其所处地位的降低，职权与责任的范围缩小以及工资福利等方面待遇的降低。

实行公务员降职、职级可以更加合理地使用人才，发挥公务员的作用，有利于建立一整套激励干部进取、有利于干部成长的使用制度，推动形成能人上、庸人下的良好用人局面，盘活现有人力资源，建设一支高素质的公务员队伍，提高国家机关的整体工作效能，更好地为人民服务。

2. 公务员降职、降级的原因。领导职务公务员有以下情形的予以降低职务：一是公务员在年度考核中被确定为不称职的，按照规定程序降低一个职务层次任职。二是因机构撤销、调整，需要降低职务安排的。对此情况的降职，一定要在本地区、本部门确实无同级较合适职务安排的或某一较低职务确实需要其担任的，方可实行。三是本人基于能力不济而主动要求改任较低职务的。要注意深入实际，调查情况，慎重妥善处理。

普通公务员具有下列情形之一的，应当按照规定降低职级：一是不能胜任职位职责要求的；二是年度考核被确定为不称职等次的；三是受到降职处理或者撤职处分的；四是存在法律法规和党内法规规定的其他情形。

思考题

1. 简述我国委任制公务员的任职情形。
2. 简述我国公务员职级晋升的条件。
3. 简述我国公务员晋升领导职务的程序。

附录

公务员职务、职级与级别管理办法

（2019年12月23日中共中央组织部制定，2020年3月3日发布）

第一条 为了完善公务员领导职务、职级与级别设置和管理制度，健全公务员激励和保障机制，建设信念坚定、为民服务、勤政务实、敢于担当、清正廉洁的高素质专业化公务员队伍，根据《中华人民共和国公务员法》等有关法律法规和《公务员职务与职级并行规定》，制定本办法。

第二条 公务员领导职务、职级与级别设置和管理坚持以马克思列宁主义、毛泽东思想、邓小平理论、"三个代表"重要思想、科学发展观、习近平新时代中国特色社会主义思想为指导，贯彻新时代中国共产党的组织路线，坚持党管干部原则，加强党对公务员队伍的集中统一领导，遵循依法、科学、规范、效能的原则。

第三条 领导职务、职级与级别是实施公务员管理，确定公务员工资以及其他待遇的依据。

第四条 公务员级别由低至高依次为二十七级至一级。

第五条 公务员领导职务层次与级别的对应关系是：

（一）国家级正职：一级；

（二）国家级副职：四级至二级；

（三）省部级正职：八级至四级；

（四）省部级副职：十级至六级；

（五）厅局级正职：十三级至八级；

（六）厅局级副职：十五级至十级；

（七）县处级正职：十八级至十二级；

（八）县处级副职：二十级至十四级；

（九）乡科级正职：二十二级至十六级；

（十）乡科级副职：二十四级至十七级。

副部级机关内设机构、副省级城市机关的司局级正职对应十五级至十级；司局级副职对应十七级至十一级。

第六条 公务员领导职务与职级的设置、厅局级以下领导职务对应的最低职级、职级与级别的对应关系，按照有关规定执行。

第七条　确定公务员领导职务、职级，应当在规定的领导职务、职级序列和职数限额内，按照有关任职条件和程序进行。

第八条　晋升、降低领导职务、职级或者调任、转任以及因其他原因需要明确领导职务、职级的，按照拟任领导职务、职级任职条件等确定。

第九条　公务员晋升领导职务应当具备的资格条件，按照《党政领导干部选拔任用工作条例》和有关法律、法规、章程规定执行。其中，晋升乡科级领导职务的最低任职年限条件为：

（一）晋升乡科级正职领导职务的，应当任乡科级副职领导职务2年以上，或者任乡科级副职领导职务和三级、四级主任科员及相当层次职级累计2年以上，或者任三级、四级主任科员及相当层次职级累计2年以上，或者任四级主任科员及相当层次职级2年以上。

（二）晋升乡科级副职领导职务的，应当任一级科员及相当层次职级3年以上。

第十条　公务员级别应当根据其所任领导职务、职级及德才表现、工作实绩、资历确定。

第十一条　新录用的公务员试用期满考核合格后，职级、级别的确定按照有关规定执行。

第十二条　通过面向社会选拔、调任等方式进入机关的公务员，其级别按照新任领导职务、职级，结合本人原任职务、工作经历、文化程度等条件，参照机关同类人员确定。

第十三条　公务员晋升领导职务、职级后，原级别低于新任领导职务、职级对应最低级别的，晋升到新任领导职务、职级对应的最低级别；原级别已在新任领导职务、职级对应范围的，除晋升一级、二级调研员和一级、三级主任科员及相当层次职级外，在原级别的基础上晋升一个级别。

第十四条　公务员累计5年年度考核结果均为称职以上等次的，可以在领导职务、职级对应级别范围内晋升一个级别。

第十五条　担任领导职务的公务员辞去领导职务后的级别确定，以及公务员因年度考核被确定为不称职等次、受到组织调整或者组织处理、受到处分应当降低领导职务、职级与级别的，按照有关规定执行。

第十六条　公务员受到诫勉、组织调整或者组织处理、处分等，遇有影响期且影响期未满或者期满影响使用的，以及有法律法规规定的其他影响晋升的情形的，不晋升领导职务、职级与级别。

第十七条　公务员级别的确定、晋升，按照管理权限，由决定其领导职务、职级任免的机关批准。

第十八条　县级以上公务员主管部门负责领导职务、职级与级别设置、确定工作的组织实施和监督管理。

第十九条　对不按照规定的职数要求、资格条件及程序等设置、确定公务员领导职务、职级与级别的，不予批准或者备案；已经作出的决定一律无效，由公务员主管部门按照管理权限予以纠正。

第二十条　对违反规定进行公务员领导职务、职级与级别确定的，应当根据具体情况，依规依纪依法追究负有责任的领导人员和直接责任人员的责任。

第二十一条　监察官、法官、检察官等职务、职级的设置和管理另行规定。

第二十二条　本办法由中共中央组织部负责解释。

第二十三条　本办法自发布之日起施行，2006年4月9日中共中央、国务院印发的《〈中华人民共和国公务员法〉实施方案》附件三《公务员职务与级别管理规定》同时废止。

第七章
公务员奖励、监督与惩戒

公务员奖励制度是公务员管理的重要环节，是公务员激励机制建设的重要内容。建立健全公务员奖励制度，对在工作中表现突出，有显著成绩和贡献，以及其他突出事迹的公务员个人和集体，给予奖励，对于调动公务员的积极性和创造性，引导公务员忠于职守、勤奋工作，充分挖掘公务员的潜能，提高公务员队伍整体素质，提高机关工作效能具有非常重要的意义。公务员惩戒制度，是对公务员的行为予以否定性的评价，并给予一定的惩罚、申诫，以对其警示的一系列法律规范的总称。公务员处分是指公务员违反纪律应当承担的法律责任，是一种惩戒形式。一般认为，惩戒是纪律与处分的合称。新中国成立以来，国家制定了一系列法律、法规对国家工作人员的惩戒予以规定。这些法律法规的实施，对于教育公务员增强纪律观念、规范惩戒工作、保障机关工作人员的合法权利以及保证惩戒工作的顺利开展发挥了重要作用。

一、公务员奖励

（一）公务员奖励制度概述

1. 公务员奖励的含义。奖励一般是指给予某方面表现突出、取得显著成绩的人员或者组织物质上的嘉奖、精神上的鼓励，是最常用的一种激励措施。奖励的作用体现在两个方面：一是直接针对获奖者，奖励肯定其行为，并使之获得物质或精神上的满足；二是对于组织内的其他人员产生引导和示范作用，带动他们向积极的方向发展。

公务员奖励，是指机关根据法律法规的规定，按照法定程序，对工作表现突出、有显著工作业绩或者有其他突出事迹的公务员或者公务员集体给予一定荣誉或者物质利益以示鼓励的制度。

2. 公务员奖励的意义。公务员奖励制度是公务员管理的一种激励机制和手段，是由奖励的原则、条件、种类、机构及其权限等诸多环节所组成的公务员奖励规范的总称。建立公务员奖励制度的意义在于：

（1）激励和约束作用。通过奖励，公务员获得物质上和荣誉上的利益，从而进一步激发和调动其积极性、主动性、创造性，促使其严格要求自己，积极工作，努力向上。

（2）示范和指导作用。对公务员的奖励不仅能进一步发挥公务员个体的潜能，而且还能在整个公务员队伍中树立榜样、明确目标，从而使整个团队置身于一种目标明确、积极向上的氛围中，使其向积极、健康的方向发展。

（3）维系和稳定作用。公共组织的发展和繁荣需要相对稳定的公共管理人才队伍，在公务员管理实践中，有必要采取积极有效的措施，增强公共组织的凝聚力与向心力，维系、稳定和壮大人才队伍。通过公务员奖励，有助于避免乃至消除公务员的不满情绪，增强公务员的组织认同意识和忠诚感，提升组织的向心力和凝聚力，进一步维系和稳定公务员队伍。

（4）促进竞争作用。由于受奖励的公务员只是少数人，而且条件具体、明确，所以奖励制度的有效实施必然在全体公务员之间产生一种竞争氛围，促使全体公务员努力工作、争当先进，有利于形成一支充满活力和生机的公务员队伍。

3. 我国公务员奖励制度的特点。我国公务员奖励制度是在借鉴和总结国内外奖励制度规定的基础上，结合当前我国社会主义现代化建设和干部人事制度改革及干部奖励工作的实际情况制定的。我国公务员奖励制度与以前的奖励规定及各国的奖励规定相比，有两个基本特点：一是高度重视。《公务员法》（修订）设专章对公务员的奖励问题做了专门规定，从而突出了奖励制度在公务员制度中的地位，显示了国家对公务员奖励工作的重视；二是范围广泛，目标明确。从总体上确认了对公务员进行奖励的两类行为：第一类是在本职工作中表现突出并有显著成绩和贡献的；第二类是在本职工作以外有特殊贡献的，如在抢险、救灾等特定环境中奋不顾身做出贡献的。这是符合我国实际情况的具有中国特色的公务员奖励制度。

4. 我国公务员奖励制度的原则。

（1）公开、公平、公正。公务员奖励应当坚持公开原则，杜绝暗箱操作。在实施公务员奖励时，要将公务员奖励的条件、等次、标准、程序、对象、结果等在一定范围内以书面、电子、公告等多种形式公开，增强奖励的透明度，自觉接受人民群众、公务员、纪检机关、新闻媒体等对公务员奖励的监督。部分重大奖励，在做出正式的奖励决定前，应当在一定范围内将拟奖励的对象公示。

在实施公务员奖励时，还要坚持公平、公正原则，严格规定公务员奖励的类型、条件、标准、等次、程序、范围，严肃公务员奖励纪律，实事求是，一视同仁，不搞双重标准或多重标准，不因人而异。

（2）精神鼓励与物质鼓励相结合，以精神奖励为主。这一基本原则是由人们的基本需要所决定的。人的需要包括两个基本方面：一个是物质需要；另一个是精神需要。奖励之所以能够激励人们的工作积极性，就是因为能够满足人们的某方面需要。对公务员实施奖励，必须兼顾人的物质需要和精神需要两个方面，把二者有机结合起来。

精神鼓励和物质鼓励是奖励的两种形式。所谓精神奖励就是对受奖的公务员给予荣誉方面的表彰，包括嘉奖、记功、授予荣誉称号等，其目的是满足人的精神需要，从而促进公务员的积极性，增强工作的光荣感和责任感。所谓物质奖励就是对受奖的公务员给予物质形式的奖励，包括发给奖金、奖品、工资晋级等，其目的是满足人一定的物质需要。

应该指出的是，人们对物质和精神需要的层次和程度并不是一成不变的，而是随着客观情况的变化而变化的。一般说来，在经济发展水平较低的条件下，人们的物质需求相对比较强烈，而在经济发展水平较高的情况下，人们的精神需求比重会逐步加大。此外，不同的职业、性格、气质等也会对人的需要产生一定影响。奖励必须因人制宜、因时制宜、因地制宜，在坚持精神鼓励与物质鼓励相结合的同时，还必须坚持以精神鼓励为主的原则。

（3）定期奖励与及时奖励相结合。定期奖励，是指按照固定的周期、程序对特定范围的公务员或公务员集体进行奖励。公务员定期奖励以公务员年度考核为基础，公务员的工作实绩与考核结果可以作为公务员定期奖励的依据。及时奖励，也被称为"不定期奖励"，是指对在专项工作、活动或突发事件中作出突出成绩或贡献的公务员集体和个人进行奖励。如，在2003年的抗击"非典"期间，各地都及时做好抗击"非典"有功人员的表彰奖励工作，充分发挥了奖励的激励和导向作用，提高了奖励的时效性。与定期奖励相比，及时奖励没有固定的奖励周期，程序简便、灵活，奖励及时、有效。定期奖励是及时奖励的基础，及时奖励是定期奖励的必要补充，要坚持定期奖励和及时奖励相结合，以定期奖励为主，及时奖励为辅。

（4）个人奖励与集体奖励相结合。《中华人民共和国公务员法》（修订）明确要求"对工作表现突出，有显著成绩和贡献，或者有其他突出事迹的公务员或者公务员集体，给予奖励"。《人民法院奖励暂行规定》《检察机关奖励暂行规定》《公安机关人民警察奖励条令》等专项奖励规章也将个人奖励与集体奖励紧密结合。根据公务员奖励的实际需要，既强调对公务员个人进行奖励，也奖励公务员集体，这不仅有助于激发个人的工作热情，也有助于加强政府机关团队建设、培育和提升公务员的集体主义精神。

5. 我国公务员奖励制度的演变。我们党和国家历来十分重视干部奖励工作，先后制定过相关法律和规章。早在新民主主义革命时期，革命根据地和解放区曾就一些具体工作先后制定过奖励规定，如《陕甘宁边区各级政府干部奖励暂行条例》。新中国成立后，为了使国家机关工作人员保持和发扬廉洁奉公、艰苦奋斗的优良作风，争创一流的工作成绩，在制定的《共同纲领》中对国家机关工作人员的奖励问题做过原则性规定。1952年8月我国颁布了《国家机关工作人员奖惩暂行条例》，它包括总则、奖惩种类、奖惩权限、奖惩程序、附则等共6章42条，其适用范围包括行政机关、立法机关、司法机关和检察机关，不包括企事业单位。1957年10月第一届全国人大常委会第82次会议通过《国务院关于国家行政机关工作人员的奖惩暂行规定》，这一规定在1952年暂行条例的基础上进行了修改，并调整了适用范围，虽明确规定只适用于国家行政机关，但在实际工作中，立法、司法和检察机关并未制定过另外的规定，一直参照执行此规定。国家监察委员会、内务部、人事部曾就执行该规定的一些问题，先后发布了一系列说明和通知。1979年11月，第五届全国人民代表大会和第十二次人大常委会议作出的《关于中华人民共和国建国以来制定的法律法令效力问题的决议》，明确指出1957年《国务院关于国家行政机关工作人员的奖惩暂行规定》仍具有法律效力。

党的十一届三中全会后，我国各地、各部门加强了干部奖励工作。1980

年11月，国家人事局向各省、市、自治区和国务院各常委的人事部门发出了关于贯彻执行《国务院关于国家行政机关工作人员的奖惩暂行规定》的通知。1982年9月，最高人民法院、最高人民检察院、劳动人事部联合发布了《关于各级人民法院、人民检察院工作人员奖惩工作参照〈国务院关于国家行政机关工作人员的奖惩暂行规定〉办理的通知》。根据实际工作需要，国家人事局、劳动人事部还先后发出了《关于国家行政机关工作人员奖励经费开支问题的通知》《国家行政机关工作人员升级奖励试行办法》《关于中央国家行政机关工作人员升级奖励问题的通知》等文件，为广泛开展行政机关的奖励工作创造了条件，为实行公务员的奖励制度打下了坚实的基础。接着，为总结我国干部奖励工作经验，吸收和借鉴世界各国在公务员奖励方面的有益经验，结合我国社会主义现代化建设和人事制度改革的实际情况，人事部于1995年7月，发布了《国家公务员奖励暂行规定》，共15条，对公务员的奖励原则、奖励条件、奖励种类、奖励程序和奖励批准权限及奖励的撤销作了具体规定，并从总体上确认了对公务员进行奖励的两类行为：即在本职工作中表现突出、有显著成绩和贡献的；在本职工作以外，如在抢险、救灾、维护社会治安等特定环境中奋不顾身、做出贡献的。2018年12月全国人大常委会通过的《中华人民共和国公务员法（修订）》第五十一条规定："对工作表现突出，有显著成绩和贡献，或者有其他突出事迹的公务员或者公务员集体，给予奖励。"

（二）公务员奖励的条件、种类

1. 公务员奖励的条件。奖励条件是指公务员什么样的行为应该受到奖励，国家通过确定和公布奖励条件来引导公务员的行为方向。在不同国家，由于政治经济条件及历史文化传统等不同，对公职人员奖励条件的规定是不一样的。即使在同 国家，奖励条件也不是固定不变的，随着各个历史时期国家工作重点的转移、政府职能以及政治经济形势的变化，公务员的奖励条件也要适时地更新和修改：确定科学适当的奖励条件，对于鼓励公务员积极上进，充分调动大家的积极性、创造性，引导公务员向正确的方向发展，具有十分重要的作用。

我国过去制定的奖励规定对奖励的条件一般都有明确规定。1952年政务院颁布的新中国第一个比较系统的奖励规定——《国家机关工作人员奖惩暂行条例》就针对奖励的不同等次规定了17项奖励的条件，在这些奖励条款中有许多是针对建国初期的特定历史环境而制定的。1957年国务院颁布的《关于国家行政机关工作人员的奖惩暂行规定》对奖励的条件作了6项原则性规定，这些规定在当时是适宜的，许多内容现在也是正确的。《国家公务员暂行条例》对奖励的条件规定了9项内容。

《公务员法》在参考过去的奖励制度规定的条件的基础上，根据新时期我国改革开放和国际交往日益增多的时代特点以及人们观念和要求的变化，从当前奖励工作的实际情况出发，对公务员奖励的条件作了10项明确规定。2018年修订的《公务员法》第五十二条规定，公务员或者公务员集体有下列情形之一的，给予奖励：

（1）忠于职守，积极工作，勇于担当，工作实绩显著的。

（2）遵守纪律，廉洁奉公，作风正派，办事公道，模范作用突出的。

（3）在工作中有发明创造或者提出合理化建议，取得显著经济效益或者社会效益的。

（4）为增进民族团结、维护社会稳定做出突出贡献的。

（5）爱护公共财产，节约国家资财有突出成绩的。

（6）防止或者消除事故有功、使国家和人民群众利益免受或者减少损失的。

（7）在抢险、救灾等特定环境中做出突出贡献的。

（8）同违法、违纪行为作斗争有功绩的。

（9）在对外交往中为国家争得荣誉和利益的。

（10）有其他突出功绩的。

这些规定同以往规定相比有这样几个特点：首先，突出了忠于职守、积极搞好本职工作的内容。因为公务员的所有职位都是根据政府工作需要设置的，作为公务员，首要的一条就是要忠于职守，尽职尽责地搞好本职工作，只有这样，才能保证政府工作的正常进行，保持政府工作的高效率；其次，针对改革开放的新形势，适应社会主义市场经济的要求，突出了廉洁奉公、作风正派、办事公道的新内容；再次，增加了"为增进民族团结、维护社会稳定做出突出贡献的"的内容；最后，增加对于公务员集体有法律规定10项情形的也给予奖励，这是适应我国市场经济团结协作的趋势，鼓励人们形成团队精神的需要。总之,《公务员法》对公务员的奖励条件的规定同以前的规定相比,更加科学、合理,也更加完整和规范了。

2. 公务员奖励的种类。《中华人民共和国公务员法》(修订)、对公务员、公务员集体的奖励分为:嘉奖、记三等功、记二等功、记一等功、授予荣誉称号。

(1) 对表现突出的,给予嘉奖。

(2) 对做出较大贡献的,记三等功。

(3) 对做出重大贡献的,记二等功。

(4) 对做出杰出贡献的,记一等功。

(5) 对功绩卓著的,授予"人民满意的公务员""人民满意的公务员集体"或者"模范公务员""模范公务员集体"等荣誉称号。

需要说明的是,国家公务员奖励的种类与应受奖励的行为是对应的,给予公务员奖励,应根据其先进事迹和贡献大小区别对待。

(三) 公务员奖励的权限和程序

1. 公务员奖励的权限。实施公务员奖励的权限是指哪些机构有权对公务员实施奖励以及实施何种奖励,是公务员管理机构在奖励工作方面的分工,公务员奖励的管理机构及权限是公务员奖励制度得以贯彻实施的组织保障。公务员奖励的管理机构及权限原则上与奖励的级别相对应,与公务员的任免管理机关相一致。

凡实行奖励制度的国家,对奖励机构的权限一般都有明确规定。在美国,政府对公务员的一般性奖励,由各部首长指定人员组成"工效奖赏委员会",负责选拔和确定受奖候选人,报各部首长批准后授奖。总统给予的特别奖励,由总统根据各方面的推荐决定。在日本,政府授予五种勋章的奖励,由政府各部、厅、局长官推荐,总理府审查,内阁通过,天皇认证,分不同等级,分别由天皇、总理、大臣授予,其中最高级的菊花勋章,由天皇亲自授励。其他奖励有:总理表彰由各部、厅、局长官推荐,总理确定;大臣表彰由下一级行政长官推荐,大臣决定;部门长官表彰,由该部门长官自行决定。

给予公务员、公务员集体的奖励,经同级公务员主管部门或者市(地)级以上机关干部人事部门审核后,按照下列权限审批:嘉奖、记三等功,由县级以上党委、政府或者市(地)级以上机关批准。记二等功,由市(地)

级以上党委、政府或者省级以上机关批准。记一等功,由省级以上党委、政府或者中央机关批准。授予荣誉称号,由省级以上党委、政府或者中央公务员主管部门批准。由市(地)级以上机关审批的奖励,事先应当将奖励实施方案报同级公务员主管部门审核。

2. 公务员奖励的程序。公务员奖励的程序是指行政机关对公务员实施具体奖励时应该遵循的工作步骤。给予公务员、公务员集体奖励,一般按下列程序进行:

(1) 公务员、公务员集体做出显著成绩和贡献需要奖励的,由所在机关(部门)在征求群众意见的基础上,提出奖励建议。

(2) 按照规定的奖励审批权限上报。

(3) 审核机关(部门)审核后,在一定范围内公示7个工作日。如涉及国家秘密不宜公示的,经审批机关同意可不予公示。

(4) 审批机关批准,并予以公布。

《公务员奖励审批表》存入公务员本人档案;《公务员集体奖励审批表》存入获奖集体所在机关文书档案。

(四) 公务员奖励的实施和撤销

1. 公务员奖励的实施。《公务员法》(修订),对在本职工作中表现突出、有显著成绩和贡献的,应当给予奖励。给予嘉奖和记三等功,一般结合年度考核进行,年度考核被确定为优秀等次的,予以嘉奖,连续三年被确定为优秀等次的,记三等功;给予记二等功、记一等功和授予"人民满意的公务员""人民满意的公务员集体"荣誉称号,一般每五年评选一次。对在处理突发事件和承担专项重要工作中做出显著成绩和贡献的,应当及时给予奖励。其中,符合授予荣誉称号条件的,授予"模范公务员""模范公务员集体"等荣誉称号。对符合奖励条件的已故人员,可以追授奖励。对获得奖励的公务员、公务员集体,由审批机关颁布奖励决定,颁发奖励证书。获得记三等功以上奖励的,同时对公务员颁发奖章,对公务员集体颁发奖牌。公务员、公务员集体的奖励证书、奖章和奖牌,按照规定的式样、规格、质地,由省级以上公务员主管部门统一制作或者监制。

对获得奖励的公务员,按照规定标准给予一次性奖金。嘉奖,800元;记三等功,1 500元;记二等功,3 000元;记一等功,6 000元;授予荣誉称号，10 000元。其中对获得荣誉称号的公务员，按照有关规定享受省部级以上劳动模范和先进工作者待遇。中央公务员主管部门会同国务院财政部门，根据国家经济社会发展水平，及时调整公务员奖金标准。对受奖励的公务员集体酌情给予一次性奖金，作为工作经费由集体使用，原则上不得向公务员个人发放。公务员奖励所需经费，应当列入各部门预算，予以保障。给予公务员、公务员集体奖励，对于因同一事由已获得上级机关奖励的，下级机关不再重复奖励。对获得奖励的公务员、公务员集体，可以采取适当形式予以表彰，表彰形式应当庄重、节俭。

2. 公务员奖励的撤销。公务员奖励的撤销，是指公务员获得奖励以后，因出现法定事由，而由有权机关取消其奖励的一种法律行为。《公务员法》（修订）规定，公务员或者公务员集体有下列情形之一的，撤销奖励：

（1）弄虚作假、骗取奖励的。

（2）申报奖励时隐瞒严重错误或者严重违反规定规定程序的。

（3）有严重违纪违法等行为、影响称号声誉的。

（4）有法律、法规规定应当撤销奖励的其他情形。

撤销奖励，由原申报机关按程序报审批机关批准，并予以公布。如涉及国家秘密不宜公布的，经审批机关同意可不予公布。必要时，审批机关可以直接撤销奖励。公务员获得的奖励被撤销后，审批机关应当收回并公开注销其奖励证书、奖章，停止其享受的有关待遇。撤销奖励的决定存入公务员本人档案。公务员集体获得的奖励被撤销后，审批机关应当收回并公开注销其奖励证书和奖牌。公务员主管部门和有关机关应当及时受理对公务员奖励工作的举报，并按照有关规定处理。对在公务员奖励工作中有徇私舞弊、弄虚作假、不按规定条件和程序进行奖励等违法违纪行为的人员，以及负有领导责任的人员和直接责任人员，根据情节轻重，给予批评教育或者处分；构成犯罪的，依法追究刑事责任。

二、公务员纪律

（一）公务员纪律的含义和特点

1. 公务员纪律的含义。纪律是特定组织为了维护自身的利益和形象并保证其职能的正常行使而要求该组织成员必须遵守的行为准则。公务员的纪律则是机关为了保证管理工作的正常进行、维护机关的良好形象、促使公务员依法履行公务而制定的要求公务员普遍遵循的行为准则。公务员纪律是公务员义务的具体化，具有国家强制性，以惩戒作为执行的保障。

1952年政务院颁布了《国家机关工作人员奖惩暂行条例》，在新中国第一次就国家机关工作人员的纪律与惩戒做了系统规定，其中列出了国家机关工作人员的27条纪律。1957年10月，第一届全国人大常委会第82次会议批准了《国务院关于国家行政机关工作人员的奖惩暂行规定》（自《公务员法》实施之日起废止），取代了1952年的条例。其中将行政机关工作人员的纪律规定为12条。1993年国务院制定的《国家公务员暂行条例》规定了公务员的14条纪律。《公务员法》对公务员纪律的规定与国家公务员暂行条例的规定大体相同，主要是为适应公务员范围的变化做了一些文字上的改动。

2. 公务员纪律的特点。除了国家强制性的特点外，公务员纪律与一般团体与组织纪律有一个不同点：一般团体或组织的纪律是为规范团体成员在团体内部的行为而制定的规则，而公务员的纪律则不仅涉及公务员在公务员系统内部活动必须遵守的规则，还涉及公务员与社会上的公民、法人或者其他组织发生关系时应当遵循的行为准则。公务员纪律有如下具体特点：

（1）法定性。公务员纪律的法定性，表现在公务员纪律的内容、违反纪律的标准、调查处理的程序、处理的依据都必须由法律法规来明确规定。对法律法规规定不得违反的纪律，一旦有公务员违反了就必须受到追究；法律法规没有明确规定为纪律的，不得以之为理由追究责任。公务员纪律法定性对于公务员而言，既是对公务员提出了严格的要求，也是对公务员权利的保障，充分体现公务员享有"非因法定事由、非经法定程序，不被免职、降职、辞退或者处分"的权利。公务员纪律对于管理部门而言，则是公务员管理法治化的必然要求，使得管理部门必须依法实施对公务员的管理，依法实施惩戒。

（2）普遍性。公务员纪律的普遍性，是指法律规定的纪律制度和纪律措施对全体公务员都具有约束力，在全体公务员中普遍适用。公务员应当全体遵循，无一例外。遵守公务员纪律不应区分职务、级别而区别对待，任何公务员违反了纪律都要依法受到惩处。当然，公务员的纪律因其类别、服务机构不同，具体的要求也会有所区别。例如，法官的纪律与行政机关公务员的纪律在具体要求上是不完全一样的，它要体现工作的特性。

（3）强制性。公务员纪律的强制性是公务员纪律严肃性的必然要求。违法违纪应当承担的纪律责任是法定的，对公务员实施处分是由国家强制力保证的。实施公务员纪律，如果没有国家强制力保障，公务员纪律的作用就无法发挥出来，就不能有效制约公务员行为。

（4）全面性。公务员与一般公民最大的区别就在于公务员行使公共权力。公务员一方面是普通的民事主体，一方面又是国家权力的执行者。公务员在工作生活中的一切行为都直接关系到国家的形象和声誉，也在社会生活中起到示范作用，因此对公务员的纪律约束囊括了工作和日常生活各方面。

（二）公务员纪律的内容和分类

1. 公务员纪律的内容。《公务员法》（修订）第五十九条规定：公务员应当遵守纪律，不得有下列行为：

（1）散布有损宪法权威、中国共产党和国家声誉的言论，组织或者参加旨在反对宪法、中国共产党领导和国家的集会、游行、示威等活动。

（2）组织或者参加非法组织，组织或者参加罢工。

（3）挑拨、破坏民族关系，参加民族分裂活动或者组织、利用宗教活动破坏民族团结和社会稳定。

（4）不担当，不作为，玩忽职守，贻误工作。

（5）拒绝执行上级依法作出的决定和命令。

（6）对批评、申诉、控告、检举进行压制或者打击报复。

（7）弄虚作假，误导、欺骗领导和公众。

（8）贪污贿赂，利用职务之便为自己或者他人谋取私利。

（9）违反财经纪律，浪费国家资财。

（10）滥用职权，侵害公民、法人或者其他组织的合法权益。

（11）泄露国家秘密或者工作秘密。

（12）在对外交往中损害国家荣誉和利益。

（13）参与或者支持色情、吸毒、赌博、迷信等活动。

（14）违反职业道德、社会公德和家庭美德。

（15）违反有关规定参与禁止的网络传播行为或者网络活动。

（16）违反有关规定从事或者参与营利性活动，在企业或者其他营利性组织中兼任职务。

（17）旷工或者因公外出、请假期满无正当理由逾期不归。

（18）违纪违法的其他行为。

2. 公务员纪律的分类。公务员纪律的内容丰富，现实性强。归纳起来可以分为四类：政治纪律、工作纪律、廉政纪律、道德纪律。

（1）政治纪律。我国公务员应该遵守政治方面的纪律，保证在履行职责时坚持正确的政治方向，公务员违反政治纪律的行为有以下两种：

一是散布有损国家声誉的言论，组织或者参加旨在反对国家的集会、游行、示威等活动。散布有损国家声誉的言论，主要是指公务员采用非法方式当众诋毁或者攻击国家方针、政策，造成影响的行为。公务员是国家和政府形象的代表，应当维护国家和政府的立场，与普通公民相比，其言论和政治自由应该受到一定限制。公务员履行公职，在行动上、思想上应当与国家保持一致，不折不扣地贯彻执行党的方针、政策和国家的法律制度，这是公务员的义务，因此禁止公务员参加"旨在反对国家"的活动。但是，公务员参加非反对国家的集会、游行、示威等活动是作为公民所享有的宪法规定的权利，并不被禁止。

二是组织或者参加非法组织，组织或者参加罢工。组织或者参加非法组织，是指公务员策划、参加、指挥以危害国家安全、社会稳定、民族团结为宗旨的未经依法登记的，或者被撤销、取缔的非法组织。公务员罢工，是指公务员主动停止本职工作或者组织其他公务员集体停止工作的行为。世界各国对于公务员能否参加罢工规定不一。日本、瑞士禁止公务员参加罢工，但是法国则允许公务员罢工。我国认为公务员履行公职，行使宪法、法律赋予的职权，如果罢工就会导致国家机器无法正常运转，直接危害国家安全和社会秩序，因此，我国禁止公务员罢工。

（2）工作纪律。工作纪律是公务员在履行职责、完成本职工作时应当遵守的纪律，是公务员纪律中最基本的内容。具体而言，违反公务员工作纪律的行为包括以下内容：

一是玩忽职守，贻误工作。忠于职守，勤勉尽责，是对公务员的基本要求。玩忽职守是指严重不负责任、不履行或者不正确履行职责，通常表现为放弃、懈怠职责，或者在工作中马虎草率、敷衍塞责，不认真、正确地履行职责。贻误工作，是指给工作造成延误或者损失。公务员由于玩忽职守而给工作造成不良影响的，应该受到惩处。

二是拒绝执行上级依法作出的决定和命令。下级服从上级是机关管理的基本原则，上级依法作出的决定和命令，下级必须执行。这一规定明确了上下级之间的职责关系，既体现了机关首长负责制的原则，又为下级向上级提出意见和建议，避免由于上级的决定和命令造成损失，提供了渠道。

三是压制批评，打击报复。我国宪法规定，公民有权对机关和机关工作人员提出批评、意见和建议；《公务员法》（修订）也明确规定了公务员有权对机关工作和领导人员提出批评和建议。因此，批评权是公民和公务员的法定权利，受法律保护，这也是由人民民主专政的性质决定的。压制批评，甚至对提出批评的人实施打击报复，都是违宪、违法的行为，轻者要受到纪律处分，重者要承担刑事责任。

四是弄虚作假，误导、欺骗领导和公众。实事求是是我党和国家的优良传统，也是公务员执行公务的基本准则。在现实中，公务员既可能会为了隐瞒自己的错误或者工作上对自己或者本部门、本地方不利的情况而弄虚作假，也可能会为了获得表扬、奖励、升迁及其他利益而假造或夸大自己的工作业绩或者其他资历。误导一般是指提供不全面的信息而导致他人产生误解；欺骗则是指故意提供虚假错误的信息而引导他人产生错误的认识甚至做出错误的判断，欺骗比误导的主观恶意性更强。弄虚作假，误导、欺骗领导和公众不仅会干扰领导机关的决策，造成工作上的混乱和失误，更严重的是，会使得我们的党和政府失信于民，破坏党和政府的公信力，危害政权的稳定。

五是滥用职权，侵害公民、法人或者其他组织的合法权益。滥用职权指超越职权的范围或者违背法律授权的宗旨、违反职权行使程序行使职权，通常表现为擅自处理、决定其无权处理、决定的事项；或者自以为是、蛮横无理、随心所欲地做出处理决定。滥用职权不仅会造成对工作对象合法权益的侵害，也严重破坏了组织机构的工作秩序，影响了机关工作的严肃性和权威性。

六是泄露国家秘密或者工作秘密。国家秘密是指关系国家的安全和利益，依照法律程序确定的在一定时间和范围内限制传播的信息。工作秘密是指机关为了工作需要按照一定程序确定的限制传播的内部工作信息。公务员按照工作性质和工作权限掌握、了解到的国家秘密和工作秘密只能在法定或者规定的范围内传达,超出范围传播即为泄密,造成不良影响的要受到纪律处分,给国家或者单位造成损害的还要依法承担刑事责任。

七是在对外交往中损害国家荣誉和利益。维护国家的荣誉和利益是宪法规定的公民的基本义务,更是公务员的义务。公务员是国家形象的代表,在外事活动中不得有丧失国格、人格的语言和行为,在国际交流和合作中应当时时处处维护国家的荣誉和利益,树立我国的良好形象。

八是旷工或者因工外出、请假期满无正当理由逾期不归。按时上下班,不迟到、不早退、不旷工,不在工作时间擅离职守,有正当理由不能到岗应该请假,公事外出要按时返回,这些是机关工作的起码要求。每个公务员都有自己的工作岗位并担负着特定的职责,就像机器上的零件一样重要,如果任意缺位,就会影响机器的正常运转。公务员旷工或者因工外出、请假期满无正当理由逾期不归的,应该受到纪律处分。

(3)廉政纪律。廉政纪律是指公务员在廉洁方而应该遵守的行为准则。违反廉政纪律的行为包括以下几种:

一是贪污、行贿、受贿,利用职务之便为自己或者他人谋取私利。公务员因为工作需要而握着一定的职权,这种职权是公共权力,必须依法行使,利用职务之便为自己或者他人谋取私利的行为严重侵害了公共权力的公正性和公平性。公务员制度从纪律上约束公务员的行为,并对违纪行为予以惩戒,如果行为的性质到达犯罪程度还应受到法律制裁。

二是不得违反财经纪律,浪费国家资财。主要是指公务员在公务活动中违反规定超额花费国家资金。国家财政开支来源于税收,国家通过法律程序和严格的财经制度来分配使用财政资金,以保证把有限的资金用在最需要的地方,发挥最大限度的作用。因此,公务员制度明确规定公务员必须遵守财经纪律,反对挥霍浪费国家财产。

三是从事或者参与营利性活动,在企业或者其他营利性组织中兼任职务。"营利性"主要包括三个方面的含义:①公务员投资企业或者其他营利性的组织,如营利性医院、研究咨询机构、民办学校等,并参与其经营管理活动;②未投资而仅仅在企业或者其他营利性组织中兼任职务;③以投资人或者经营者身份组织参与营利性的活动,如举办商业演出、营利性体育赛事等。但是,公务员依法申购上市股票等有价证券不在禁止之列。总之,并非禁止公务员的一切经济行为，而仅仅禁止其经营行为。因为公务员作为国家公权力的掌握者参与市场竞争活动，会妨碍市场的公平竞争。

（4）道德纪律。道德纪律是公务员作为公职人员必须遵守的职业道德和社会公共道德。公务员应当遵守的道德纪律包括以下几方面：

一是不得参与或者支持色情、吸毒、赌博、迷信等活动。色情、吸毒、赌博、迷信等活动是违背社会主义道德的活动，一般的公民从事这类活动情节轻微，未触犯法律的，一般不受追究。但是，公务员应当具备良好品德，不仅要遵守法律，还要遵守道德，这样才能在民众中树立起党和政府的威信和威望。因此，公务员要受到公务员道德纪律的约束，从事此类活动即使不受法律追究，也要受到纪律惩戒。

二是不得违反职业道德、社会公德。职业道德是从事某种职业的人们之间约定俗成的职业操守和行为规范，职业道德也是公务员纪律的组成部分。公务员除了遵守共同的职业道德外还应该遵守本职工作行业、领域的特殊职业道德，例如法官、检察官应遵守法律工作者的职业道德，审计人员应遵守财务会计人员职业道德，等等。社会公德范围十分广泛，涉及社会生活的方方面面。例如，尊老爱幼、礼貌待人、见义勇为、不随地吐痰等，都是社会公德的体现。社会公德是对每个公民的道德要求，但是，普通公民违反社会公德只会引起舆论的谴责，而公务员违反社会公德会受到纪律惩戒。

（5）公务员不得有违反纪律的其他行为。公务员纪律是对公务员义务的具体化，同公务员义务无法完全列举一样，对公务员的纪律也无法全部列出。国家法律与规定中对公务员的行为规范作出其他要求的，公务员也应当遵守。此外，法院、检察院、公安机关等部门的工作人员，因工作性质、工作任务及身份、职位特点，既要遵守《中华人民共和国公务员法》（修订）中所规定的普适性纪律，也要遵循相关专项法规所规定的特殊性纪律。法官要严格遵守《中华人民共和国法官法》《人民法院工作人员处分条例》《中华人民共和国法官职业道德基本准则》；检察官要严格遵守《中华人民共和国检察官法》《检察人员纪律处分条例（试行）》《中华人民共和国检察官职业道德基本准则（试行）》；公安机关工作人员要严格遵守《公安机关人民警察纪律条令》《公安机关人民警察职业道德规范》。

三、公务员监督与惩戒

（一）公务员的监督

监督是指对公务员遵纪守法、履行职能情况进行的监察和督促。加强对公务员的监督是贯彻执政为民宗旨、提高管理效能的客观要求。

机关应当对公务员的思想政治、履行职责、作风表现、遵纪守法等情况进行监督，开展勤政廉政教育，建立日常管理监督制度。对公务员监督发现问题的，应当区分不同情况，予以谈话提醒、批评教育、责令检查、诫勉、组织调整、处分。对公务员涉嫌职务违法和职务犯罪的，应当依法移送监察机关处理。

公务员应当自觉接受监督，按照规定请示报告工作、报告个人有关事项。

（二）公务员的处分

1. 公务员的处分。公务员违法违纪应当承担纪律责任的，原则上应当给予处分。公务员的义务与纪律是对公务员的强制性要求，为了保证公务员遵守法定义务和纪律，国家对违法违纪的公务员规定了一定的法律后果，这种后果就是"处分"。所谓违法违纪，既可以是积极的作为，如参与或者支持色情、吸毒、赌博、迷信等活动；也可以是消极的不作为，如玩忽职守、贻误工作。但纯粹的思想或者意识活动，不能构成违法违纪行为。

2. 免于处分。公务员虽有违纪行为，但在一定条件下可以给予免于处分。公务员有违法违纪行为的，有权机关应当给予其处分也即惩戒，但惩戒本身不是目的，而仅仅是一种教育公务员的手段，如果公务员违纪情节轻微，经批评教育后对错误有较为深刻的认识，能够改正自己的错误，就可以免于处分。这体现了我国处分制度中教育与惩戒相结合的原则。

应当注意免于处分与不予处分是不同的，不予处分是在对涉嫌违法违纪的公务员进行调查后，认为不存在违法违纪情形而不给予其处分，其本来就不应该被处分；而免于处分是公务员有违法违纪行为，本来应当给予其处分，但因为符合特定的条件而免除处分。

3. 公务员处分的种类。《公务员法》（修订）对公务员处分种类的规定分为警告、记过、记大过、降级、撤职、开除。具体可以将这6种处分划分为3类：

(1) 精神惩罚。精神惩罚，也称申诫罚或声誉罚，其一般用于严重程度较低的违纪行为，主要是对公务员名誉的贬责，是有关机关向违纪者发出警戒，申明其有违纪行为，通过对其名誉、荣誉、信誉等施加影响，引起其精神上的警惕，使其不再违法违纪的惩罚形式。对公务员处分中的精神惩罚包括警告、记过、记大过。批评教育与警告具有很大的相似性，在一定程度上具有申诫的作用，有些国家将批评教育也作为申诫的一种归入处分形式之中，但在我国，批评教育不被看作一种处分，如果公务员违纪情节轻微，经批评教育后对错误有较为深刻的认识，能够改正自己的错误，就可以免于处分。记过与记大过则是我国所特有的处分形式。

(2) 实质惩罚。我国处分制度中的实质惩罚，包括降级与撤职。降级与撤职都是较为严重的惩罚形式，是对犯有严重违法违纪行为的公务员所给予的惩戒，会使公务员在名誉、地位与经济等方面受到损失。

降级是降低级别，根据有关规定，给予公务员降级处分，一般降低一个级别，如果本人级别为最低级的，可给予记大过处分。撤职是撤销职务，撤职后按降低一级以上职务另行确定职务，根据新任职务确定相应的级别和职务工资档次。本人职务为办事员的，可给予降级处分。

在许多国家，包括减薪在内的物质惩戒是得到广泛运用的独立的处分形式，在我国则是作为一种附带性的手段，并没有将其单列出来。我国实行职级工资制，降级会导致级别工资的降低，受撤职处分的同时降低级别，因此将导致职务工资与级别工资的降低。

(3) 开除。这是对违法违纪公务员最为严重的一种处分形式。对于严重违法违纪，不适宜继续担任公务员职务的，有关机关应给予其开除处分。给予公务员开除处分后，自处分之日起，解除其与机关的人事关系。

(二) 实施处分的程序

在对公务员实行处分的过程中，应严格履行法定程序，按照法律规定的方式、时限、步骤与顺序，以保证处分的客观、公正，给予公务员行政处分的实施程序如下。

1. 调查。公务员的任免机关或纪检监察机关应组织人员调查公务员违纪的事实。

(1) 在调查工作中要坚持实事求是的原则，本着对组织也对公务员本人高度负责的精神，秉公办事，做到不枉不纵，切忌先入为主或者看某些领导的眼色行事。

（2）要有科学、合理的调查方法，坚持群众路线，多方面听取意见，认真分析核实有关材料和证据，做好谈话笔录和证言笔录，查清公务员所犯错误的原因、时间、地点、情节、后果及应负的责任。

（3）在调查工作中要注意使用合法手段，决不能执法犯法。

（4）要坚持原则，不能迁就姑息、大事化小、小事化了。

2. 告知、陈述与申辩。调查工作结束后，应将调查认定的事实及拟给予处分的依据告知公务员本人。公务员有权进行陈述和申辩。不得因为公务员进行陈述和申辩而加重处分。

3. 作出处分决定。处分决定机关认为对公务员应当给予处分的，应当在规定的期限内，按照管理权限和规定的程序作出处分决定。给予公务员处分的批准权限如下：

（1）给予各级行政机关任命的公务员处分时，由任免机关批准。其中给予行政开除处分的，需报上级机关备案。给予县级以下行政机关公务员开除处分的，必须报县级人民政府批准。

（2）给予各级人民代表大会选举或各级人大常委会决定、任命的公务员行政处分时，须报上级行政机关批准，同时报本级人大常委会。对于严惩违纪并不宜继续担任现任职务的公务员，应由本级人民代表大会予以罢免，或由本级人大常委会按照职权范围予以撤销职务，并由本级人民政府报上级机关备案。在罢免前，上级机关可以先行停止其职务，必要时上级行政机关也可以予以撤职。

（3）监察机关直接立案调查的违纪案，需要给予公务员处分时，监察机关应向公务员所在机关提出处分建议，由公务员所在机关按规定的审批权限办理。必要时监察机关也可以按照有关规定直接给予处分。

国家行政机关发现所属机关做出的行政处分不适当或者错误时，要本着认真负责、有错必纠的精神，及时予以改正。根据具体情况，分别做出予以加重、减轻或者撤销的决定。

4. 书面通知。处分决定应当以书面形式通知公务员本人，并由受处分的公务员签署意见，如果本人拒绝签署，可由单位写明情况。

（四）处分的后果、期间和解除

1. 处分的后果。处分的法律后果，是指受处分公务员在受处分期间依法承受的不利于自己的结果，主要是在晋升工资档次、级别、职务上所受到的影响。根据《公务员法》（修订）的规定，处分包括以下几种后果：

（1）受警告处分的，在处分期间，不得晋升职务和级别，但可以晋升工资档次。参加当年的年度考核，但是不能确定为优秀等次。

（2）受记过、记大过、降级、撤职处分的，在受处分期间，不仅不得晋升职务、级别，而且也不得晋升工资档次。受处分的公务员应当参加年度考核，但不确定等次。

（3）受撤职处分的，应当降低职务层次，重新确定职务，并按新任职务确定相应的级别。在受处分期间，不仅不得晋升职务、级别，而且也不得晋升工资档次。受处分的公务员应当参加年度考核，但不确定等次。

（4）受开除处分的，法律后果有两种：一是自处分决定生效之日起，解除受处分公务员与单位的人事关系，不担负行使国家权力、执行国家公务的责任，也不再享有公务员的各项权利，退出公务员系统；二是不得被再次被录用为公务员。受到开除处分的人员，违纪性质严重，不适合担任公务员，也就不能够再次被录用为公务员。否则不利于维护公务员惩戒的严肃性。《中华人民共和国法官法》《中华人民共和国检察官法》《中华人民共和国人民警察法》也都规定，受到开除处分的，不能再被录用为法官、检察官和人民警察。

另外，除受开除处分的以外，受其他处分的公务员在处分期间有特殊贡献的，仍然可以受到奖励。

2. 处分的期间。处分期间随处分种类不同而不同。处分轻，则处分期间短；处分重，则处分期间长。警告的处分期间为6个月，记过为12个月，记大过为18个月，降级与撤职为24个月。公务员的职务对应相应的级别，公务员被撤销职务另任较低职务的，要按照规定降低级别。

值得注意的是，处分期间规定的只是执行处分决定必须达到的最低时间期限，并不意味着处分期间一旦届满，处分就自动解除。即使处分期间已经届满，仍然要根据受处分的公务员在处分期间的表现来决定是否继续执行处分。所以，处分期间也是对受处分的公务员的考验期。此外，我国目前尚未对提前解除公务员处分做出规定，有待今后进一步完善。

3. 解除处分。

（1）解除处分制度的确立。国外公务员惩戒制度中大多规定惩戒处分的归档与限期解除制度。惩戒作为对公务员不当行为的处分，应当记录在案，以便考察，因此各国都规定将惩戒决定及相关材料载入公务员的档案。但为了不过度影响公务员的前途以及有助于其积极改正错误，各国又都设有定期解除处分和销毁全部或部分处分材料的规定。

1954年政务院颁布的《关于撤销国家机关工作人员行政处分暂行办法》曾规定，受撤职以下行政处分的工作人员有下列条件之一者，应予撤销处分：受行政处分后，在工作中有显著成绩者；受警告、记过或记大过行政处分后，经过半年至一年工作或学习的考验，证明确已改变错误者；受降职或撤销行政处分后，经过一年至两年工作或学习的考验，证明确已改变错误者。这一规定的原意是好的，但"撤销行政处分"的提法不科学，因为撤销是对原先作出的违法行为的一种纠正措施，撤销行政处分容易被理解为原先所作的行政处分是违法的，也即行政机关工作人员本来不应受处分而受到了处分，国家通过撤销行政处分来纠正自己的错误。在1957年的《关于国家行政机关工作人员的奖惩暂行规定》出台后就没有继续使用撤销处分的办法。这导致在后来的干部惩戒实践中，受过处分的干部终身背着包袱，得不到精神上的解脱，影响干部的工作积极性与晋职等切身利益，这对改正错误的干部成长和发展极为不利。鉴于此，1993年《国家公务员暂行条例》中增加了解除处分的内容，并明确了期限。《公务员法》（修订）在《国家公务员暂行条例》的基础上，对公务员处分的解除做了规定，体现了中国共产党一贯倡导的"惩前毖后，治病救人"的方针政策，有利于受处分的公务员放下思想包袱，正确认识错误，努力改正错误，更好地为人民服务。

（2）解除处分的条件。公务员受开除以外的处分，在受处分期间有悔改表现，并且没有再发生违纪行为的，处分期满后，由处分决定机关解除处分。

解除处分的决定应由原批准处分的机关（原批准处分的机关撤销或合并的，由承继其行政职能的机关或上级机关）作出，其同时应将解除处分的决定存入本人档案，并以书面形式通知受处分的公务员本人。涉及有关部门的还应通知有关部门，例如处分决定机关是监察机关，在作出解除处分决定后应通知公务员所在的机关。这里应当指出的是，我国公务员解除处分后，只是将解除处分的决定存入本人档案，与国外有些国家在解除公务员处分时消除公务员档案中的处分记录不同。

(3) 解除处分的法律效果。根据《公务员法》（修订）第六十四条的规定，公务员在受处分期间不得晋升职务和级别，其中受记过、记大过、降级、撤职处分的，不得晋升工资档次，公务员解除处分后，晋升工资档次、级别和职务都不再受原处分的影响。但是，解除降级、撤职处分的不视为恢复原级别、原职务。这是因为，解除处分不是撤销违法的处分，而只是经过一定期限后，因公务员有悔改表现并且没有发生其他违纪行为时的处分的解除，因此解除处分不视为恢复到处分作出之前的状态。

思考题

1. 公务员奖励的含义和意义。
2. 公务员奖励的特点、条件和程序。
3. 公务员纪律分为哪几种类型？
4. 公务员处分的种类有哪些？
5. 公务员处分的期间、后果有哪些？

案例

材料 1

评选工作有亮点　表彰会上无鲜花
云南"人民满意的公务员"评选表彰工作新风扑面

"评选工作细了、公众服了""表彰会上鲜花没了、文件少了、发言实了"……2013 年 1 月 6 日上午，云南省第五届"人民满意的公务员"和"人民满意的公务员集体"评选表彰工作办公室总结座谈会上，大家谈出了心声，道出了感受。

2012 年 7 月，云南省第五届"人民满意的公务员"和"人民满意的公务员集体"评选表彰活动拉开帷幕，历时 5 个多月紧张有序的评选工作，于 2013 年元旦前夕画上句号。云南省委、省政府表彰了"人民满意的公务员"和"人民满意的公务员集体"各 10 名，一等功个人和集体各 20 名。活动虽然结束了，但严谨、民主的评选作风和务实、节俭的表彰会风仍在云岭大地传为佳话。

"敢于创新求实效"。云南省在评选方法和形式上作了大胆尝试：一是差额推荐保质量。为避免平均分配名额，改变以往不论优不优秀、先不先进，报谁就表彰谁的做法，评选中以 1∶1.2 的比例推荐候选对象，评委会在兼顾区域、行业、层级等因素的基础上，综合衡量评定拟表彰对象，确保了表彰对象的代表性、典型性和先进性。二是评选程序更规范。为真正把人民满意的个人和集体评选出来，云南省委、省政府拟订并执行了宣传动员、组织推荐、资格审查、初步评审、网络投票、二次评审、征求意见、媒体公示、上报审批 9 个工作步骤。三是公众参与效果好。为体现公开、公平、公正的原则，评选工作扩大了公众参与度，邀请"两委员一代表"和群众、专家等代表及相关部门领导组成评审委员会现场评选的同时，开通了手机、网络公众投票评选平台，先后有 200 余万人次参与了投票评选，既保证了公众的知情权和参与权，又增强了工作实效。四是相关部门把关严。从拟订评选工作方案开始，到评选工作结束，每份文件、每次评审都有纪检监察机关人员的参与和监督，表彰对象必须按管理权限征求纪检监察、组织人事、计划生育、综治维稳等部门的意见。五是事迹宣传及时有力。为使评选表彰活动与学习宣传十八大精神有机结合，及时召开了一场旨在学习宣传十八大精神、讴歌先进模范事迹、激发公务员进取精神、展现公务员良好形象的宣传报告会。

"务实会风扑面来"。这是办会和参会人员对此次表彰大会的亲身感受。一是参会领导少了。邀请"四套班子"主要领导出席会议的方案，被临时改为只请省政府分管领导及相关部门领导出席会议，由此，省领导的讲话从二十多页减少到七八页，计划两个半小时的会议，只开了一个小时。二是会场布置简洁了。和以往其他会议不同的是，这次会场红地毯和绿色植物没了，主席台上鲜花没了。三是会议材料少了。参会人员报到时，没了午餐费，仅有一支笔、一个记事本和一份会议须知，表彰决定、领导讲话等材料均未发放。四是与领导合影取消了。按惯例，省领导应与获奖人员合影留念，为节俭办会，不但取消了合影安排，还将军乐队现场演奏改为播放录音。

（资料来源：国家公务员局网站，2013-1-15）

材料2

邯郸永年区公安局一工作人员代妻值班时打麻将受处分，妻子降级

2019年10月19日下午，永年区退役军人事务局光荣院工作人员马丽飞在值班期间，擅自让其丈夫杨建磊（非本单位工作人员）代替值班，且杨建磊替班期间在光荣院食堂打麻将赌博；优抚医院工作人员马竹芳、马向英未按要求值班，违反工作纪律。

经永年区退役军人事务局党组和局长办公会研究：给予马丽飞降低岗位等级处分，给予马竹芳、马向英两人行政警告处分；对光荣院院长段军亮、优抚医院院长韩红山两人予以诫勉谈话；责成主管光荣院和优抚医院的区退役军人事务局主任科员郑建合作出深刻检查。同时，区退役军人事务局党组履行主体责任不到位，向区委作出深刻检查。

（资料来源：《澎湃新闻》2019-10-21）

案例思考：请联系上述两个材料谈谈你对我国公务员奖惩现状和发展趋势的认识。

第八章 公务员培训

培训是公务员素质保障机制的重要一环。对于公务员个人来说，培训可以提高素质，使公务员的业务知识和管理技能符合职位的要求，适应职位要求的发展；对于国家机关来说，培训可以改进公务员队伍的素质结构，提高国家机关运行效率。

一、公务员培训制度概述

（一）公务员培训的含义

公务员培训是指国家机关根据经济和社会发展的需要和职位要求，对公务员进行有组织、有计划的培养和训练，目的是开发公务员的潜力，改善公务员的知识结构，提高公务员的政治、业务素质和工作能力。

我国宪法规定，国家机关实行工作人员培训制度，不断提高工作质量和工作效率。我国历来重视对干部的培训。我国公务员培训制度可以追溯到新民主主义革命时期。1921 年 8 月，毛泽东同志亲自创办湖南自修大学，并于 1922 年 9 月附设了补习学校和初中班，培养工农干部。1933 年，党中央在江西瑞金创办苏维埃大学等十几所培养干部的学校。红军到达陕北以后，党中央先后创立中共中央党校、中国工农红军大学、中国人民抗日军事政治大学、鲁迅艺术学院、马克思列宁学院等学校。20 世纪 40 年代，中共中央先后发出《关于干部学习的指示》《关于在全党进行整顿三风学习运动的指示》《关于延安干部学校的决定》《关于在职干部教育的决定》等重要文件，明确规定干部教育应当以业务教育、政治教育、文化教育和理论教育为主。

新中国成立以后，党和政府在大力倡导干部在职学习的同时，积极发展国民教育事业，兴办各类党校、管理干部学校。1953 年以后，干部教育工作逐步转入在职干部轮训阶段，培养和造就了大批优秀干部和专门人才。党的十一届三中全会以后，党中央提出了干部"革命化、年轻化、知识化、专业化"方针，推动了我国干部教育培训工作。新中国成立后，党和国家兴办了各级党校和各类干部学校，对干部进行培训。国务院于1993年制定的《国家公务员暂行条例》规定，国家行政机关根据经济、社会发展的需要，按照职位的要求，有计划地对国家公务员进行培训。1996年人事部发布的《国家公务员培训暂行规定》对公务员培训提出了更具体的要求。我国《法官法》《检察官法》也都规定，对法官、检察官应当有计划地进行理论培训和业务培训。2008年6月27日，中共中央组织部、人力资源社会保障部制定了《公务员培训规定》。2019年10月15日中共中央组织部加以修订，2019年11月26日发布施行。

（二）公务员培训的特点

1. 培训对象的全员性。按照《公务员培训规定》，"公务员培训的对象是全体公务员"。其中，担任县处级以上领导职务的公务员每5年应当参加党校（行政学院）、干部学院以及经公务员主管部门或公务员所在机关认可的其他培训机构累计3个月或者550学时以上的培训。提拔担任领导职务的公务员，确因特殊情况在提任前未达到培训要求的，应当在提任后1年内完成培训。其他公务员参加脱产培训的时间一般每年累计不少于12天或90学时。

2. 培训知识的实用性。公务员培训的知识实用性，意味着培训要以公共管理工作为中心，针对经济、社会发展需要和公共职位的特殊需求，按照学用一致原则，"在干中学"，向受训者传授专门的公共管理相关知识和特殊的实践技能，注重培养和提高公务员的综合素质。

3. 培训类型与方法的多样性。由于不同公务员所在部门、职位、职务、级别、学历、资历、工作职责与任务等因素的差异，公务员培训的类型和方法丰富多样。根据公务员培训对象不同，可将我国公务员培训类型分为初任培训、任职培训、专门业务培训、更新知识和提高工作能力的在职培训。培训对象不同，培训方法也各不相同。

4. 培训性质的终身教育性。终身学习和终身教育是经济社会发展对公务员培训的基本要求。人们在小学、中学、大学所接受的学历教育是常规的"第一教育过程"。一次性的学校教育，已不能满足公务员不断更新知识和提高技能的需要。作为终身教育的重要措施，公务员培训是"第一教育过程"的发展和延伸，即"第二教育过程"。公务员培训突破了常规学校教育的时间、空间、信息、资源、环境等因素限制，贯穿于公务员职业生涯发展的全过程。

(三) 公务员培训的意义

1. 有助于提高公务员的科学素质与公共管理能力。《公务员培训规定》强调公务员培训要围绕中心，服务大局，培养公务员专业能力、专业精神，提高制度执行力和治理能力。加强形势任务教育，紧扣统筹推进"五位一体"总体布局和协调推进"四个全面"战略布局、贯彻落实新发展理念、深化供给侧结构性改革、实施七大战略、打赢三大攻坚战和推动"一带一路"建设等党中央重大决策部署，根据岗位特点和工作要求，有针对性地开展履行岗位职责所必备的能力素质、知识体系培训和廉政警示、职业道德教育，引导公务员强化宗旨意识，发扬斗争精神，勇于担当作为，不断提高运用习近平新时代中国特色社会主义思想指导分析和解决问题、适应新时代中国特色社会主义发展要求的能力。

2. 有助于提高行政效率，降低行政成本。提高行政效率，降低行政成本，是公共管理改革的重要目标，也是人民群众对公共服务的基本要求。通过公务员培训，增强公务员的成本意识与效率意识，提高公务员的公共管理技能，无疑有助于克服官僚主义、形式主义等不良倾向，进一步提高行政效率，降低行政成本。

3. 有助于培养正确的政绩观，推动我国反腐倡廉建设。《公务员培训规定》明确把深入学习贯彻习近平新时代中国特色社会主义思想作为公务员培训的重中之重，持续加强党的理论和路线方针政策、理想信念教育，强化党史、新中国史、改革开放史学习，引导公务员增强"四个意识"，坚定"四个自信"，做到"两个维护"，自觉在思想上、政治上、行动上同以习近平同志为核心的党中央保持高度一致。通过公务员培训，促使公务员树立正确的世界观、人生观和价值观，树立正确的政绩观，进一步强化"亲民、勤政、廉政"等理念，规范公共权力行使过程，增强自律意识和法制意识，推动我国反腐倡廉建设。

4. 有助于实现国家长治久安。建设信念坚定、为民服务、勤政务实、敢于担当、清正廉洁的高素质专业化公务员队伍,是国家长治久安的重要保证。公务员是社会主义现代化建设的中坚力量,肩负着改革、发展、稳定的历史重任,只有大力加强和改进公务员培训工作,不断提高公务员的综合素质和公共管理技能,才能确保社会主义现代化建设事业顺利进行,实现国家长治久安,确保人民群众安居乐业。

(四) 公务员培训的原则

1. 党管干部。公务员培训必须始终坚持党的领导,以马克思列宁主义、毛泽东思想、邓小平理论、"三个代表"重要思想、科学发展观、习近平新时代中国特色社会主义思想为指导,贯彻新时代中国共产党的组织路线。

2. 政治统领,服务大局。公务员培训必须把学习贯彻习近平新时代中国特色社会主义思想作为首要任务,把提高治理能力作为重大任务,加强思想淬炼、政治历练、实践锻炼、专业训练,高质量培训公务员、高水平服务党和国家事业发展。

3. 以德为先,从严管理。坚持德才兼备、以德为先的好干部标准,全面从严治党,从严管理,不断提高公务员培训工作的科学化、制度化、规范化,建设一支信念坚定、为民服务、勤政务实、敢于担当、清正廉洁的高素质专业化公务员队伍。

4. 突出重点,注重实效。为确保培训工作的质量和效果,必须做好多方面的工作:①制订切实可行的培训计划。首先要明确公务员的职位规范,认真调查研究各部门、各地区、各类、各级国家公务员现状;其次要以国家培训政策为指导,以公务员培训中、长、短期规划和有关法规为指针。②要根据不同对象、任务的需要,选择和优化培训内容,提供范围适用、符合时代特点的高质量培训教材。为此,要切实抓好公务员培训教学大纲和教材的编写工作。③保证师资质量,建立一支专兼结合、以兼为主、结构合理的高水平教师队伍。④采取科学有效、灵活多样的培训方法。要大胆探索和积极采用科学的培训方法及先进的教学手段。要采用逻辑思维和形象思维相结合的方法,将自学、讲授、研讨、模拟、案例教学和实地考察结合起来,把交流经验与总结工作、学习理论与研究政策很好地结合起来,充分体现公务员在培训中的主体地位和主动参与的特点,切实达到提高公务员素质与能力的目的。⑤建立和完善严格的培训质量评估制度。进行培训后的跟踪观察和反馈,促进培训质量的提高。⑥增强培训的权威性和严肃性,以督促、鼓励公务员在培训期间认真学习政治理论和专业知识与技能,保证培训的实际效果。

5. 分类分级,精准科学。培训要体现不同类别、不同层级、不同岗位公务员能力素质需要,着力增强时代性、针对性、有效性。综合管理类公务员,要强化公共管理和公共服务等培训。专业技术类公务员,要强化专业知识和专业技能等培训。行政执法类公务员,要强化法律法规和执法技能等培训。领导机关公务员,要强化政策制定、调查研究等能力培训。基层公务员,要强化社会治理、联系服务群众等能力培训。

6. 联系实际,改革创新。理论联系实际是我国干部培训教育的一条重要原则,是我们党一贯坚持和倡导的优良传统和行之有效的学习方法。我国在开展公务员培训中理当遵循这一原则和方法,在培训中引导培训对象运用马列主义的立场、观点、方法来总结自身的工作经验,提高理论联系实际的自觉性。据了解,不少国家的公务员培训都十分注重遵循理论联系实际这一原则。如:加拿大联邦政府公务员的培训教学中,理论占30%,实践占70%;法国国立行政学院的公务员培训中,一半以上的时间用于实习。

二、公务员培训的种类

国家对公务员实行规范化、制度化培训。根据培训的具体目标不同,国家公务员的培训大致可分为以下几种。

(一)初任培训

初任培训是对新录用但尚未正式任职的公务员所进行的培训。培训的内容是新录用人员拟任职位所必需的基本知识、基本技能和基本素质,目的是要使这些新录用的公务员了解党和国家的方针、政策,熟悉其即将从事的工作内容和工作程序,掌握一般的工作方法,为正式上岗任职作好准备。初任培训重点提高其思想政治素质和依法依规办事等适应机关工作的能力。初任培训由公务员主管部门统一组织,主要采取公务员主管部门统一举办初任培训班和公务员所在机关结合实际开展入职培训的形式进行。专业性较强的机关按照公务员主管部门的统一要求,可自行组织初任培训。初任培训中应当组织新录用公务员公开进行宪法宣誓。初任培训应当在试用期内完成,时间一般不少于12天。

(二) 任职培训

任职培训是按照新任职务的要求,对晋升领导职务或调入机关任领导职务的公务员进行的培训。培训的内容应根据公务员准备晋升的新领导职务或职位所必须具备的政策水平、法律知识、组织领导协调能力与专业知识能力来确定。重点提高其胜任职务的政治能力和领导能力。任职培训应当在公务员任职前或者任职后一年内进行。担任县处级副职以上领导职务的公务员任职培训时间一般不少于30天,担任乡科级领导职务的公务员任职培训时间一般不少于15天。

(三) 专门业务培训

专门业务培训是根据公务员从事专项工作的需求进行的专业知识和技能的培训,重点提高公务员的业务工作能力。专项工作是指因国家和政府某些工作的需要,从政府机关临时抽调公务员进行的工作,如人口普查、执法检查、经济普查等。培训内容完全取决于专项工作的需要,目的是使受培训的公务员具备拟从事的专门业务工作所需的知识、能力和工作方法,保证公务员能够胜任专项工作的需要。未经专门业务培训或培训不合格者,不得参加专门业务工作。

(四) 在职培训

在职培训是对全体公务员进行的培训,目的是及时学习领会党中央决策部署、提高政治素质和工作能力、更新知识。在职培训重点增强公务员素质能力培养的系统性、持续性、针对性、有效性。对担任专业技术职务的公务员,应当按照专业技术人员继续教育的要求,进行专业技术培训。

三、培训的机构和登记管理制度

(一) 公务员的培训机构

培训机构是具体落实公务员培训制度的场所和培训教育的实体,是贯彻公务员培训制度的基础保证。我国根据长期以来干部培训的实践和经验总结,现在已经形成以专门的公务员培训机构为主体、以其他各级各类培训机构为辅,分工明确、优势互补、布局合理、竞争有序的公务员培训机构体系。专门的公务员培训机构包括:各级党校(行政学院)、干部学院和社会主义学院;部门和系统的公务员培训机构。另外,公务员主管部门和公务员所在机关可以委托符合条件的高等学校、科研院所、社会培训机构等承担公务员培训任务。

1. 中央党校（行政学院）和地方各级党校（行政学院）。中央党校（行政学院）的主要任务是为我国培养高级公务员和一部分中级公务员，着重培养他们的业务知识、技能、领导才能及相关素质。在我国实行公务员制度后，凡拟晋升高、中级公务员职务的人，在任职前必须经过中央党校（行政学院）一定时限的任职资格培训，以提高担任较高职务应具备的素质。经过结业考试，学习成绩合格者，方能取得任职资格。地方各级党校（行政学院）的主要任务是培训地方中、初级公务员。

2. 国家法官和检察官院校。根据《公务员法》（修订）第三条，法律对法官、检察官的管理另有规定的，从其规定。我国法官法、检察官法对法官、检察官的培训机构做了明确的规定。《法官法》第二十七条规定："国家法官院校和其他法官培训机构按照有关规定承担培训法官的任务。""国家法官院校""国家检察官学院"是指由最高人民法院、最高人民检察院或者中央机关设立、主管的国家一级的法官学院、检察官学院。目前我国的国家法官院校是最高人民法院主管的法官学院，国家检察官院校是最高人民检察院主管的检察官学院，主要负责培训具有领导职务的法官、检察官。"其他法官培训机构"主要是指地方设立的法官、检察官培训机构，如省法官中心、省检察官中心和省法官学院、省检察官学院，主要负责本辖区内的法官和检察官培训任务。

3. 国家高级公务员培训中心。这是人力资源部自属的教育培训研究咨询机构，其主要职责是：组织培训中央和地方政府中从事人事管理工作的中高级公务员，为我国建立和推行公务员制度培养骨干；培训各省、自治区、直辖市和国务院各部委所属的人事或行政管理院校的骨干。

4. 各级社会主义学院和各类干部学院。社会主义学院是中国共产党领导的统一战线性质的高等政治学院，是民主党派和无党派人士的联合党校，是统一战线人才教育培养的主阵地，是开展党的统一战线工作的重要部门，是党和国家干部教育培训体系的重要组成部分。目前我国有中央社会主义学院，各省级机构也都设有社会主义学院。地市一级则往往与该地党校合设。

我国近年来建立了许多干部管理学院，如政法干部管理学院、经济干部管理学院、公安干部管理学院等，其主要职责是负责培训本系统的工作人员。

5. 其他培训机构。其他培训机构包括普通高校、科研单位和其他教育机构，它们可以承接机关委托的培训任务。让其他培训机构参与到公务员的培训中来是十分必要的，也是《公务员法》（修订）为解决公务员培训当中所出现的一些问题而采取的办法。由于种种原因，国家建立的专门的公务员培训机构，并不能满足公务员培训多层次性、多样性、地区性的要求，而普通高校、研究机构一般都有较为悠久的历史，具有雄厚的师资力量、完善的教学设备和丰富的办学经验，委托他们承担培训任务，有利于充分利用各种培训机构的力量和资源，实现优势互补。另外，近年来我国还出现了一些社会培训机构，这些机构具有很强的灵活性和适应性，允许这些社会培训机构以一定的条件参与公务员的培训，对弥补现行公务员培训的不足也起到积极的作用。

（二）公务员培训的登记管理制度

对公务员主管部门而言，对培训进行登记管理，就是要将公务员培训制度化、分期、分批、有针对性地进行培训；对公务员个人而言，就是要把公务员每次培训的时间、内容、表现、成绩登记在册，放入档案，作为今后考核的内容及任职、晋升的依据之一。这样既可以防止公务员主管部门把组织培训当作临时工作，想抓就抓，想放就放，又可以防止参加培训的公务员敷衍了事，随意应付。

1. 培训时间。初任培训应当在新录用公务员的试用期内进行，培训时间一般不少于10天；任职培训应当在晋升领导职务的公务员任职前或任职后一年内进行，培训时间一般不少于30天；专门业务培训应当在公务员从事专项工作前进行；更新知识培训在法律中没有规定具体的时间，由公务员主管部门根据实际情况确定，每人每年参加更新知识培训的时间累计不少于7天。

2. 培训情况评估与使用。公务员培训情况、学习成绩作为公务员考核的内容和任职、晋升的依据之一。将公务员的培训情况评估与使用结合起来，有利于更好地贯彻学用一致的培训原则。将公务员的培训情况、学习成绩与考核、任职和晋升相挂钩，可以调动公务员的学习积极性，促使学员珍惜培训机会，使培训真正起到提高公务员素质的作用，有效防止形式主义。

将公务员培训情况、学习成绩作为公务员任职、晋升的依据之一，也是任职、晋升条件本身的要求。将培训与任职和晋升联系起来的做法，是我国干部教育的优良传统和行之有效的培训经验。担任一定职务，晋升为高一级的公务员，不仅要具有一定的工作经验和工作年限，而且应当具备一定的素质和工作能力。考核鉴定、考试成绩是对公务员培训效果直接客观的反映，如合格，从一个方面也说明该公务员通过培训使自己的素质和工作能力达到了工作职位对任职人员的要求，之后方可任职或者晋升。

思考题

1. 简述我国公务员培训的原则。
2. 按照培训对象的差异，我国公务员培训可以分为哪些类型？
3. 如何加强公务员培训评估？

附录

公务员培训规定

(2008年6月27日中共中央组织部、人力资源社会保障部制定。2019年10月15日中共中央组织部修订。2019年11月26日发布)

第一章 总 则

第一条 为推进公务员培训工作科学化、制度化、规范化，建设信念坚定、为民服务、勤政务实、敢于担当、清正廉洁的高素质专业化公务员队伍，根据《中华人民共和国公务员法》《干部教育培训工作条例》和有关法律法规，制定本规定。

第二条 公务员培训必须把学习贯彻习近平新时代中国特色社会主义思想作为首要任务，把提高治理能力作为重大任务，加强思想淬炼、政治历练、实践锻炼、专业训练，高质量培训公务员、高水平服务党和国家事业发展，体现不同类别、不同层级、不同岗位公务员能力素质需要，着力增强时代性、针对性、有效性。

第三条 公务员培训坚持以马克思列宁主义、毛泽东思想、邓小平理论、"三个代表"重要思想、科学发展观、习近平新时代中国特色社会主义思想为指导，贯彻新时代中国共产党的组织路线，坚持下列原则：

（一）党管干部；

（二）政治统领，服务大局；

（三）以德为先，从严管理；

（四）突出重点，注重实效；

（五）分类分级，精准科学；

（六）联系实际，改革创新。

第四条 公务员培训情况、学习成绩作为公务员考核的内容和任职、晋升的依据之一。

第五条 中央公务员主管部门负责全国公务员培训的综合管理工作。

中央和国家机关各部门按照职责分工，负责相关的公务员培训工作，指导本行业本系统公务员培训。

地方各级公务员主管部门负责本辖区公务员培训的综合管理工作。

地方各级公务员所在机关按照干部管理权限，负责组织实施本机关的公务员培训工作。

公务员主管部门应当会同有关部门对公务员培训工作进行监督检查，制止和纠正违反本规定的行为，并对有关责任人员提出处理意见和建议。

第二章　培训对象

第六条　公务员有接受培训的权利和义务。

第七条　公务员培训的对象是全体公务员。公务员主管部门和公务员所在机关根据公务员工作岗位和职业发展需要安排公务员参加相应的培训。

担任县处级以上领导职务的公务员每5年应当参加党校（行政学院）、干部学院，以及经公务员主管部门或者公务员所在机关认可的其他培训机构累计3个月或者550学时以上的培训。提拔担任领导职务的公务员，确因特殊情况在提任前未达到培训要求的，应当在提任后1年内完成培训。

其他公务员参加培训的时间一般每年累计不少于12天或者90学时。

有计划地加强对优秀年轻公务员的培训。

第八条　公务员应当服从组织调训，遵守培训的规章制度，完成规定的培训任务。培训经考核合格后，获得相应的培训结业证书。

公务员参加培训期间违反培训有关规定和纪律的，视情节轻重，给予批评教育、责令检查、诫勉、组织调整或者组织处理、处分。弄虚作假获取培训经历、学历或者学位的，按照有关规定严肃处理。

第九条　公务员按规定参加组织选派的脱产培训期间，其工资和各项福利待遇与在岗人员相同，一般不承担所在机关的日常工作、出国（境）考察等任务。因特殊情况确需请假的，必须严格履行手续。

公务员个人参加社会化培训，费用一律由本人承担，不得由财政经费和单位经费报销，不得接受任何机构和他人的资助或者变相资助。

第三章　培训内容

第十条　突出政治素质，把深入学习贯彻习近平新时代中国特色社会主义思想作为公务员培训的重中之重，持续加强党的理论和路线方针政策、理想信念教育，强化党史、新中国史、改革开放史学习，引导公务员增强"四个意识"，坚定"四个自信"，做到"两个维护"，自觉在思想上政治上行动上同以习近平同志为核心的党中央保持高度一致。

第十一条 围绕中心，服务大局，培养公务员专业能力、专业精神，提高制度执行力和治理能力。加强形势任务教育，紧扣统筹推进"五位一体"总体布局和协调推进"四个全面"战略布局、贯彻落实新发展理念、深化供给侧结构性改革、实施七大战略、打赢三大攻坚战和推动"一带一路"建设等党中央重大决策部署，根据岗位特点和工作要求，有针对性地开展履行岗位职责所必备的能力素质、知识体系培训和廉政警示、职业道德教育，引导公务员强化宗旨意识，发扬斗争精神，勇于担当作为，不断提高用习近平新时代中国特色社会主义思想指导分析和解决问题、适应新时代中国特色社会主义发展要求的能力。

第十二条 推进分类分级培训，加强培训需求调研。

综合管理类公务员，强化公共管理和公共服务等培训。专业技术类公务员，强化专业知识和专业技能等培训。行政执法类公务员，强化法律法规和执法技能等培训。

领导机关公务员，强化政策制定、调查研究等能力培训。基层公务员，强化社会治理、联系服务群众等能力培训。

第四章 培训类型

第十三条 公务员培训主要分为初任培训、任职培训、专门业务培训和在职培训等。

第十四条 初任培训是对新录用公务员进行的培训，重点提高其思想政治素质和依法依规办事等适应机关工作的能力。

初任培训由公务员主管部门统一组织，主要采取公务员主管部门统一举办初任培训班和公务员所在机关结合实际开展入职培训的形式进行。专业性较强的机关按照公务员主管部门的统一要求，可自行组织初任培训。

初任培训中应当组织新录用公务员公开进行宪法宣誓。

初任培训应当在试用期内完成，时间一般不少于12天。

第十五条 任职培训是按照新任职务的要求，对晋升领导职务的公务员进行的培训，重点提高其胜任职务的政治能力和领导能力。

任职培训应当在公务员任职前或者任职后一年内进行。

担任县处级副职以上领导职务的公务员任职培训时间一般不少于 30 天，担任乡科级领导职务的公务员任职培训时间一般不少于 15 天。

调入机关任领导职务的公务员，依照前款规定参加任职培训。

第十六条　专门业务培训是根据公务员从事专项工作的需要进行的专业知识和技能培训，重点提高公务员的业务工作能力。

专门业务培训的时间和要求由公务员所在机关根据需要确定。

中央公务员主管部门对专业技术类、行政执法类公务员专门业务培训加强宏观指导。

第十七条　在职培训是对全体公务员进行的培训，目的是及时学习领会党中央决策部署、提高政治素质和工作能力、更新知识。

在职培训重点增强公务员素质能力培养的系统性、持续性、针对性、有效性，时间和要求由各级公务员主管部门和公务员所在机关根据需要确定。

第十八条　没有参加初任培训或者初任培训考核不合格的新录用公务员，不能任职定级。

没有参加任职培训或者任职培训考核不合格的公务员，应当根据不同情况，按有关规定处理。

专门业务培训考核不合格的公务员，不得从事专门业务工作。

公务员因故未按规定参加培训或者未达到培训要求的，应当及时补训。无正当理由不参加培训的公务员，根据情节轻重，给予批评教育、责令检查、诫勉、组织调整或者组织处理、处分。培训考核不合格的，年度考核不得确定为优秀等次。

第五章　培训方式与方法

第十九条　坚持和完善组织调训制度。

公务员主管部门负责制定公务员调训计划，选调公务员参加脱产培训。公务员所在机关按照计划完成调训任务。

第二十条　建立健全公务员在职自学制度。

鼓励公务员本着工作需要、学用一致的原则参加有关学历学位教育和其他学习。其中，参加学历学位教育应当按照干部管理权限履行审批程序。

公务员所在机关应当为公务员在职自学提供必要的条件。

第二十一条 充分运用现代信息技术，完善公务员网络培训制度，建设精品课程库，提高培训教学和管理的信息化水平。

第二十二条 公务员主管部门根据工作需要，严格规范和改进公务员境外培训工作，突出重点、注重实效，择优选派培训对象，合理确定培训机构，严格培训过程管理和效果评价。

第二十三条 公务员培训应当根据内容要求和公务员特点，综合运用讲授式、研讨式、案例式、模拟式、体验式等教学方法，实现教学相长、学学相长。

引导和支持公务员培训方式方法创新。

第六章 培训保障

第二十四条 建强培训保障体系，确保培训任务完成，提升培训质量。

第二十五条 加强公务员培训机构建设，构建分工明确、优势互补、布局合理、竞争有序的公务员培训机构体系。鼓励公务员培训机构开展交流协作，推动优质培训资源共享。

第二十六条 党校（行政学院）、干部学院和社会主义学院应当按照职能分工开展公务员培训工作。

部门和系统的公务员培训机构，应当按照各自职责，承担本部门和本系统的公务员培训任务，也可以根据需要接受委托培训。

公务员主管部门和公务员所在机关可以委托符合条件的高等学校、科研院所、社会培训机构等承担公务员培训任务。

公务员培训机构必须贯彻执行党和国家干部教育培训方针政策和法律法规。对违反规定的，由有关部门责令限期整改，逾期不改的给予通报批评；情节严重的，由有关部门对负有责任的领导人员和直接责任人员给予处分，对有关社会培训机构建立退出机制。

统筹用好干部党性教育基地、党员教育基地、公务员实践教育基地、爱国主义教育基地等。

第二十七条 按照政治合格、素质优良、规模适当、结构合理、专兼结合的原则，加强师资队伍建设。

省级以上公务员主管部门应当采取适当形式建立完善公务员培训师资库，建立准入和退出机制。

从事公务员培训工作的教师，必须对党忠诚、政治坚定，严守纪律、严谨治学，具有良好的职业道德修养、较高的理论政策水平、扎实的专业知识基础，有一定的实际工作经验。必须严守讲坛纪律，不得传播违反党的理论和路线方针政策、违反中央决定的错误观点。对违反讲坛纪律的，给予批评教育直至处分。

第二十八条　建立科学规范、务实管用、各具特色的公务员培训教材体系，适应不同类别、不同层级、不同岗位公务员学习的需要。

第二十九条　通过培训、交流等措施加强公务员培训管理者队伍建设。加强公务员培训理论研究。

第三十条　公务员培训所需经费列入各级政府年度财政预算，并随着财政收入增长逐步提高。对重要培训项目予以重点保证。

加强对公务员培训经费的管理，完善有关规定，厉行勤俭节约，保证专款专用，提高培训经费使用效益。

第三十一条　充分发挥不同区域互补优势，积极促进各地区公务员培训交流合作。加强公务员对口培训，加大对革命老区、民族地区、边疆地区、贫困地区公务员培训支持力度，推动优质培训资源向基层延伸倾斜。

第七章　培训登记与评估

第三十二条　公务员的培训实行登记管理。

公务员所在机关建立和完善公务员培训档案，对公务员参加培训的种类、内容、时间和考试考核结果等情况进行登记。

公务员参加脱产培训情况应当记入公务员年度考核登记表，参加2个月以上的脱产培训情况应当记入干部任免审批表。

第三十三条　公务员培训的考核一般由培训主办单位或者培训机构实施，并将考核情况及时反馈公务员所在机关。

第三十四条　公务员主管部门负责对公务员培训机构进行评估，评估内容主要包括办学方针、培训质量、师资队伍、组织管理、学风建设、基础设施、经费保障等。

公务员培训主办单位要对培训班进行评估，也可委托培训机构进行，评估内容主要包括培训设计、培训实施、培训管理和培训效果等。

评估结果作为改进培训工作、提高培训质量的重要依据。

第八章 附 则

第三十五条 参照公务员法管理的机关（单位）中除工勤人员以外的工作人员的培训，参照本规定执行。

第三十六条 本规定由中共中央组织部负责解释。

第三十七条 本规定自2019年11月26日起施行。

案例

江苏如皋：公务员初任培训须过"军训关"

为提升公务员初任培训实效，江苏如皋市突出公务员公仆意识磨炼和艰苦作风锤炼，在初任培训课程中增设为期3天的集中军事训练，大力培养学员组织纪律观念和团队协作精神。

该市将公务员初任培训军训内容明确为国防教育和室外集训，具体包括国防理论学习、队列会操训练、野外拓展训练等，并由军地共同考核，对考核合格的学员颁发合格证，对无故不参加军训或军训考核不合格的不予转正定级。

此外，该市针对新任公务员的知识特点和培养需要，创新设置"公仆意识+基础知识+岗位技能"三大课程体系，探索形成集"理论教学、现场观摩、作风锤炼、互动交流、能力展示"于一体的初任培训模式，较好确保了公务员初任培训的针对性和目的性。

（资料来源：《中国组织人事报》2013-7-25）

案例思考： 公务员培训有何意义？联系本案例，说明应如何做好公务员培训工作。

第九章
公务员交流与回避

国家公务员的交流与回避制度是国家公务员制度的重要组成部分。它对于保持和增强国家公务员队伍的生机和活力，促进国家行政机关的效能建设和廉政建设具有十分重要的意义。

一、公务员交流

（一）国家公务员交流制度概述

1. 公务员交流制度的含义和特征。公务员的交流制度，是指机关根据工作需要或公务员个人愿望，通过调任、转任等形式变换公务员的工作岗位，从而产生变更或消灭行政职务、职级关系的制度。

公务员的交流制度具有丰富的内涵。首先，公务员交流的原因是多方面的，可以是工作需要，也可以是照顾公务员个人的愿望。其中，工作需要是主要的、第一位的，照顾个人愿望是次要的、第二位的。在实践中，照顾个人愿望应以不与工作需要相冲突为原则。其次，公务员的交流主要有调任、转任，这些形式是法定的，每一种交流形式都有其特定的目的、范围、对象及其相应的条件和程序要求。再次，交流是国家行政机关对公务员的一种管理体制活动和手段，无论哪种形式的交流，都必须经过有关国家行政机关的决定、安排和批准，公务员个人不得私自交换工作职位或者擅自离职。

公务员的交流具有以下特征：

第一，公务员的交流是一种横向的平级调动。公务员的交流基本上都是同级或相当职务的平调，不涉及公务员的职务或级别的升降问题。因此，不得以交流程序代替公务员的职务、职级升降程序，不能以交流为手段，变相地晋升或降低某公务员的职务或者级别；否则，会冲击公务员的职务、职级升降制度。

第二，公务员交流范围广泛。公务员可以在公务员和参照本法管理的工作人员队伍内部交流，也可以与国有企业和不参照本法管理的事业单位中从事公务的人员交流。国有企业、高等院校和科研院所以及其他不参照本法管理的事业单位中从事公务的人员，可以调入机关担任领导职务或者四级调研员以上及其他相当层次的职级。也就是说，既有内部的交流，也有与外部的交流。交流的范围不同，产生的后果也不同。内部的交流，只是工作职位和行政隶属关系发生变化，但不涉及公务员的身份问题。其中，公务员调出行政机关任职，就不再保留公务员身份，他与行政机关之间原有的人事行政关系便随之消失；而行政机关以外的工作人员调入行政机关担任公务员职务，便与行政机关之间发生了人事行政关系，并由此获得公务员身份。

第三，公务员交流形式多样。根据《公务员法》（修订）的规定，交流的方式包括调任、转任。另外，根据工作需要，机关可以采取挂职方式选派公务员承担重大工程、重大项目、重点任务或者其他专项工作。公务员在挂职期间，不改变与原机关的人事关系。

2. 我国公务员交流制度演变。我国干部交流制度是在新民主主义革命和社会主义革命中建立和发展起来的，并在社会主义现代化建设过程中逐渐完善。早在1942年，中央军委在《关于干部交流的建议》中就指出，"干部太固定，使干部进步停滞，上下隔阂，有必要在适当程度内进行干部交流，即上面与下面、前方与后方、军队与地方的干部交流"。1962年9月27日，中国共产党第八届中央委员会第十次全体会议通过《关于有计划有步骤地交流各级党政主要领导干部的决定》，要求在全国范围内，在中央与地方之间、上下之间、地区之间和部门之间，对各级主要领导干部进行有计划的交流，并把定期交流干部作为我党干部管理工作的一项根本制度。1966年以后，我国干部交流工作被迫中断。党的十一届三中全会以后，中央重提干部交流问题，并把它作为我国干部制度改革的一项重要内容。1980年5月5日，民政部颁发《干部调配工作暂行规定》，规定了调配原则、范围、方法、手续和纪律。

为了使领导干部交流制度化、经常化，1990年7月7日，中共中央颁发《关于实行党和国家机关领导干部交流制度的规定》，要求从中央党和国家机关各部委，各省、自治区、直辖市做起，实行各级党和国家机关领导干部的交流制度。1991年2月4日，人事部下发《干部调配工作规定》，规定了调配原则、调配范围和条件、审批权限、调配程序、调配纪律，我国干部交流制度日益规范化和制度化。1991年9月6日，中共中央下发《关于抓紧培养教育青年干部的决定》，要求组织青年干部到实践中去经受锻炼，有计划地对青年领导干部进行交流或轮换。1993年出台的《国家公务员暂行条例》要求国家公务员实行交流制度。1994年9月28日，中国共产党第十四届中央委员会第四次全体会议通过《中共中央关于加强党的建设几个重大问题的决定》，要求认真推行领导干部交流制度，有计划、有步骤地在上下级机关之间、地区之间、地区与部门之间、党政之间以及经济比较发达与相对落后地区之间进行干部交流，加大省部级干部交流力度，继续推进地市县级干部交流。此后，随着《中共中央关于抓紧培养选拔优秀年轻干部的通知》《国家公务员职位轮换（轮岗）暂行办法》《党政领导干部交流工作暂行规定》《党政领导干部选拔任用工作条例》等法规的出台，我国公务员交流制度稳步发展。

2006年1月1日，《中华人民共和国公务员法》正式实施，我国公务员交流实现有法可依，公务员交流制度日益健全。2006年8月，中共中央下发《党政领导干部交流工作规定》，要求推进干部交流工作，进一步优化领导班子结构，提高领导干部的素质和能力，加强党风廉政建设，促进经济社会发展。随着《公务员调任规定（试行）》的颁发，公务员调任工作日益规范。2009年10月，中共中央印发《2009—2013年全国党政领导班子建设规划纲要》，明确提出加大干部交流力度的具体举措。2009年12月，中共中央印发《2010—2020年深化干部人事制度改革规划纲要》，进一步明确了完善干部交流回避制度的主要任务。2018年12月29日第十三届全国人民代表大会常务委员会第七次会议修订的《中华人民共和国公务员法》（修订）又对相关内容进行了完善。

3. 实行公务员交流制度的作用。实行公务员交流制度具有以下积极作用：

（1）公务员的交流有利于机关之间以及机关与国有企业事业单位之间人才的互通有无，调剂人才余缺，达到人与事的最佳结合，提高工作质量和工作效率。

（2）公务员的交流可以使公务员根据个人成长、发展的需要，或根据个人的专业特长、知识结构，调到适合自己发展的工作岗位，有利于调动公务员工作的积极性，促进机关内部人才的合理配置。

（3）公务员的交流可以使公务员熟悉不同地区、不同行业和不同部门的工作，开阔视野，更新知识，丰富阅历，增长才干，有利于提高公务员的综合能力和素质。

（4）公务员的交流有利于避免因公务员长期在一处任职而易出现的因循守旧、封闭僵化现象，保持整个公务员队伍的活力，同时避免长期在一个地区、一个部门或者一个职位上任职形成的各种裙带关系和以权谋私的条件，有利于克服官僚主义，防止公务员腐化，加强廉政建设。

（5）公务员的交流能够帮助公务员解决一些个人的实际困难，解除公务员的后顾之忧，使他们能够全身心地投入到工作中去，更好地发挥作用。

4. 公务员交流制度的原则。公务员交流制度和实施必须依据下列原则：

（1）优化配置原则。即通过国家公务员的交流使工作人员的能力和志趣与职位的要求相适应，实现公共部门人力资源的优化配置，避免资源的浪费。

（2）效益合理原则。交流必须讲究效益，没有效益的交流，既是一种资源浪费，也不利于国家公务员队伍的稳定。因此，国家公务员的交流，既要注重促进国家行政机关工作效率的提高，也要有利于人才的发展。

（3）要服从组织原则。服从组织管理，是公务员应尽义务的基本内容。国家行政机关是一个整体，必须具有统一意志，这种统一意志的体现方式之一就是有计划地组织部分国家公务员进行交流。

（4）依法原则。交流制度明确规定了公务员实行交流的条件、对象、程序和管理机构等。国家行政机关对国家公务员安排交流时，必须遵循这些规定，满足交流资格的要求、编制及职位空缺的要求、规定程序的要求等。

（二）国家公务员的调任

调任是国家公务员交流制度的具体方式之一，严格意义上的调任包括调入和调出两种。调任反映了国家公务员系统的外部开放程度。不具有国家公务员身份的人员，通过国家行政机关的调动，并在经培训合格后任职，调入人员一旦调入机关担任某一职务、职级，即取得公务员的身份和资格，适用公务员法进行管理，享受公务员的权利并履行公务员的义务。同时，公务员也可根据个人意愿，提出调出公务员队伍，解除公务员身份。对调出机关的公务员没有限制性要求，但是公务员的调出必须是本人同意，经原任免机关批准，并要办理调动手续，完成公务交接，必要时接受财务审计。公务员调出机关后，不再保留公务员的身份，其工作和工资待遇由接收单位按国家有关规定来安排和办理。本章的调任主要谈调入。

1. 公务员调任的含义。公务员调任是指国有企业、高等院校和科研院所以及其他不参照公务员法管理的事业单位中从事公务的人员调入机关担任领导职务或者四级调研员以上及其他相当层次的职级。调任职级公务员应当主要补充机关紧缺的优秀专业人才。

2. 公务员调任的条件。

（1）调入必须是确因工作需要，如果调入过滥，势必影响本机关内部人员的正常升迁发展，极易挫伤他们的积极性，还会影响行政管理的连续性和行政效率的提高。

（2）接收调入者的机关必须有国家规定的编制空额。每个国家行政机关都有编制限额，任何人无权超编补充人员，只有当国家机关出现编制空缺时，才可能以调任方式补员。这是调入的首要条件。

（3）符合回避规定。调入时也必须遵守回避制度，即国家公务员之间有夫妻关系的，不得在同一机关担任直接隶属于同一行政首长的职务或者有直接上下级领导关系的职务，也不得在其中一方担任领导职务的机关从事监察、审计、人事、财务工作。

（4）调入机关的人员必须政治立场坚定、政治素质过硬，增强"四个意识"、坚定"四个自信"、做到"两个维护"；具有胜任工作的能力素质、文化水平和专业素养，勤奋敬业、实绩突出；具有与拟调任职位要求相当的工作经历和任职资历；具备公务员法及其配套法规规定的晋升至拟任职务职级累计所需的最低工作年限。专业技术人员调入机关任职的，应当担任副高级专业技术职务2年以上，或者已担任正高级专业技术职务。调入中央机关、省级机关任职的，应当具有大学本科以上文化程度；调入市（地）级以下机关任职的，应当具有大学专科以上文化程度。调任厅局级领导职务或者一级、二级巡视员及其他相当层次职级的，原则上不超过55周岁；调任县处级领导职务、县级和乡镇机关乡科级领导职务或者一级至四级调研员及其他相当层次职级的，原则上不超过50周岁；调任其他乡科级领导职务的，原则上不超过45周岁。符合法律、法规、章程规定的其他条件。

(5) 根据《公务员调任规定（试行）》，有下列情形之一的人员，不得调任：一是因犯罪受过刑事处罚的；二是被开除中国共产党党籍的；三是被开除公职的；四是被依法列为失信联合惩戒对象的；五是涉嫌违纪违法正在接受有关专门机关审查尚未作出结论的；六是受处分期间或者未满影响期限的；七是正在接受审计机关审计的；八是法律、法规规定的其他情形。

3. 公务员调任的程序。

(1) 根据工作和队伍建设需要确定调任职位及调任条件，编制年度国家公务员调入计划。

(2) 提出调任人选。根据调任职位的要求，调任人选通过组织推荐方式产生。必要时，可以对调任人选进行考试。

(3) 征求调出单位意见。调出单位应如实提供调任人选的德、能、勤、绩、廉等方面的情况。

(4) 组织考察。对调任人选应当进行严格考察，依据调任资格条件和调任职位的职责要求，全面考察德、能、勤、绩、廉等方面表现，突出政治标准，注重了解政治理论学习、制度执行力和治理能力情况，深入考察政治忠诚、政治定力、政治担当、政治能力、政治自律等方面情况，严把政治关、品行关、能力关、作风关、廉洁关，并形成书面考察材料。考察材料应当写实，评判应当全面、准确、客观，用具体事例反映调任人选的情况。

(5) 调入机关根据考察情况集体讨论决定。

(6) 调任公示。按照任前公示制有关规定在调出、调入单位予以公示。公示期不少于5个工作日。公示期满，对没有反映问题或者反映问题不影响调任的，按规定程序进行审批或备案；对反映有严重问题未经查实的，待查实并做出结论后再决定是否调任。

(7) 报批或者备案。

(8) 办理调动、任职和公务员登记手续。

调任人员的级别和有关待遇，根据其调任职务，结合本人原任职务、工作经历、文化程度等条件，比照调入机关同等条件人员确定。调任人员除由国家权力机关依法任命职务的以外，一般实行任职试用期制，试用期为一年。试用期满考核合格的，正式任职；考核不合格的，另行安排工作。

（三）国家公务员转任

1. 公务员转任的含义。公务员转任是指国家公务员在工作需要或者因其他正当理由在国家行政机关系统内跨地区、跨部门的调动,或者在同一部门的不同职位之间进行转换任职。转任是公务员在机关系统内部的交流方式,是实现公务员合理流动的有效途径。

为了培养锻炼各级领导干部,以及避免领导成员在某些要害部门任职时间过久容易产生弊端,《中华人民共和国公务员法》(修订)第七十一条规定:"对省部级正职以下的领导成员应当有计划、有重点地实行跨地区、跨部门转任。对担任机关内设机构领导职务和工作性质特殊的非领导职务的公务员,应当有计划地在本机关内转任。"目的是培养提拔公务员骨干或者防止人事关系网的形成。

2. 公务员转任的原因或种类。

(1) 因工作需要的转任。这是指机关根据工作的需要,按照行政隶属关系,用行政命令的方式将所属公务员在机关内进行调动。包括由于机关实际工作的需要,必须充实或加强某一地区、某一部门或某一方面的工作;或者为了防止腐败现象产生以及培养公务员的综合能力和素质的需要。通过转任,机关可以有计划、有组织、有目的地对人员结构进行必要的调整,优化公务员队伍结构,增强公务员队伍的整体素质和战斗力,推动地区经济、社会发展,提高机关工作效能,加强机关廉政建设。

(2) 因回避需要的转任。回避制度要求公务员必须按照法定范围实行任职回避和地域回避,可通过转任这种方式使公务员的任职符合回避的要求。

(3) 因机构调整、撤销、合并而导致编制总额和职数的变更。随着机关管理内容的发展变化,机关的职能也会有所增减,相应地必然会引起机构的变动和职数的增减,这样就会导致有些单位出现职位空缺,需要补充人员,而有些单位则可能出现编余人员的现象。因此,需要通过转任这种方式来调剂公务员队伍内部的人才余缺。

以上转任的提出者是机关,所作出的转任决定是一种行政命令,一旦作出,公务员有义务服从;拒不服从者,机关可对其进行批评教育,必要时还可以给予纪律处分。在实践中,为了有利于行政管理活动的正常进行,机关在决定对某个公务员进行转任调动时,有必要征求本人的意见,对其提出的合理要求和意见应予充分考虑,避免因转任给公务员个人在工作上、生活上造成困难和不便,从而影响其工作积极性。如果有些合理要求一时难以满足而工作又确有需要的，应当做好有关人员的思想工作，说服其以工作为重，服从组织安排。当然，如果个别公务员借转任之机有意提出不合理的要求，应予拒绝，并要对其进行必要的批评教育。

（4）因个人原因的转任。公务员本人基于自身的兴趣、爱好、家庭、工作能力等需要，具有转换工作职位的强烈愿望，且有符合法律、法规规定的要求转任的正当的理由，经公务员本人申请，由任免机关审批后，机关可以对公务员进行转任。有的公务员因所任职位要求与其所学专业不对口，用非所长，为合理配置人才，充分发挥公务员的专业特长，需要通过转任来促进人才的合理流动而达到目的。有些公务员则是由于在生活中存在如夫妻两地分居、居家上班交通不便等实际困难，转任可为其提供一个解决实际困难的办法，能促使公务员安心工作，提高工作效率。

公务员转任遵循公开、公平、公正，综合素质与公共职位要求相适应，德才兼备、以德为先，尊重个人意愿与服从组织安排相结合的原则。在实践中，凡是提出的要求符合法定的申请理由和条件，或与法律、法规、政策的原则不冲突，而实际工作又允许，就应当及时予以批准，办理好转任手续。如果申请转任的理由不符合法律和政策的规定，也应及时通知本人，并说明理由。

3. 公务员转任的条件。

（1）具有国家公务员身份，在国家行政机关内部调动。只有具备国家公务员身份的人才能通过转任方式转换到另一工作职位上。

（2）符合回避规定。即国家公务员有夫妻关系、直系血亲关系、三代以内旁系血亲及姻亲（即配偶的父母、兄弟姐妹、儿女的配偶及儿女的配偶的父母）关系，不得通过转任在同一机关担任双方直接隶属于同一行政首长的职务或者有直接上下级领导关系的职务，也不得在其中一方担任领导职务的机关从事监察、审计、人事、财务工作。

（3）符合拟转任职务所要求的资格和条件。转任是一种内部流动制度，可跨地区、跨部门流动。由于每个职务都具有不同的特点，不同的职位对任职人员的条件要求有所不同，如工作经验、能力性格等。因此，为保证机关的工作效率和工作质量，转任人员必须具备拟转任职务所要求的任职资格。这是保证国家行政机关工作连续性的必要条件。

（4）必须有编制空额和职位空缺。也就是说，行政机关接受转任国家公务员，必须在编制员额限制内，同时还要符合该单位领导职位和非领导职位结构的要求等。

（5）具有正当理由。如：国家行政机关工作需要；国家行政机关机构调整、撤销、合并或缩减编制员额和职数；本人难以胜任现任职位，如专业知识欠缺等；解决个人生活困难（如夫妻两地分居、照顾父母等）等。无正当理由不得转任。

4. 公务员转任的程序。公务员转任是一种人事管理行为，必须按照法律规定的程序。

首先，公务员机关要求国家公务员转任时，必须提前一定时间告知当事人转任意向，说明拟任职务的具体情况，并征求国家公务员本人的意见；个人申请转任时，应以书面形式，写明理由和拟转任单位，交任免机关审批。接着，按照国家公务员管理权限进行审批。最后，任免机关解除原职务，由新单位任免机关办理任职手续。

（四）公务员的挂职

1. 挂职的含义。挂职是指国家行政机关基于工作的需要以及培养锻炼公务员的需要，有计划地选派在职国家公务员在一定时间内到基层机关或者上级机关、其他地区机关以及国有企业事业单位担任一定职务。

挂职是培养公务员、促进公务员成长的有效途径。公务员在挂职锻炼期间，不改变与原机关的人事关系。

2. 挂职的特点。

（1）挂职不改变原有身份和行政隶属关系。挂职人员不办理调动手续，在人事行政上仍属于原单位管理，在业务工作上应归接收单位领导。挂职期间不占用接收单位的编制员额和职位。

（2）挂职具有计划性。什么时间需要挂职、什么人去挂职都要有计划地安排。挂职的对象是从在职公务员中选派的，并不是每一名公务员都要轮流去挂职，一般来说，选派挂职的对象主要是缺乏基层工作经历的公务员以及有培养前途的中、青年公务员。

（3）挂职有时限性。挂职是一种临时性交流，不是长期地调动，一般期限为1~2年，期满后，挂职人员仍回原单位，由原单位安排工作和职务。

（4）挂职是一种有益的锻炼方式。此外，公务员挂职以较高层次的机关选派公务员，到基层行政机关或事业单位工作为主，同时也根据国家政治、经济发展需要，选派少量的地方公务员到中央国家机关挂职。如，安徽省自2008—2011年加大公务员挂职力度，坚持"下派"与"上挂"并举、"请进来"与"送出去"相结合的方针，从中直、省直单位挂职干部中安排120名厅处级干部到皖北挂职；从皖北地区选派68名县（市、区）党政负责人赴浙江等经济发达地区或到省直单位综合处室挂职学习。

二、公务员回避

（一）公务员回避制度概述

公务员回避，是指通过对公务员的所任职务、任职地区和执行公务等方面进行限制，以预防、减免、消除亲属关系等人为因素对公共管理工作的干扰，以确保公务员依法任职，依法行政，促进反腐倡廉。公务员回避包括任职回避、地域回避和公务回避。

党的十八大报告强调，要"严格规范权力行使，加强对领导干部特别是主要领导干部行使权力的监督"。公务员回避是行政监督的重要举措。实行回避制度，有利于促进国家公务员清正廉洁、秉公办事，防止国家公务员腐败行为的发生，进一步提高政府的公信力，维护和改善国家行政机关及其工作人员的形象和声誉。

回避制度与国家公务员制度的其他环节密切相连。必须处理好回避与录用，职务、职级晋升，交流等方面的关系。比如，强化"进口"管理，做好录用工作就能为回避创造良好条件。而在干部交流时也应充分考虑回避的要求。

（二）任职回避

1. 任职回避的含义。任职回避，又称职务回避，是指对有法定亲情关系的公务员，在其担任某些关系比较密切的职务方面作出的限制。任职回避是对具有亲情关系的公务员双方提出的要求，较晚任职的一方不得与较早任职的一方有某种密切的职务关系。

任职回避目的是通过限制互为亲属关系的人员在一个单位或部门任职，从而使公务员的亲情关系与工作关系相对分离，形成比较和谐、单纯的工作关系，最大限度地保证公务员在人事选拔、执行公务等方面排除亲情的干扰，秉公执法，防止和克服亲属聚集所产生的各种弊端，为公务员廉洁奉公创造条件。

我国法律规定公务员之间有夫妻关系、直系血亲关系、三代以内旁系血亲关系以及近姻亲关系的，不得在同一机关双方直接隶属于同一领导人员的职位或者有直接上下级领导关系的职位工作，也不得在其中一方担任领导职务的机关从事组织、人事、纪检、监察、审计和财务工作。公务员不得在其配偶、子女及其配偶经营的企业、营利性组织的行业监管或者主管部门担任领导成员。直系血亲关系，包括父母、祖父母、子女、孙子女、外孙子女等具有直接血缘关系的亲属；三代以内旁系血缘关系，包括兄弟姐妹、堂兄弟姐妹、表兄弟姐妹、侄子女、甥子女以及伯叔姑舅姨等。近姻亲关系，包括配偶的父母、配偶的兄弟姐妹及其配偶，子女的配偶及子女的配偶的父母、三代以内旁系血亲的配偶等。凡是有规定中所列亲属关系的两个公务员不得在同一机关担任双方直接隶属于同一领导人员的职务；不得在同一机关有直接上下级领导关系的职务；不得在其中一方担任领导职务的机关从事组织、人事、纪检、监察、审计和财务工作。"同一领导人员"包括同一级领导班子成员。"直接上下级领导关系"包括上一级正副职与下一级正副职之间的领导关系。除上述规定外，各地区、各部门还可根据实际需要，制定更为严格的回避制度，以充分发挥回避制度的作用。

《中华人民共和国公务员法》（修订）所规定的任职回避范围适度，适用于大多数公务员和机关单位。但是，在实践中，由于地域或者工作性质特殊，为了利于工作的开展，省级以上公务员主管部门可以对任职回避做一定的变通。如，监狱等工作性质特殊的机关，有些远离城镇，其周边没有其他单位，无法为亲属安排合适的工作，若严格实行任职回避将为公务员的家庭生活带来诸多不便。一些边远的海关，邻近的单位很少，就业、生活都不太方便，派夫妻双方一起去那里的海关，可以解决很多实际问题。如，外交部的一些派出机构，出于工作需要或者外交惯例，可以允许公务员与其配偶在一个机构工作。

2. 任职回避的程序。公务员任职回避按照以下程序办理：

（1）本人提出回避申请或者所在机关提出回避建议。

（2）任免机关组织人事部门按照管理权限进行审核，并提出回避意见报任免机关。在报任免机关决定前,应当听取公务员本人及相关人员的意见。

(3) 任免机关作出决定。需要回避的,予以调整;职务层次不同的,一般由职务层次较低的一方回避;职务层次相同的,根据工作需要和实际情况决定其中一方回避。因地域或者工作性质特殊,需要变通执行任职回避的,由省级以上公务员主管部门规定。

(三) 地域回避

所谓地域回避,或称为地区回避,是指担任一定层次领导的公务员不得在自己的原籍及其他不宜任职的地区,担任一定级别的公职。

原籍,就是本人祖籍。对于原籍的理解可以作广义理解,如《党政领导干部选拔任用工作条例》第五十三条规定为本人成长地。在某地担任主要领导一段时间后,也应该进行地域回避,如中共金昌市委、金昌市人民政府《关于各级领导干部回避制度的暂行规定》中规定:乡、镇领导干部在本乡、镇做领导工作六年以上者(任期二届期满后),一般应进行横向交流。县级领导干部在一个单位工作时间较长的,应进行适当交流。

规定地域回避制度,主要目的是为了避免亲属、宗族关系、友情对工作的干扰,为公务员提供一个良好的社会环境。

适用地域回避的行政机关为乡级机关、县级机关及其有关部门。乡级包括乡、民族乡、镇,县级包括县、自治县、县级市、区。《党政领导干部选拔任用工作条例》第五十三条规定,乡级机关、县级机关主要是指乡级、县级人民政府、县级人民法院、县级人民检察院;有关部门主要是指县级纪检机关、组织部门、监察部门、人事部门、公安部门、工商部门、税务部门等。

适用地域回避的人员是担任上述机关和部门的主要领导职务的人员。地域回避的办理程序与任职回避的程序相同。

由于我国地区之间经济社会发展不平衡,有些偏远地区还比较闭塞和落后,实行地域回避将面临很多实际困难,对非本地区土生土长的人很难了解当地情况,难以理解当地的风俗习惯,实行地域回避不利于当地工作的展开。同时,我国是一个多民族国家,我国《民族区域自治法》第十七条规定:"自治区主席、自治州州长、自治县县长由实行区域自治的民族的公民担任。自治区、自治州、自治县的人民政府的其他组成人员,应当配备实行区域自治的民族和其他少数民族的人员。"对一些人口比较少、地方比较小的自治县，很难在地域回避与民族自治之间实现一致，因此，当其他法律的规定与《公务员法》（修订）中有关地域回避规定不一致的，优先适用其他法律的规定。

（四）公务回避

1. 公务回避的含义与情形。所谓公务回避，是指公务员在行使职权过程中，因其与所处理的事务有利害关系，为保证国家公务员依法公正执行公务而必须回避并终止职务行为，改由其他公务员来行使相应的职权。换言之，公务回避就是工作人员在执行公务时，凡处理涉及本人或本人亲属利益的问题时，应该回避。

所谓利害关系，是指公务处理的结果影响到负责处理公务的公务员的金钱、名誉、亲情、友情等的增加或减损。

按照《公务员回避规定（试行）》，需要回避的公务包括：国家公务员从事考试录用、调任、职务升降任免、考核、考察、奖惩、交流、出国审批；监察、审计、仲裁、案件审理；税费稽征、项目资金审批、监管；以及其他应当回避的公务活动。涉及本人或者有本办法所列亲属关系人员的利害关系时，必须回避。

实行公务回避的目的就是要消除可能会对公务执行者造成影响的各种因素，保证公务员秉公执法。

《公务员法》（修订）以是否影响公务员公正执行公务为标准，规定了三类公务回避的情形。

（1）涉及本人利害关系的。人都有趋利避害的本性，所以当涉及自己的利益时，人往往是很难站在客观的立场，作出公正、理性的判断。有法国谚语为"自己不能做自己的法官"，在执行公务过程中，公务员不能执行涉及本人利害关系的公务。涉及本人利害关系，可以区分为本人为被处理的当事人或处理的公务与本人有各种直接利害关系，足以影响公正执法。

（2）涉及法定亲属关系人员的利害关系的。由于具有法定亲属关系的人与公务员之间关系密切，当公务员在执行公务时，有可能会利用职务之便包庇、偏袒他们，或为他们谋取私利。为保证公正执行公务，公务员执行的公务涉及这类亲属的，也应该回避。这里的亲属是特指的，包括夫妻关系、直系血亲关系、三代以内旁系血亲以及近姻亲关系的亲属。

(3) 其他可能影响公正执行公务的。本项是一个兜底条款，除了上述两种情形外，如果其他情形会影响到公务员公正执行公务的，也应该执行公务回避制度。这些可能影响公正执行的情形包括：师生关系、同学关系、战友关系、同乡关系、曾经为同事、上下级关系、朋友关系、敌意关系、竞争关系等。

根据《公务员法》（修订）的规定，对于《法官法》《检察官法》等法律中有关回避的规定与《公务员法》（修订）中规定的回避有不一致的，优先适用《法官法》《检察官法》等其他法律的规定；《法官法》《检察官法》中没有规定的，适用《公务员法》（修订）中有关回避的规定。

2. 公务回避的类型。根据公务回避的启动主体不同，公务员回避的类型有三类：自行回避、申请回避及决定回避。这一分类对公务员的回避制度加以规范化，使得回避制度更具有可操作性，有利于回避制度的贯彻落实。

(1) 自行回避。自行回避，是指国家公务员认为自己与本案有法律规定的回避情形时，向有关的负责人主动提出回避处理的请求，有关负责人对国家公务员的申请依法进行审查，并作出是否准许的决定。一般而言，自行回避的程序大致有以下三个步骤：

一是提出请求。公务员在执行公务结束前，认为自己与所执行的公务有法律规定的回避情形时，以书面形式提出回避申请，并说明理由。这里的回避情形，主要是公务回避，还包括任职回避和地域回避。

二是审查申请。有关负责人在收到回避申请请求后，对申请进行审查。回避审查以书面方式为主，必要时可以当面听取公务员本人的陈述。

三是作出决定。回避申请经过审查后，有关负责人如认为确实存在回避情形的，应当立即终止该公务员的公务行为，并任命其他公务员接替处理。如认为回避情形不存在，则应命令该公务员继续处理公务。

(2) 申请回避。申请回避，是指公务的利害关系人认为处理案件的公务员有法律规定的回避情形时，在公务执行结束前，依法向有权机关提出要求该公务员停止处理该公务的请求，有权机关依法对此申请进行审查后作出是否准许申请的决定。申请回避中提出申请的为公务的利害关系人，利害关系人是指个人的权益受公务的处理结果直接影响的人，如人事考核中的被考核人，行政处罚中的被处罚人及被害人，诉讼中的原被告等。对于利害关系人以外其他人，本条规定，可以向有权机关提供公务员回避的情况一般而言。申请回避有以下几个步骤：

一是提出申请。在公务执行过程中，即在公务执行开始至执行完毕期间，由公务的利害关系人向有关机关提出申请，要求执行公务的公务员回避；回避的申请一般是以书面的形式提出的，如确实有困难的，可以口头形式提出，并附有回避情形存在的证据材料。

二是审查申请。有关机关在接到回避申请后，应尽快对申请进行审查。审查的方式也是以书面审查为主。对回避申请的审查期限，有些法律做了规定，如《民事诉讼法》第四十八条规定："人民法院对当事人提出的回避申请，应当在申请提出的二日内，以口头或者书面形式作出决定。"

三是作出决定。经审查，有关机关认为回避申请理由不成立的，可以驳回申请；如果认为回避情形存在的，应当决定作出被申请回避的公务员退出该项公务的处理，由其他公务员代替其继续处理该公务。有的法律还规定，如果利害关系人对有关机关驳回回避申请的决定不服的，有权申请复核一次，如《刑事诉讼法》第三十条第三款规定："对驳回申请回避的决定，当事人及其法定代理人可以申请复议一次。"

（3）决定回避。公务回避是一种强制性措施，回避人要自觉申请。同时，国家行政机关应有相应的行政约束，使回避真正达到目的。在没有公务员提出自行回避或利害关系人提出回避申请的情况下，有关机关可以根据已经掌握的情况，认为公务员有回避情形存在的，可以径行作出回避决定，决定回避是回避类型中不太常用的一类，但规定决定回避制度，也是符合法理的，有时也是必要的，体现了上下级公务员之间的领导关系。

3. 公务回避的程序。公务员的公务回避按以下程序进行：

（1）本人或者利害关系人提出回避申请，或者主管领导提出回避要求。

（2）所在机关进行审查，作出是否回避的决定，并告知申请人。

（3）需要回避的，由所在机关调整公务安排。特殊情况下，可由所在机关直接作出公务回避决定。

思考题

1. 简述公务员交流的内涵、特征及意义。

2. 简述公务员调任、转任之间的区别。
3. 简述公务员回避制度的内容、形式、范围及意义。
4. 简述公务员自行回避、申请回避及决定回避的内容。

案例 1

湖北广水：异地交流打破乡镇干部"单位终身制"

本报广水讯（通讯员 代江波）湖北省广水市于 2011 年 9 月制订出台了《广水市乡镇一般干部异地异岗交流工作试行办法》以下简称《办法》，《办法》实行以来，全市共交流乡科级一般干部 43 名，破解了乡镇机关公务员队伍建设中存在的"中层梗阻、基层板结、力度递减、效能低下"的难题。

《办法》规定，凡在户籍所在乡镇工作满 15 年，或者现岗位工作满 10 年的乡科级一般干部，由个人提出异地异岗交流申请，市委组织部经过认真审核后，综合考虑全市干部交流申请的总体情况，在充分考虑各乡镇的实际需要的基础上，根据申请交流干部的能力、特长和意向单位，按照同类交流、挂职轮岗交流、编制平衡交流、回避交流的原则，进行统筹安排，尽量使被交流干部在新的单位能够充分发挥工作积极性和个人专长，提高干部工作效率的同时，保持乡镇之间的相对平衡和合理流动。

乡镇干部们普遍反映，实行异地交流，打破了乡镇干部"单位终身制"，有利于提高工作积极性。

（资料来源：《中国组织人事报》2013-7-4）

案例思考：结合本案例，谈谈公务员交流的意义和原则。

案例 2

沈阳浑南区委通报整改"26 名科级干部按副处级无限期挂职"

在"干部选拔任用不规范，组织建设存在薄弱环节"方面，巡视组向浑南区委反馈了"26 名科级干部按副处级无限期挂职，并享受副处级绩效待遇"问题，浑南区委此次也介绍了整改情况：一是 1 名挂职干部主动申请辞去挂职职务、1 名主动申请辞去公职，两人已经 2018 年 12 月 8 日区委一届 75 次常委会会议决定免去挂职职务。二是经 2019 年 3 月 26 日区委一届 90 次常委会研究，免去了 24 名挂职干部的挂职职务，取消与挂职职务相关待遇。

（资料来源：《澎湃新闻》2019-10-28）

案例思考：结合本案例，谈谈公务员挂职的意义和管理要求。

第十章
公务员工资、福利与保险

我国公务员实行国家统一规定的工资制度。公务员的工资是指公务员机关以货币形式支付给公务员的劳动报酬。工资制度作为社会财富的分配方式，是有关工资形式、工资标准和工资支付原则、办法的总称，是一个历史的范畴。建立科学合理的公务员工资制度，有利于贯彻按劳分配原则，增强激励竞争机制，从而调动广大公务员的工作积极性。同时，公务员的工资制度作为整个公务员制度的一个组成部分，对公务员制度中的考核、奖惩、晋升、辞职、辞退、退休等管理环节的有效运转，都具有非常重要的作用。

公务员福利制度是国家和单位为解决公务员生活方面的共同需要和特殊需要，在工资之外给予经济上帮助和生活上照顾的制度。这是公务员社会保障制度的重要组成部分。建立公务员福利制度，有利于改善公务员的工作生活条件、减轻经济负担、促进身心健康，从而有利于稳定公务员队伍，调动他们的工作积极性，提高工作效率。

公务员保险制度，是指国家对因生育、年老、疾病、伤残和死亡等原因暂时或永久丧失劳动能力的公务员给予物质帮助的一种保障制度。公务员保险制度是社会保障制度的一个重要组成部分。建立和实施公务员的保险制度，对于保障公务员的基本生活、解除他们的后顾之忧、调动他们的工作积极性、促进经济的发展和维护社会的稳定，都具有重要的作用。正因为如此，世界上实行公务员制度的国家普遍建立了公务员保险制度，并将其作为公务员制度的一项重要内容用法律形式加以详细规定。

一、我国公务员的工资制度

公务员工资制度，是公务员制度的重要组成部分。建立与公务员制度相配套的科学合理的公务员工资制度，是推行公务员制度的一项重要任务，对于增强公务员体制的生机与活力，增加公务员队伍的吸引力，建设一支优化、精干、高效、廉洁的公务员队伍，具有很重要的意义。

（一）我国公务员工资制度的由来

我国公务员的现行工资制度，是在2006年工资制度改革时建立的。新中国成立以来，我国工资制度经历了四次大的改革。

1. 第一次改革。第一次是1956年的工资制度改革，当时在机关建立了"职务等级工资制"，机关的工资标准共划分为30级，其中行政人员属1~27级；一个职务对应数级，上下交叉。这次工资制度改革，实现了向单一工资制度的转变，奠定了新中国工资制度的基础。职务等级工资制一直运行了近30年，由于制度本身的问题以及其他客观条件的限制，在后来的运行中，该制度逐步暴露出"职级不符""劳酬脱节"和工资标准过多、过繁等弊端，影响了这一制度的继续运行。

2. 第二次改革。针对上述问题，1985年进行了第二次全国性的工资制度改革，在机关、事业单位建立了以职务工资为主的"结构工资制"，按照工资的不同职能，将工作人员的工资分为基础工资、职务工资、工龄津贴和奖励工资四个部分。这次工资制度改革的主要成效是解决了"职级不符"的问题，同时实现了企业工资制度与机关事业单位工资制度脱钩，进一步理顺了工资关系。但随着客观条件的变化，1985年的工资制度在运行中也逐步暴露出了一些问题，亟须进行改革。

3. 第三次改革。1993年第三次工资制度改革是在新的历史条件下，根据党中央、国务院的决定和统一部署进行的。党的十三届七中全会提出，党政机关、事业单位要逐步建立起符合各自特点的工资制度。党的十四大进一步确定，要加快工资制度改革，逐步建立起符合企业、事业单位和机关各自特点的工资制度与正常的工资增长机制。1993年9月，党中央、国务院召开了"全国推行国家公务员制度和工资制度改革工作会议"，对两项制度改革做了部署，决定从同年10月1日开始实施新工资制度，实现了机关与事业单位工资制度的脱钩。自此，国家行政机关结合公务员制度的推行，建立了适合公务员职业特点的"职务级别工资制"，简称"职级工资制"。这一制度是在总结吸收1956年工资制度的优点，学习借鉴其他国家公务员工资制度某些成功经验的基础上制定的，比较符合机关工作特点和我国公务员的实际情况。

4. 第四次改革。2006年，按照党的十六大关于"完善干部职务和职级相结合的制度，建立干部激励和保障机制"的精神和《公务员法》的规定，经党中央、国务院批准，改革公务员现行工资制度，实行国家统一的职务与级别相结合的公务员工资制度，完善机关工作人员工资制度，形成科学合理的工资水平决定机制和正常增长机制，建立适应经济体制和干部管理体制要求的工资管理体制，实现工资分配的科学化、规范化和法制化。

(二) 我国公务员工资制度的基本原则

1. 按劳分配原则。按照《中华人民共和国公务员法》（修订）的规定，"公务员工资制度贯彻按劳分配的原则，体现工作职责、工作能力、工作实绩、资历等因素"。党的十八大报告强调，要努力实现"劳动报酬增长和劳动生产率提高同步，提高居民收入在国民收入分配中的比重，提高劳动报酬在初次分配中的比重"。按劳分配，是指在对社会总产品作了各项必要扣除后，以劳动者向社会提供的劳动（包括劳动数量和质量）为尺度分配个人消费品，实行多劳多得、少劳少得，实现同工同酬，反对平均主义、大锅饭。公务员工资制度应当贯彻各尽所能、按劳分配原则，克服平均主义，进一步理顺工资关系，建立符合机关特点的工资制度。

2. 职务与级别相结合原则。按照《中华人民共和国公务员法》（修订）的规定，公务员工资制度要"保持不同职务、职级、级别之间的合理工资差距"。我国实行国家统一的职务、职级与级别相结合的公务员工资制度。职务、职级和级别是确定公务员工资的基本依据，公务员的基本工资包括职务、职级工资和级别工资。实行职务、职级和级别相结合的工资制度，体现了不同职务、职级和级别的公务员的工作责任、工作能力、工作实绩等方面的差异。保持不同职务、职级和级别的公务员工资之间的合理差距，有助于克服平均主义现象，充分发挥公务员工资的激励作用。

3. 正常增资原则。《中华人民共和国公务员法》（修订）规定了公务员工资的正常增长机制。党的十八大强调，要千方百计增加居民收入，实现发展成果由人民共享，"努力实现居民收入增长和经济发展同步"，"多渠道增加居民财产性收入"。随着经济社会发展和物价消费水平提高，有必要构建正常的公务员工资增长机制，以使公务员的工资有计划、有步骤、有组织地定期增长，满足公务员日益增长的物质生活和精神生活需要。公务员的工资水平应当与国民经济发展相协调、与社会进步相适应。1993年的公务员工资制度改革确立了公务员正常晋升工资的制度。增资的途径有以下三个：第一，公务员在年度考核称职的基础上，每两年增加一档职务、职级工资；每五年增加一次级别工资。第二，随着职务、职级的晋升，相应提高职务、职级工资。第三，公务员除正常晋升工资外，国家定期调整工资标准，使公务员工资增长与国民经济发展、财政收入增长、消费水平、社会工资水平相适应。

4. 加强工资管理与监督原则。按照2006年《公务员工资制度改革方案》规定，要"加强工资管理，严格监督检查，有效调控地区工资差距，逐步将地区工资差距控制在合理的范围"。党的十八大报告强调，要"规范收入分配秩序，保护合法收入，增加低收入者收入，调节过高收入，取缔非法收入"。要严格遵守和坚决维护党的政治纪律，严格遵守和坚决维护机构编制和组织人事工作纪律，严格执行和坚决维护国家工资福利政策，严格遵守和坚决维护财经纪律，清理规范各类津贴、补贴。任何机关不得违反国家规定自行更改公务员工资、福利、保险政策，擅自提高或者降低公务员的工资、福利、保险待遇，不得扣减或者拖欠公务员的工资。

5. 平衡比较原则。《中华人民共和国公务员法》（修订）规定，"国家实行工资调查制度，定期进行公务员和企业相当人员工资水平的调查比较，并将工资调查比较结果作为调整公务员工资水平的依据"。党的十八大报告强调，"初次分配和再分配都要兼顾效率和公平，再分配更加注重公平"；"必须坚持走共同富裕道路"，着力解决收入分配差距较大问题。通过与企业相当人员的工资水平进行平衡比较，合理确定公务员工资，有助于保持社会收入分配的合理差距，充分调动公务员工作的积极性、主动性和创造性。通过实施公务员工资调查制度，适时、定期比较公务员工资与企业相当人员的工资，以保持公务员工资水平与企业相当人员工资水平的大体平衡。

（三）我国公务员工资的基本构成

按照《中华人民共和国公务员法》（修订）第八十条规定，我国公务员工资主要由四部分构成：基本工资、津贴、补贴、奖金。

1. 基本工资。具体包括以下几项：

（1）职务、职级工资。职务、职级工资按工作人员的职务高低、责任轻重和工作难易程度确定，是公务员基本工资中体现按劳分配的主要内容。按照《中华人民共和国公务员法》（修订）的规定，我国公务员职务实行职务、职级并行制度。一个职务、职级对应一个工资标准，工作人员按担任的职务、职级确定相应的职务工资，并随职务、职级及任职年限的变化而变动。

（2）级别工资。根据公务员所任职务、职级、德才表现、能力、工作实绩和资历等，确定级别和级别工资档次，执行相应的级别工资标准。按照2006年《公务员工资制度改革方案》，我国公务员的级别由原来的15级调整为27级。每一职务、职级层次对应若干级别，每一级别设若干个工资档次。公务员晋升职务、职级后，执行新任职务、职级的职务工资标准，并按规定晋升级别和增加级别工资。公务员年度考核称职及以上的，一般每五年可在所任职务、职级对应的级别内晋升一个级别，一般每两年可在所任级别对应的工资标准内晋升一个工资档次。公务员的级别达到所任职务、职级对应最高级别后，不再晋升级别，在最高级别工资标准内晋升级别工资档次。

2. 津贴。公务员津贴包括地区津贴和岗位津贴。其中，地区津贴包括地区附加津贴和艰苦边远地区津贴。

（1）地区附加津贴。地区附加津贴主要反映地区间经济发展水平、物价消费水平等方面的差异，根据各地区经济发展水平和生活费支出等因素确定标准，同时还考虑机关、事业单位工作人员工资水平与企业职工工资水平的差距。1993年实施的机关公务员职级工资制，统一了全国各地区公务员的基本工资，并设立地区附加津贴以体现不同地区的公务员的工资差别。目前，国家对地区附加津贴进行宏观调整，各地区要严格按照2006年颁发的《公务员工资制度改革方案》，结合本地区的经济和社会发展水平、物价消费水平等，确定地区附加津贴。

（2）艰苦边远地区津贴。艰苦边远地区津贴是对在艰苦边远环境下工作的公务员额外劳动消耗和特殊生活费支出等方面的适当补偿。执行艰苦边远地区津贴所需资金，属于财政支付的，由中央财政负担。改革开放以来，我国出台了一系列关于艰苦边远地区津贴的专项规定，如《劳动人事部关于边远地区范围的通知》《机关、事业单位艰苦边远地区津贴实施办法》《关于实施艰苦边远地区津贴的方案》《完善艰苦边远地区津贴制度实施方案》等。艰苦边远地区津贴的评估指标包括自然地理环境、人文社会发展。按照2006年颁发的《完善艰苦边远地区津贴制度实施方案》,艰苦边远地区津贴标准如下:一类区每月65~130元(人均70元);二类区每月120~240元(人均130元);三类区每月215~380元(人均230元);四类区每月370~680元(人均400元);五类区每月640~1 050元(人均680元);六类区每月950~1 400元(人均1 000元)。

(3) 岗位津贴。岗位津贴是国家对在特殊岗位上工作的公务员支付的额外劳动报酬,根据公务员的工作岗位性质、工作环境、工作条件、工作责任等因素确定。国家对岗位津贴实行统一管理。在清理现有各项岗位津贴的基础上,规范岗位津贴。当前,我国公务员的岗位津贴主要包括公安干警的警衔津贴和值勤岗位津贴、海关工作人员津贴、基层审计人员外勤工作补贴、监察办案人员办案补贴等。

3. 补贴。公务员补贴制度,是国家为了适应经济和社会的发展,结合公务员的职务和级别而设置的福利补偿制度。公务员补贴有助于提高公务员的经济承受力,减缓公务员的生活支出压力,满足公务员日益多元化的物质生活需要。按照《中华人民共和国公务员法》(修订)的规定,我国公务员按照国家规定享受住房、医疗等补贴、补助等。

(1) 住房补贴。住房补贴是国家为职工解决住房问题而给予的补贴资助,即将单位原有用于建房、购房的资金转化为住房补贴,分次(如按月)或一次性发给职工,再由职工到住房市场上通过购买或租赁等方式解决自己的住房问题。国家为推进住房制度改革,还建立了住房公积金制度。住房公积金,是指国家机关、国有企业、城镇集体企业、外商投资企业、城镇私营企业及其他城镇企业、事业单位、民办非企业单位、社会团体及其在职职工缴存的长期住房储金。

(2) 医疗补助。公务员医疗补助是在城镇职工基本医疗保险制度基础上对国家公务员的补充医疗保障。公务员的医疗补助经费由同级财政列入当年财政预算。医疗补助经费要专款专用、单独建账、单独管理,与基本医疗保险基金分开核算。医疗补助经费主要用于基本医疗保险统筹基金最高支付限额以上,符合基本医疗保险用药、诊疗范围和医疗服务设施标准的医疗费用补助;在基本医疗保险支付范围内,个人自付超过一定数额的医疗费用补助。

4. 奖金。奖金是根据按劳分配原则采取的作为工资补充的劳动报酬形式,是对工作认真负责、工作成绩显著的公务员的物质奖励。按照《中华人民共和国公务员法》（修订）的规定，公务员在定期考核中被确定为优秀、称职的，按照国家规定享受年终奖金。根据现行有关规定和做法，年终奖金一次性发放，数额按公务员本人月工资的一定比例计发。按照《公务员奖励规定（试行）》的规定，对获得"嘉奖、记三等功、记二等功、记一等功、授予荣誉称号"等奖励的公务员，按照规定标准给予一次性奖金。

二、我国公务员的福利制度

公务员福利制度，是指国家和机关单位为了满足公务员的物质、文化生活需要，解决公务员的工作与生活困难，提高其工作生活质量，在工资、社会保险、社会优抚、社会救助之外给予公务员的补助措施。这是公务员社会保障制度的重要组成部分。建立公务员福利制度，有利于改善公务员的工作生活条件、减轻其经济负担和促进身心健康，从而有利于稳定公务员队伍，调动他们的工作积极性，提高工作效率。目前，实行公务员制度的国家普遍建立了公务员福利制度，并以法律形式将其固定下来。如，美国、日本、德国等在有关法律和法令中，均对公务员的福利待遇作出了详细规定。我国实行公务员制度后，为了进一步增强公务员队伍的吸引力，在合理确定和逐步提高公务员工资待遇的同时，还应当认真做好公务员的福利工作，逐步提高他们的福利待遇。

（一）我国公务员福利制度的主要内容

按照不同标准，可将福利分为不同类型。按照福利是否具有强制性，分为法定福利、非法定福利；按照福利的价值和目标，分为风险保障型福利、物质激励型福利；按照福利的给付形式，分为现金福利、非现金福利；按照福利的实施范围，分为全员性福利、特种福利、特困福利；按照员工对福利的选择权，分为固定福利、弹性福利。以下主要从福利补贴与补助、工时与休假制度、集体生活福利设施、社会优抚制度等角度探讨我国公务员福利制度。

1. 福利补贴与补助。具体有以下几种：

（1）生活补助。按照有关规定，公务员可以获得各类生活补助，如书报补助、夏季防暑降温补助、午餐或夜餐补助、独生子女补助、婴幼儿补助、生活用品价格补助等。

（2）上下班交通费补贴。职工上下班交通费补贴是指为帮助一部分上下班路远的职工，减轻交通费支出而建立的补贴制度。1978年2月，财政部、国家劳动总局颁发《关于建立职工上下班交通费补贴制度的通知》，要求国家机关从行政经费中支出补贴费。上下班交通费补贴的发放是以在职、在编、在岗为前提，按公务员的部门、职务、级别、职责、任务等因素差异设定系数，作为测算补贴标准的基本依据。交通补贴的发放形式分为按月发放、一次性发放、包干使用。

（3）移动通信费用补贴。2004年1月8日，国务院机关事务管理局、中共中央直属机关事务管理局联合下发《中央和国家机关公务移动通信费用补贴管理办法》，要求停止用公款为机关工作人员公务活动购置或配备无线移动电话、寻呼机，与此相关的各项费用一律由个人自理，对机关工作人员按职级和工作需要发放公务移动通信费用补贴。地方政府可以参照《中央和国家机关公务移动通信费用补贴管理办法》，因地制宜，合理确定公务员的移动通信费用补贴标准。

（4）冬季取暖补贴。职工冬季宿舍取暖补贴是指国家为保证一部分寒冷地区的职工在冬季能够正常生活而设立的补贴制度。1978年，财政部、国家劳动总局联合下发《关于改进职工宿舍冬季取暖补贴的问题的意见》。当前，实行冬季取暖补贴的地区和范围包括：除广东、广西、福建、浙江、湖南、湖北、四川（谅山阿孜彝族自治州除外）、云南（中甸、德钦县等除外）、贵州等省，江苏、安徽、河南等省的淮河以南地区，陕西省的秦岭以南地区外，其他地区的国家机关和事业、企业单位均可以发放冬季取暖补贴；西藏地区，由当地政府酌情决定。地方政府可以根据本地的气候变化情况，结合本地区的经济社会发展情况，合理确定冬季取暖补贴的范围、期限和标准。

2. 工时与休假制度。工时制度，是指国家为了合理安排公务员的工作和休息时间，维护和保障公务员的休息权利，劳逸结合，充分调动公务员的工作积极性、主动性、创造性，不断提高行政效率而规定的与公务员工作、休息时间有关的制度。我国公务员现行的休假制度包括法定节假日、年休假、探亲假、婚丧假、病事假等制度。其中，节假日以法定节假日、年休假和探亲假为主。

（1）工时制度。《中华人民共和国公务员法》（修订）第八十二条规定，"公务员实行国家规定的工时制度，按照国家规定享受休假。公务员在法定工作日之外加班的，应当给予相应的补休，不能补休的按照国家规定给予补助"。按照国务院《关于职工工作时间的规定》，职工每日工作8小时，每周工作40小时。任何单位和个人不得擅自延长职工工作时间。因特殊情况和紧急任务确需延长工作时间的，按照国家有关规定执行。国家机关、事业单位实行统一的工作时间，星期六和星期日为周休息日。

（2）法定节假日制度。1949年12月23日，政务院颁布《全国年节及纪念日放假办法》，国务院于1999年和2007年对该法规进行两次修订。目前，全国公民放假的节日包括：新年，放假1天（1月1日）；春节，放假3天（农历除夕、正月初一、初二）；清明节，放假1天（农历清明当日）；劳动节，放假1天（5月1日）；端午节，放假1天（农历端午当日）；中秋节，放假1天（农历中秋当日）；国庆节，放假3天（10月1日、2日、3日）。部分公民放假的节日及纪念日包括：妇女节（3月8日），妇女放假半天；青年节（5月4日），14周岁以上的青年放假半天；儿童节（6月1日），不满14周岁的少年儿童放假1天；中国人民解放军建军纪念日（8月1日），现役军人放假半天。少数民族传统的节日，由各少数民族聚居地区的地方人民政府，按照各民族习惯，规定放假日期。

（3）年休假制度。按照国务院于2007年颁发的《职工带薪年休假条例》，以及人事部于2008年颁发的《机关事业单位工作人员带薪年休假实施办法》规定，机关、团体、企业、事业单位、民办非企业单位、有雇工的个体工商户等单位的职工连续工作1年以上的，享受带薪年休假。职工在年休假期间享受与正常工作期间相同的工资收入。职工累计工作已满1年不满10年的，年休假5天；已满10年不满20年的，年休假10天；已满20年的，年休假15天。单位确因工作需要不能安排职工休年休假的，经职工本人同意，可以不安排职工休年休假。对职工应休未休的年休假天数，单位应当按照该职工日工资收入的300%支付年休假工资报酬。

（4）探亲假制度。探亲待遇制度是国家为解决职工与分居两地的配偶、父母团聚而建立的一种福利制度。1981年，国务院颁发《关于职工探亲待遇的规定》，凡在国家机关、人民团体和全民所有制企业、事业单位工作满一年的固定职工，与配偶不住在一起，又不能在公休假日团聚的，可以享受探望配偶的待遇；与父亲、母亲都不住在一起，又不能在公休假日团聚的，可以享受探望父母的待遇。但是，职工与父亲或与母亲一方能够在公休假日团聚的，不能享受探望父母的待遇。职工探亲假期为：职工探望配偶的，每年给予一方探亲假一次，假期为30天；未婚职工探望父母，原则上每年给假一次，假期为20天；已婚职工探望父母的，每四年给假一次，假期为20天。

（5）婚假、丧假。根据《关于国有企业职工请婚丧假和路程假等问题的通知》《中华人民共和国婚姻法》《中华人民共和国计划生育条例》《中华人民共和国人口与计划生育法》的规定，婚假的期限如下：按法定结婚年龄（女20周岁，男22周岁）结婚的，可享受3天婚假；符合晚婚年龄（女23周岁，男25周岁）的，可享受晚婚假15天（含3天法定婚假）；结婚时男女双方不在一地工作的，可视路程远近，另给予路程假；在探亲假（探父母）期间结婚的，不另给假期；再婚的可享受法定婚假，不能享受晚婚假。根据1980年2月20日国家劳动总局、财政部发布的《关于国有企业职工请婚丧假和路程假问题的通知》的规定，职工的直系亲属（父母、配偶和子女）死亡时，可以根据具体情况，给予1~3天的婚丧假；职工在外地的直系亲属死亡时需要本人去外地料理丧事的，可以根据路程远近，另给予路程假。

3. 集体生活福利设施。职工集体生活福利设施，是由企业、事业单位、行政机关共同出资兴办的，旨在满足员工共同生活需要、减轻其家务劳动、方便生活的集体生活福利设施，如食堂、宿舍、医务室、托儿所、幼儿园、浴室、理发室、疗养院、阅览室、图书室、娱乐室、俱乐部、体育场等。改革开放以来，随着社会主义市场经济体制的建立和完善，机关后勤事业改革的推进，以及公务员集体生活福利设施市场化、社会化、货币化改革进程加快，机关所拥有的集体生活福利设施相对减少。

4. 社会优抚制度。社会优抚是针对军人及其家属所建立的社会保障制度，是指国家和社会对军人及其家属所提供的各种优待、抚恤、养老、就业安置等待遇和服务的保障制度。《中华人民共和国宪法》规定，"国家和社会保障残废军人的生活，抚恤烈士家属，优待军人家属"。1988年，由国务院、中华人民共和国中央军事委员会联合颁发《军人抚恤优待条例》。2004年，新的《军人抚恤优待条例》公布实施后，民政部下发《关于国家机关工作人员、人民警察伤亡抚恤有关问题的通知》，国家机关工作人员、人民警察的伤亡抚恤事宜参照《军人抚恤优待条例》执行。

公务员的社会优抚主要包括：①伤残抚恤。国家机关工作人员、人民警察因公负伤致残，其伤残性质的认定和伤残等级评定标准、伤残抚恤金标准、补办评残手续和伤残抚恤关系转移等，参照《军人抚恤优待条例》和《伤残抚恤管理暂行办法》的有关规定办理。②死亡抚恤。国家机关工作人员、人民警察因公牺牲和病故的确认，参照《军人抚恤优待条例》的有关规定办理。死亡抚恤金包括一次性抚恤金和定期抚恤金。国家机关工作人员、人民警察死亡一次性抚恤金标准，参照《军人抚恤优待条例》执行：烈士，80个月工资；因公牺牲，40个月工资；病故，20个月工资。对符合条件的烈士遗属、因公牺牲军人遗属、病故军人遗属，定期发给抚恤金。③丧葬补助费。补助标准由省、自治区、直辖市确定。中央国家机关及其所属事业单位执行所在地的标准。④遗属生活困难补助。县级以上地方人民政府对依靠定期抚恤金生活仍有困难的烈士遗属、因公牺牲军人遗属、病故军人遗属，可以增发抚恤金或者采取其他方式予以补助，保障其生活水平不低于当地的平均生活水平。

（二）我国公务员福利制度的改革

我国公务员福利制度的建立，对于改善职工生活、调动工作积极性和促进事业发展等方面都曾发挥了重要作用。但随着经济、社会的发展，现行福利制度中的有些内容已经不能适应当前的实际和社会经济进一步发展的需要，亟待改革和完善。这主要表现在以下几方面。

1. 福利在职工全部报酬中所占比重过大。长期以来，我国实行的是"低工资、多补贴、泛福利"的分配模式，相当一部分劳动报酬如住房、教育、文化设施等，是以非商品的形式无偿提供给职工，不进入工资。在经济发展水平不高、职工收入普遍偏低的情况下，这或许是难以避免的。这种状况在实行绩效工资后已经大有改观，但还在一定程度上存在，这与大力发展市场经济、逐步完善社会主义市场经济体制的要求显然是不相称的。

2. "机关办社会""单位办社会"的现象依然相当严重。一些本来应该由社会承担的福利，如托儿所、幼儿园、车队等，都由国家机关承担，使相当一部分福利设施得不到充分利用，既增加了国家财政负担，也不利于国家机关部门的精简和工作效率的提高。

3. 一些部门或单位擅自提高福利标准，或者采取种种形式给职工发放福利性补贴。这不仅加剧了国家机关工作人员工资收入的福利化、实物化倾向，不利于廉政建设，而且往往引起部门和单位之间相互攀比，竞相通过各种途径筹集资金或实物来提高本部门、本单位的福利水平，损害了国家利益等。

可见，如何有效地改革和完善我国国家机关现行的福利制度，切实建立起一套与社会主义市场经济相适应的有中国特色的福利制度，是现阶段面临的一项重大课题。对此，需要不断实践、不断探索，通过经验总结逐步加以解决。

根据我国福利工作的实际情况，按照适应社会主义市场经济体制的要求，今后，我国公务员福利制度的改革，总的来说是要改善公务员病事假待遇，完善和规范其他福利措施，力争尽快建立起与公务员制度相配套，与社会主义市场经济体制相适应的一套独立、完善、规范的公务员福利体系。当然，公务员福利待遇的进一步改善和提高，最终要取决于国家经济和社会的发展水平以及财力水平。但就改革方向而言，应着重从以下三个方面努力：①逐步降低工资收入中福利的比重，将一部分福利性补贴纳入工资标准，尽可能实现公务员工资收入的工资化和货币化。②采取切实可行的措施，尽可能地交由社会办福利，提高福利制度的社会化、商品化程度，促进我国第三产业的发展和市场的发育。③建立健全有关规章制度和加强监督管理，使公务员的福利制度能够充分发挥应有的作用。

三、我国公务员的保险制度

公务员保险制度，是指国家对因生育、年老、疾病、伤残和死亡等原因暂时或永久丧失劳动能力的公务员给予物质帮助的一种保障制度。公务员保险制度是社会保障制度的一个重要组成部分。建立和实施公务员的保险制度，对于保障公务员的基本生活、解除他们的后顾之忧、调动他们的工作积极性、促进经济的发展和维护社会的稳定，都具有重要的作用。

（一）我国公务员保险制度的基本内容

党的十八大报告中强调要"统筹推进城乡社会保障体系建设"，"改革和完善企业和机关事业单位社会保险制度，整合城乡居民基本养老保险和基本医疗保险制度，逐步做实养老保险个人账户，实现基础养老金统筹，建立兼顾各类人员的社会保障待遇确定机制和正常调整机制"。《中华人民共和国公务员法》（修订）规定，公务员依法参加社会保险，按照国家规定享受保险待遇。公务员因公牺牲或者病故的，其亲属享受国家规定的抚恤和优待。

1. 基本医疗保险。基本医疗保险通常由国家立法强制实施，建立基金制度，费用由用人单位和个人共同缴纳，医疗保险费由医疗保险机构支付，以解决劳动者因患病或受伤带来的医疗风险。按照《中华人民共和国社会保险法》，"职工应当参加职工基本医疗保险，由用人单位和职工按照国家规定共同缴纳基本医疗保险费"。用人单位缴费率应控制在职工工资总额的6%左右，职工缴费率一般为本人工资收入的2%。基本医疗保险基金由统筹基金和个人账户构成：职工个人缴纳的基本医疗保险费，全部计入个人账户；用人单位缴纳的基本医疗保险费分为两部分：一部分用于建立统筹基金，一部分划入个人账户。符合基本医疗保险药品目录、诊疗项目、医疗服务设施标准以及急诊、抢救的医疗费用，按照国家规定从基本医疗保险基金中支付。党的十八大报告强调，要"重点推进医疗保障""健全全民医保体系，建立重特大疾病保障和救助机制，完善突发公共卫生事件应急和重大疾病防控机制"，以"切实提高人民健康水平"。

2. 养老保险。养老保险，是指国家和社会根据法律和法规，为解决劳动者在达到国家规定的解除劳动义务的劳动年龄界限，或因年老丧失劳动能力退出劳动岗位后的基本生活问题而建立的社会保险制度。按照《中华人民共和国社会保险法》，"职工应当参加基本养老保险，由用人单位和职工共同缴纳基本养老保险费"，"公务员和参照公务员法管理的工作人员养老保险的办法由国务院规定"。我国基本养老保险基金由用人单位和个人缴纳以及政府补贴等组成。基本养老金由统筹养老金和个人账户养老金组成。基本养老金根据个人累计缴费年限、缴费工资、当地职工平均工资、个人账户金额、城镇人口平均预期寿命等因素确定。参加基本养老保险的个人，达到法定退休年龄时累计缴费满15年的，按月领取基本养老金。国家建立基本养老金正常调整机制。

3. 失业保险。失业保险是指国家通过立法强制实行的，由社会集中建立基金对因失业而暂时中断生活来源的劳动者提供物质帮助的社会保障制度。

按照《中华人民共和国社会保险法》，"职工应当参加失业保险，由用人单位和职工按照国家规定共同缴纳失业保险费"。城镇企业事业单位按照本单位工资总额的2%缴纳失业保险费，城镇企业事业单位职工按照本人工资的1%缴纳失业保险费。失业保险基金由单位、个人和国家三方共同负担。我国失业保险基金由下列各项构成：城镇企业事业单位、城镇企业事业及机关单位职工缴纳的失业保险费；失业保险基金的利息；财政补贴；依法纳入失业保险基金的其他资金。失业人员符合下列条件的，从失业保险基金中领取失业保险金：失业前用人单位和本人已经缴纳失业保险费满一年的；非因本人意愿中断就业的；已经进行失业登记，并有求职要求的。

4. 工伤保险。工伤保险，是指国家和社会为在生产、工作中遭受事故伤害和患职业性疾病的劳动者及其亲属提供医疗救治、生活保障、经济补偿、医疗和职业康复等物质帮助的社会保障制度。按照《中华人民共和国社会保险法》，"职工应当参加工伤保险，由用人单位缴纳工伤保险费，职工不缴纳工伤保险费"。《工伤保险条例》规定，工伤保险基金由用人单位缴纳的工伤保险费、工伤保险基金的利息和依法纳入工伤保险基金的其他资金构成。工伤保险费根据以支定收、收支平衡的原则确定费率。职工因工作原因受到事故伤害或者患职业病，且经工伤认定的，享受工伤保险待遇；其中，经劳动能力鉴定丧失劳动能力的，享受伤残待遇。近年来，一些地方政府试点公务员工伤保险，如截至2011年11月1日，山西长治市城区将780名在职公务员纳入了工伤保险范围。

5. 生育保险。生育保险，是指通过国家立法规定，对怀孕、分娩的女职工给予生活保障和物质帮助的社会保障政策。生育保险的覆盖范围包括中华人民共和国境内一切国家机关、人民团体、企业、事业单位的女职工，一些地方也将男职工纳入生育保险范围。《中华人民共和国社会保险法》规定，职工应当参加生育保险，由用人单位按照国家规定缴纳生育保险费，职工不缴纳生育保险费。用人单位已经缴纳生育保险费的，其职工享受生育保险待遇；职工未就业配偶按照国家规定享受生育医疗费用待遇，所需资金从生育保险基金中支付。我国生育保险待遇涉及产假、计划生育医疗费用、生育医疗费用、生育津贴、生育医疗待遇等。

（1）产假。产假是指给予女职工在生育过程中的休息期限，即女职工在分娩前和分娩后的假期。按照《女职工劳动保护特别规定》，女职工生育享受98天产假，其中产前可以休假15天；难产的，增加产假15天；生育多胞胎的，每多生育1个婴儿，增加产假15天。女职工怀孕未满4个月流产的，享受15天产假；怀孕满4个月流产的，享受42天产假。很多地区对晚婚、晚育的职工给予奖励政策，假期适当延长。如，按照《福建省企业职工生育保险规定》，晚育并领取独生子女证的，产假可延长到135~180天。

（2）计划生育医疗费用、生育医疗费用、生育津贴。计划生育医疗费用包括职工因计划生育实施放置（取出）宫内节育器、流产术、引产术、绝育及复通手术所发生的医疗费用，由生育保险基金支付。女职工生育的产前检查费、接生费、手术费、住院费和药费，由生育保险基金支付。女职工产假期间的生育津贴，对已经参加生育保险的，按照用人单位上年度职工月平均工资的标准，由生育保险基金支付；对未参加生育保险的，按照女职工产假前工资的标准由用人单位支付。

（3）医疗服务。按照《中华人民共和国人口与计划生育法》，国家建立婚前保健、孕产期保健制度。各级人民政府应当采取措施，保障公民享有计划生育技术服务，提高公民的生殖健康水平。生育保险医疗服务项目包括检查、接生、手术、住院、药品、计划生育手术等。

（二）我国公务员保险制度的改革

我国公务员保险制度建立后，国家根据社会经济形势发展的需要，对一些内容曾进行过适当的修改和完善。特别是改革开放以来，随着经济体制改革的不断深入，国家在这个方面也进行了一定程度的改革并取得了一些成效。实行公务员制度后，为了较好地解决公务员退休、失业、工伤后的待遇等问题，适应建立社会主义市场经济体制和深化人事管理制度改革的需要，必须进一步加大改革力度，尽快完善公务员保险制度。

公务员的保险制度，既是整个社会保障体系的重要组成部分，也是公务员制度的一项主要内容和配套措施。这项改革的政策性强，情况比较复杂，工作难度大。从当前的实际情况出发，我国公务员保险制度改革总的指导思想是：按照党中央、国务院关于建立多层次社会保障体系的要求，逐步建立健全与市场经济体制相配套，与社会生产力发展水平相适应，与推行公务员制度相衔接，体现政府机关特点的保险制度。公务员保险制度应主要体现以下原则：一是社会保障水平与我国生产力水平及各方面承受能力相适应，公平与效率相结合，政策统一，管理法制。二是权利和义务相统一。享受社会保险待遇是公务员应有的权利，国家和社会应给予保证，维护公务员合法权利。公务员个人也要积极参与社会保险，尽缴纳社会保险费的义务。三是社会保险基金由国家和个人共同合理分担，实行社会统筹与个人账户相结合的办法。要根据经费来源渠道，分别由财政和个人共同负担，拓宽资金渠道，逐步建立起社会保险的基金储备。四是行政管理与基金运营分开。制定政策是行政职能，必须由政府主管部门负责。基金管理机构属非营利性的事业单位，按有关政策法规负责社会保险金的筹集、给付、管理和运营等工作。

思考题

1. 我国公务员工资制度的主要原则有哪些？
2. 我国公务员工资制度有哪些主要内容？
3. 我国公务员福利制度的主要内容有哪些？
4. 试述我国公务员福利制度有哪些改革。
5. 我国公务员保险制度有哪些主要内容？

案例

六部委部署全国清查公务员津贴补贴

2011年6月,南京市地税局、市直机关等单位相继接受规范津贴补贴检查组的检查。这个由纪委等六部门组成的检查组通过听取汇报、查阅人事资料、财务账册、报销凭证等,检查是否存在津贴补贴发放超标、违规设立津补贴明目,以及津贴补贴资金来源等情况。像南京一样,全国省会城市和计划单列市都在部署检查市直机关津贴补贴发放情况,依据《关于省会城市、计划单列市市直机关规范津贴补贴检查的通报》(中纪发〔2011〕13号文)统一部署。2006年7月,我国实行新的公务员工资制度,同时开始对中央机关、各省市津贴补贴发放进行清理规范,计划用3年时间,将地区差控制在合理范围,并通过行政手段"削峰填谷",使同级政府不同部门之间的津贴补贴水平大体相当。此后,各地陆续开始清理合并公务员收入中的各类津贴补贴,过去"不上台面"的收入被取消或变成"明补",这也被称为"阳光工资"改革。"阳光工资"改革后,公务员工资主要由职务工资、级别工资和工作津贴、生活补贴构成。前两项实行全国统一标准,由中央财政支付,后两项由地方财政安排,具有一定的浮动区间和灵活性。"阳光工资"改革进行5年后,全国不同地区和不同部门之间工资收入仍然相差巨大。一位宁夏回族自治区政府部门处级官员的月工资只有3 200元,但在江苏、浙江、广东等地却有1万元之多。"阳光工资"改革也并未在3年内实现地区差控制在合理范围、同级政府不同部门之间的津贴补贴水平大体相当的目标。至今一些省市的政府部门仍未进行津贴补贴规范改革,而已经改革的部门通过各种手段弥补改革减少的收入。这种现状正是中纪委等六部委进行全国检查的原因。2010年中纪委等六部门曾对广州、武汉、成都、青岛、宁波和南宁六城市的公安、工商、城建、房管、教育、地税、卫生、房产八大系统进行检查。检查发现,地税、卫生、房管等有征收权和罚没权的部门违规发放津贴补贴的现象最为多见,通过预算外收入、小金库作为津贴补贴来源。

(资料来源:席斯,《六部门规整阳光工资:谁在违规发放津补贴》,见http://finance.sina.con2,cn/g/20110624/2236,0045040.Shtml,2011-06-24)

案例分析：
1. 结合案例，简要分析我国公务员津贴补贴发放存在的问题。
2. 你认为可以采取哪些措施以规范公务员津贴补贴发放？

第十一章
公务员辞职、辞退与退休

一、公务员辞职

公务员辞职，是指公务员根据本人的意愿提出申请，并经过任免机关批准，辞去现任职务，依法解除其与机关之间的人事关系；或者担任领导职务的公务员，依照法律规定的条件和程序，辞去所担任的领导职务。

辞职制度是公务员离开公务员队伍的重要"出口"之一。建立和完善公务员辞职制度可以优化社会人力资源配置，促进经济社会发展，推动公务员机关的新陈代谢，保持公务员队伍的活力，提升行政效率。

我国公务员的辞职制度包括担任领导职务的公务员因公辞职和自愿辞职、领导成员的引咎辞职和责令辞职，以及普通公务员的辞去公职。前四种辞职形式是针对担任领导职务的公务员规定的，是公务员辞去所担任的领导职务，并不辞去公职，辞职后还具有公务员身份，还是公务员队伍中的一员。辞去公职是典型意义上的辞职，是公务员离开公务员队伍，不再具有公务员身份。本章所说的辞职主要指辞去公职。

（一）公务员辞去公职的含义和特点

1. 辞去公职的含义。辞去公职是指公务员根据本人意愿，依照法律规定，辞去所担任的公务员职务，解除其与所在机关的人事行政关系的行为和事实。辞去公职制度的建立，从法律上保证了公务员的辞职权，有利于人才的合理配置，有利于充分发挥辞职公务员的个人主动性和创造性，做到人尽其才，才尽其用。

2. 辞去公职的特点。辞去公职有以下几个特点：

（1）辞去公职是公务员的一项权利，是公务员择业自由的一种实现形式。

因此，一般情况下，任何机关、团体和组织或者个人，都不能强迫公务员辞去公职或者阻挠其辞职。

（2）辞职必须经过一定的法律程序。虽然辞去公职是公民的权利，但行使权利也要依法进行，不能说离开就离开。因此，要有一个批准程序，按照法律规定的操作规程办理相关手续，如申请、审核、审批、公务交接、经济责任审计等。未经批准，不得辞去公职，这样可以避免对机关的工作产生干扰和不利影响，保证公务员管理的严肃性。

（3）辞去公职是有一定条件的。根据《公务员法》（修订）规定，这样一些情况不得辞去公职：未满国家规定的最低服务年限的；在涉及国家秘密等特殊职位任职或者离开上述职位不满国家规定的脱密期限的；重要公务尚未处理完毕且须由本人继续处理的；正在接受审计、纪律审查，或者涉嫌犯罪，司法程序尚未终结等。

（4）辞去公职后仍然享有一定的权利。公务员辞去公职后，可以按照有关规定获得各种人事关系证明，可通过参加公务员考试而重新担任公务员，在辞职者担任其他国家机关公职时，其工龄可以连续计算。

（二）公务员辞去公职与免职

免职是任免机关免去公务员所担任职务的行为。如《党政领导干部选拔任用工作条例》第五十五条规定，党政领导干部有下列情形之一的，一般应当免去现职：第一，达到任职年龄界限或者退休年龄界限的；第二，在年度考核、干部考察中，民主测评不称职票超过1/3、经组织考核认定为不称职的；第三，因工作需要或者其他原因，应当免去现职的。

免职属于公务员职务的变更，与公务员的任职相对应。它与辞去公职的区别在于：第一，辞去公职是由公务员自愿、主动提出的，免职是任免机关单方面作出的，是国家机关的权力，公务员必须服从。第二，辞去公职一般是公务员因个人原因提出的，可以按照有关规定获得各种人事关系证明，有在规定的范围内重新当公务员的权利，在辞职者担任其他国家机关公职时，其工龄可以连续计算。第三，公务员辞去公职后，与国家机关的人事行政关系解除，不再保留公务员身份；而公务员被免职后，只是公务关系发生变化，被免职的公务员仍保留公务员身份。

（三）公务员辞去公职的程序

按照《中华人民共和国公务员法》（修订）以及《公务员辞去公职规定

（试行）》等配套法规办理。公务员辞去公职的程序包括以下步骤。

1. 公务员本人向所在单位提出书面辞职申请。必须由本人填写《公务员辞去公职申请表》，向所在单位提出书面辞职申请。以书面形式提出辞职申请，一方面可以使公务员审慎思考。因为辞去公职意味着公务员身份的失去，涉及公务员的切身利益，所以必须慎重；另一方面有书面申请在，有据可查，可以防止以后可能出现的纠纷。

2. 所在单位提出意见，按照管理权限报任免机关。公务员所在单位接到辞职申请后，应结合本单位的工作需要，以及公务员的实际情况，认真讨论、分析公务员的辞职申请，提出处理意见后按照管理权限上报。如管理权限与任免权限分别属于两个机关，则应先送有管理权的机关审核同意后，再送任免机关批准。

3. 任免机关组织人事部门审核。任免机关组织人事部门根据《公务员辞去公职申请表》以及相关资料，认真审核以下内容：一是审核公务员辞职的条件是否合法；二是审核程序是否合法、手续是否齐备；三是审核单位意见是否恰当。经过严格审核之后，将人事部门的审核意见连同相关材料报任免机关审批。

4. 任免机关审批。任免机关审批，作出同意辞去公职或者不同意辞去公职的批复。同意辞去公职的，应当同时免去其他所任职务。对于符合法定条件的辞职申请，任免机关应当自接到申请之日起 30 日内予以批准；不符合辞职条件的辞职申请，也应当在自接到申请之日起 30 日内作出不予批准的决定；对领导成员辞去公职的申请，应当自接到申请之日起 90 日内决定批准与否。在审批期间，公务员不得擅自离职，对擅自离职的，给予开除处分，不准重新录用到国家行政机关工作。任免机关超过期限没有答复的，视为同意该公务员辞职。

5. 审批结果通知、备案、存档。任免机关将审批结果以书面形式通知公务员所在单位和申请辞去公职的公务员，并将同意辞去公职批复送同级公务员主管部门备案。《公务员辞去公职申请表》和同意辞去公职的批复等存入本人档案。

6. 办理公务交接手续和辞职手续。公务员辞职后，应在批准之日起的半个月内，办理公务交接手续和辞职手续，必要时应接受财务审计。对拒不办理公务交接手续的,按照有关规定给予处分,情节严重的,给予开除处分。国家公务员辞职离开国家行政机关,其人事档案由所在单位按规定转至有关机构。公务员申请辞去公职未予批准的,可以按照规定申请复核或者提出申诉。复核、申诉期间不停止该人事处理的执行。

(四) 公务员辞去公职的限制

公务员基于工作兴趣不浓厚、知识和技术不够、公共管理能力不强、对待遇不满或健康、家庭等各种原因,与单位协商一致后,可以依法向主管机关提出辞呈,以解除人事关系。由于公务员的特殊身份和他所承担的公务,公务员也要考虑国家机关的利益,也不能随意辞职。为了保护国家利益和公共利益,保护机关工作的有序进行,《公务员法》规定凡有下列情况的,公务员辞去公职要受到限制。

1. 未满国家规定的最低服务年限的。为了保证机关工作的连续性和稳定性,国家机关在录用公务员时,一般都要求新录用的公务员有最低服务年限,只有在最低服务年限届满后,公务员才能提出辞职。根据人事部发布的《新录用国家公务员任职定级暂行规定》,通过考试录用为国家公务员的最低服务年限为5年(含试用期);其期限是以周年计算。公务员未满最低服务年限的,不得辞去公职。

2. 在涉及国家秘密等特殊职位任职或者离开上述职位不满国家规定的脱密期限的。按照《保密法》的规定,属于国家保密的事项有:国家事务重大决策中的秘密事项;国防建设和武装力量活动中的秘密事项;外交和外事活动中的秘密事项以及对外承担保密义务的事项;国民经济和社会发展中的秘密事项;科学技术中的秘密事项;维护国家安全活动和追查刑事犯罪中的秘密事项;其他经国家保密工作部门确定应当保守国家秘密的事项。在这些特殊职位任职的公务员,掌握着国家重要的秘密事项,其辞去公职有可能会使国家利益遭受损失,因此,这些特殊职位任职的公务员要辞去公职,必须在离开这些特殊职位一定时期之后,也就是过了国家规定的脱密期限,才可以辞去公职。脱密期根据秘密的机密程度不同而不同。

3. 重要公务尚未处理完毕,且须由本人继续处理的。为了保证国家机关工作的稳定、正常、有序进行,避免和减少国家利益损失的发生,《公务员法》(修订)规定重要公务尚未处理完毕,且须由本人继续处理的,不得辞去公职。如，有些工作性质比较特殊，专业性比较强，或者完成任务的周期比较长，工作需要有连续性等。如果从事这些工作的公务员辞去公职，别的公务员可能一时接不上，会造成工作被动，给国家造成损失，如公务员正在与外方谈判、司法人员正在调查案件等。

4. 正在接受审计、纪律审查，或者涉嫌犯罪司法程序尚未终结的。公务员有违法违纪行为应当受到惩处，如果公务员本身没有问题，应当主动配合审计、纪律审查或者司法调查。在有关机关调查处理问题期间，如果公务员辞去公职，会存在两个问题：一是可能影响审计、审查或司法调查的顺利进行；二是如果公务员有违法违纪行为，应当承担处分责任，这时提出辞职，就是逃避责任。因此，正在接受本机关、纪检部门的审计、纪律审查，或者涉嫌犯罪，司法机关的司法程序尚未终结的，不得辞去公职。公务员提出辞职的，任免机关也不予批准。

5. 法律、行政法规规定的其他不得辞职的。

（五）公务员辞去领导职务的四种形式

公务员辞去领导职务，是指在国家机关中担任领导职务的公务员，依照法律规定的条件和程序，辞去所担任的领导职务。结合《中华人民共和国公务员法》（修订）、《党政领导干部选拔任用工作条例》和《党政领导干部辞职暂行规定》，辞去领导职务的公务员主要是指：中共中央、全国人大常委会、国务院、全国政协、中央纪律检查委员会的工作部门或者机关内设机构的领导成员，最高人民法院、最高人民检察院的领导成员（不含正职）和内设机构的领导成员；县级以上地方各级党委、人大常委会、政府、政协、纪委、人民法院、人民检察院及其工作部门或者机关内设机构的领导成员；上列工作部门内设机构的领导成员。

担任领导职务的公务员辞去领导职务可以分为因公辞职、自愿辞职、引咎辞职和责令辞职四种形式。

1. 因公辞职。因公辞职，是指担任领导职务的公务员因工作需要变动职务，依照法律或者有关规定，向任免机关提出辞去现任领导职务。如，某省长在任期内调任为省委书记，就需要向选举他的省人民代表大会提出辞职；在大会闭会期间，可以向本级人大常委会提出辞职。因公辞职主要适用于选举任免的公务员，是公务员调动和交流应履行的一种正常的法律程序。向选举任命他的机关提出辞职,体现了公务员对选举他的机关负责。在政协和党的机关任职的公务员因公辞职的程序,按照政协章程或者党的文件规定的程序办理。

2. 自愿辞职。自愿辞职,是指公务员因个人或者其他原因,自行提出辞去现任领导职务。

自愿辞职与因公辞职的不同之处在于,因公辞职是公务员要调任其他公职,是组织上的安排。自愿辞职是公务员因个人或者其他原因而辞去领导职务,如不能胜任工作,或者因病不能正常工作,或者职业兴趣转移等。担任领导职务的公务员自愿辞职后,可以担任其他非领导职务,继续留在公务员队伍,也可以不再担任公共职务,离开公务员队伍;如离开公务员队伍,还要按照《公务员法》(修订)第八十五条的规定履行辞去公职手续。自愿辞职和因公辞职在程序上是一样的。必须写出书面申请,按照公务员的管理权限报任免机关审批。任免机关应当自收到申请书之日起3个月内予以答复,未经批准,不得擅离职守;擅自离职的,给予纪律处分。

3. 引咎辞职。引咎辞职,是指公务员中的领导成员因工作严重失误、失职造成重大损失或者恶劣影响,或者对重大事故负有重要领导责任,不宜再担任现职,由本人主动提出辞去现任领导职务。在国外,引咎辞职是一种政治责任,是选任制官员对选举机关的责任,也就是对选民的责任。引咎辞职作为一种政治责任,有两个特点:一是非直接责任,不是由自己行为引起的,没有直接过错;二是基于道德自律与舆论压力自愿提出的。引咎辞职制度不同于因自己直接的违法违纪行为导致的带有强制性的纪律处分和法律制裁,而是在领导成员的行为尚不够纪律处分和法律制裁的情况下,退下领导岗位的一个"体面"的方式。由于《公务员法》(修订)的规定,引咎辞职从一种政治责任演变成为一种法律责任。引咎辞职既有政治性,又有法律性,可以说是一种政治法律责任,这是我国法律责任体系中一种新的责任制度。

根据《公务员法》(修订)第一百一十条的规定,这里的"领导成员"指机关的领导人员,不包括机关内设机构担任领导职务的人员。国家机关中的领导成员引咎辞职的,应当按照《全国人民代表大会议事规则》第三十八条或者《地方组织法》第二十七条规定的程序,由同级人大及其常委会决定是否接受辞职。引咎辞职只是辞去现任的领导职务,如果不辞去公职,依然保留其公务员身份。

4. 责令辞职。责令辞职是指担任领导成员应当引咎辞职或者因其他原因不再适合担任现任领导职务，本人不提出辞职，由任免机关责令其辞去领导职务。《党政领导干部选拔任用工作条例》第六十条规定："责令辞职，是指党委（党组）及其组织（人事）部门根据党政领导干部任职期间的表现，认定其已不再适合担任现职，通过一定程序责令其辞去现任领导职务；拒不辞职的，应当免去现职。"在国家机关中担任领导成员的公务员责令辞职的，应当由同级人大及其常委会决定。

二、公务员辞退

（一）公务员辞退的含义、特点

1. 公务员辞退的含义。辞退，是指用人单位由于某种原因，依法解除与职工劳动关系的行为。根据原因的不同，可以将辞退分为违纪辞退和正常辞退。违纪辞退，是指用人单位对严重违反劳动纪律或犯有严重错误，但不够开除条件，经教育或处分仍无效的职工，依法解除劳动关系。正常辞退是指用人单位根据运营状况、富余职工情况、职工工作表现等，依法解除富余职工劳动关系的行为。

公务员的辞退是指国家机关依照法律规定的条件和程序，解除与公务员的任用关系。辞退是公务员的一种正常的退出机制。建立公务员的辞退制度，实行公务员的选优汰劣，有利于解决公务员"能进不能出"的问题，打破长期存在的公务员的"铁饭碗"制度，对提高公务员素质，优化公务员队伍结构，增强公务员队伍战斗力，提高工作效率，都具有重要意义。

2. 公务员辞退的特点。

（1）辞退公务员是国家机关的一项权力。辞退是公务员所在机关认识到公务员不宜继续在机关工作而解除其任用关系的单方面的行为。只要符合法定事由，公务员所在机关就可以按照法定程序，解除与公务员的人事行政关系，无须征得公务员本人的同意。

（2）辞退公务员必须基于一定的法律事由。公务员的合法权利应当受到法律保障，所在机关不能随意解除与公务员的任用关系。要辞退公务员，必须要有法定理由。《公务员法》（修订）第八十八条规定了五种法定事由。

（3）辞退公务员必须依照法定的程序。辞退公务员，按照管理权限决定。辞退公务员如果不符合法定程序，辞退行为无效。

（4）公务员被辞退后可以享受法定的待遇。如领取辞退费或者享受失业保险。

（二）辞退与辞去公职

辞去公职与辞退都是公务员离开机关，解除与机关的任用关系，不再保留公务员身份。它们的区别如下。

1. 行为主体不同。辞去公职是由公务员主动提出的，出于公务员的自愿，是公务员的权利；辞退是由国家机关主动解除与公务员的任用关系，是国家机关单方面的行为，是国家机关的权力。

2. 原因不同。辞去公职一般是公务员出于个人原因提出的，如下海经商、出国学习等；而辞退的原因是由于存在《公务员法》（修订）第八十八条规定的五类法定事由之一。

3. 后果不同。辞去公职享受其他法定待遇，但没有辞职费；被辞退的公务员可以领取辞退费或者根据规定享受失业保险。此外，公务员辞去公职后还有一定的就业限制。根据《公务员法》（修订）第一百零七条规定，公务员辞去公职的，原系领导成员的公务员在离职3年内，其他公务员在离职2年内，不得到与原工作业务直接相关的企业或者其他营利性组织任职，不得从事与原工作业务直接相关的营利性活动。公务员被辞退则没有这样的就业限制。

（三）辞退与开除的关系

辞退与开除同样会导致公务员离开公务员队伍，但两者有着以下明显区别：

1. 辞退与开除在性质上不一样。被辞退的公务员不再具有公务员身份；但开除是一种行政处分，是公务员处分中最严重的一种。开除适用于那些严重违法违纪、严重侵犯人民群众利益、损害国家机关声誉、屡教不改的公务员；而辞退不是行政处分，不具有惩戒性，公务员被辞退可能是因为公务员有违法违纪行为，也可能不是公务员主观方面的原因。

2. 辞退与开除在后果上也不一样。被辞退的公务员可以享受失业保险，或者领取辞退费；被开除的公务员不能享受这些待遇。公务员被辞退后，必须在接到辞退通知的30日内，持有关证件到当地政府人事部门指定的有关机构办理。

已建立失业保险制度的地区,可以享受失业保险;在没有建立失业保险制度的地区,可以领取辞退费。根据有关规定,辞退费由被辞退的公务员原单位在作出辞退公务员决定后的15天内,一次性向有关机构交纳,其费用由原单位预算内经费调剂解决。公务员被辞退前连续工作满一年以上的,自被辞退的次月起由有关机构发放辞退费。辞退费的发放标准,由各省、自治区、直辖市人民政府根据"低于国家公务员办事员职务的最低工资,高于社会救济"的原则确定,一般按照基础工资、工龄工资、职务工资、级别工资和保留补贴的80%确定。辞退费的发放期限是:被辞退的公务员工作年限不足2年的,发放3个月的辞退费;工作年限满2年的,发放4个月的辞退费;工作年限2年以上的,每增加1年增发1个月的辞退费,但最长不得超过24个月。公务员重新就业、参军、出境或出国定居、劳动教养或判刑的,停发辞退费。

(四)公务员辞退的条件

如何科学、合理地界定辞退公务员的条件,做到宽严适度,是搞好公务员辞退工作的重要前提。

1. 公务员辞退的肯定性条件。

(1)在年度考核中,连续两年被确定为不称职的。如果公务员在年度考核中,连续两年被评为不称职,说明该公务员不能很好履行公务员的义务、完成公务员的工作,因此不适于在机关工作,公务员所在机关可以将其辞退。

(2)不胜任现职又不接受其他安排的。不胜任现职工作,就是公务员不能很好地完成本职工作,属于公务员考核内容中的能力不够。如确定该公务员不能胜任现职工作,一般应安排其他与实际能力相适应的工作,公务员拒绝接受安排的,才可以予以辞退。

(3)因所在机关调整、撤销、合并或者缩减编制员额需要调整工作,本人拒绝合理安排的。对国家机构进行改革,是改革的一项重要内容。机构改革必然涉及机关的调整、撤销、合并,涉及缩减编制员额、调整工作岗位。国家应当对因机关调整、撤销、合并涉及的公务员作出合理的安排。与此同时,对公务员来说,也要以大局和国家的整体利益为重,服从合理的安排,不要挑三拣四,与所在机关讨价还价。如果所在机关已经对公务员作了合理的安排，公务员还加以拒绝的，单位可以予以辞退。

（4）不履行公务员义务，不遵守公务员法律和纪律，经教育仍无转变，不适合继续在机关工作，又不宜给予开除处分的。履行公务员义务、遵守公务员法律和纪律是对公务员的基本要求。如果公务员不履行这些义务，或者不遵守这些纪律，经机关教育仍无转变，表明该公务员不适合在机关工作，不适合继续留在公务员队伍。如果还未达到开除的程度，不宜给予开除处分，机关可以将其辞退。这样规定，一方面将不合格的公务员清除出公务员队伍，保持公务员队伍的基本素质，同时从另一方面也对公务员起到一定的教育作用。

（5）旷工或者因公外出、请假期满无正当理由逾期不归连续超过15天，或者一年内累计超过30天的。这里所说的旷工是指公务员无正当理由，不请假，离开工作岗位，不从事本职工作；无正当理由是指没有疾病、自然灾害、社会事故等不可抗力事由；逾期是指超过事假、年休假、探亲假、出差假等国家法定的休假期限。

2. 公务员辞退的限制性条件。公务员被辞退后就失去了公务员身份，不再享受公务员待遇，对公务员的权利影响甚大，因此，辞退公务员应当非常慎重。为了保护公务员的合法权益，参照《劳动法》第二十九条的关于用人单位不得解除劳动合同的规定，《公务员法》（修订）规定了机关不得辞退公务员的四种情形，对辞退公务员作了一定的限制，保护了公务员的就业权，体现了人道主义精神和社会主义制度的优越性。

（1）因公致残，被确认丧失或者部分丧失工作能力的。因公致残，是指在执行公务中受伤，引发身体残疾。因公致残的范围包括：在执行任务和上下班途中，遭到非本人责任和无法抗拒的意外致残；在保护国家利益，维护社会治安，抢救保护人民生命、国家和集体财产时，被犯罪分子致伤或遭意外致残；在创造发明、技术革新工作中致残；由组织决定的外出参观、访问、考察期间遭受不可抗拒的灾害或非由本人负责发生的意外致残；因患职业病致残的；因医疗事故致残等。因公致残的公务员依法享受国家的特别保障，获得抚恤金或伤残补助。如果被确认丧失或者部分丧失工作能力，所在单位也不得予以辞退。

（2）患病或者负伤，在规定的医疗期内的。医疗期是指公务员因患病或非因公负伤而停止工作、治病休养的时限。《中华人民共和国公务员法》（修订）没有明确规定规医疗期的长短，可以参照执行1994年劳动部发布的《企业职工患病或非因工负伤医疗期规定》。公务员患病或者负伤，在医疗期内应当保障其正常的收入。

（3）女性公务员在孕期、产假、哺乳期内的。《中华人民共和国妇女权益保障法》规定："任何单位不得因结婚、怀孕、产假、哺乳等情形，降低女职工的工资，辞退女职工，单方解除劳动（聘用）合同或者服务协议。但是，女职工要求终止劳动（聘用）合同或者服务协议的除外。"

（4）法律、行政法规规定的其他不得辞退的情形。如，按照《中华人民共和国劳动合同法》，劳动者有下列情形之一的，用人单位不得解除劳动合同：从事接触职业病危害作业的劳动者未进行离岗前职业健康检查，或者疑似职业病病人在诊断或者医学观察期间的；在本单位连续工作满15年，且距法定退休年龄不足5年的。

（五）公务员辞退的程序

1. 所在单位在核准事实的基础上，经领导集体研究提出建议，填写《辞退公务员审批表》，按管理权限报任免机关审批。

2. 任免机关人事部门审核。

3. 任免机关审批。作出辞退决定的，以书面形式通知呈报单位和被辞退的国家公务员，同时抄送同级政府人事部门备案。县级以下机关辞退公务员，由县级公务员主管部门审核并报县级党委或者人民政府批准后作出决定。

4. 《辞退公务员审批表》和辞退决定等存入本人档案。

任免机关根据有关规定可直接作出辞退决定。公务员被辞退，应在批准之日起的半个月内，办理公务交接手续和辞退手续，必要时应接受财务审计。交接手续如交办自己主管或者经办的各项工作、交代各项工作完成的进度、移交自己保管或使用的各种文件资料和办公用具等。在没有办结公务交接手续前，不能一走了之。对拒不办理公务交接手续或不接受财务审计的，按照有关规定给予处分，情节严重的给予开除处分。

《辞退公务员通知书》应当直接送达被辞退公务员本人。公务员对辞退决定不服的，可以申请复核或者提出申诉来保护自己的合法权益。复核、申诉期间不停止辞退决定的执行。

三、公务员退休

(一) 退休的含义和意义

公务员退休是指公务员符合法定条件时，离开工作岗位，领取退休金，安享晚年。公务员退休制度是指由国家制订并颁布实施的有关公务员退休的方式、条件、待遇、审批程序和安置管理等方面法律法规的总称。

建立国家公务员退休制度有利于实现新老交替，增强公务员队伍的生机和活力，促进干部年轻化，优化公共部门人力资源结构；有利于解除公务员的后顾之忧，实现公务员老有所养，保障公务员的合法权益；有利于激发在职公务员的工作热情与活力，充分调动其工作积极性、主动性和创造性，提高行政效率；也可以鼓励退休公务员发挥余热，为国家和社会发展做出更多的贡献。

(二) 退休的种类

1. 根据公务员个人意愿的程度不同，可分为自愿退休和强制退休两种。

(1) 自愿退休。自愿退休是指公务员达到一定年龄，或具备法定的工作年限，由公务员本人主动申请退休，办理退休手续，离开工作岗位，并享受相应的退休待遇。公务员男年满55周岁，女年满50周岁，满20年工龄或满30年工龄可以退休。在规定的年龄退休是劳动者的合法权利。

(2) 强制退休。强制退休又被称为"应当退休"或"命令退休"，是指公务员达到法定的退休年龄，或完全丧失工作能力，无论其愿意与否，由任免机关依法命令其办理退休手续，离开工作岗位，并享受相应的退休待遇。

1978年国务院出台的《关于安置老弱病残干部的暂行办法》以及1993年出台的《国家公务员暂行条例》，对职工退休年龄做了规定：公务员男年满60周岁，女年满55周岁，丧失工作能力的应当退休。对于司局级以上的领导干部，由于其工作性质的特殊性，退休年龄可以适当放宽。按照中共中央《关于建立老干部退休制度的决定》，担任中央、国家机关部长、副部长，省、市、自治区委第一书记、书记、省政府省长、副省长，以及省、市、自治区纪律检查委员会和法院、检察院主要负责干部的，正职一般不超过65岁，副职一般不超过60岁。担任司局长一级的干部，一般不超过60岁。

公务员如果因病或意外事故，生理或者心理受到极大的损害，完全丧失了工作能力，无法从事任何工作时，就应当退休，这不仅体现了机关对公务员的爱护和关怀，而且也是保证机关管理正常进行的客观条件。完全丧失劳动能力，是指因损伤或疾病造成人体组织器官缺失、严重缺损、畸形或严重损害，致使伤病的组织器官或生理功能完全丧失或存在严重功能障碍。目前国家还没有制定一个完善、统一的完全丧失工作能力的标准，主要参照2002年4月劳动和社会保障部颁布的《职工非因工伤残或因病丧失劳动能力程度鉴定标准（试行）》。

2. 按照退休时间可分为正常退休和提前退休。

（1）正常退休。正常退休是指公务员达到法定年龄退休。公务员退休程序包括：首先，本人提出退休申请，并填写《国家机关公务员退休费审批表》。若公务员完全丧失工作能力，公务员本人提出退休申请后，需经医院证明其健康状况，并报请医务劳动鉴定部门鉴定。其次，主管单位审核，审核的内容包括公务员提交的材料是否齐备、公务员是否符合法定的退休条件等。最后，按照干部管理权限，报审批机关批准。任免机关根据公务员的退休申请，依照法定条件核准公务员可以退休、推迟退休或暂缓退休。审批机关一般为同级政府人事部门的公务员退休管理机构。机关依照法定的退休条件和程序，依法为公务员办理退休手续。

（2）提前退休。提前退休是指公务员达到一般退休年龄以前，在符合规定的条件时，可以自愿申请退出工作岗位，享受退休待遇。近年来，一些地方政府鼓励公务员提前退休，如福建平潭县于2011年出台鼓励公务员提前退休办法，规定提前退休的公务员在其提前退休年龄与达到法定退休年龄期间，工资福利等经济收入享受与在职同职级公务员同等的经济待遇和鼓励性补贴。

公务员符合下列条件之一的，本人自愿提出申请，经任免机关批准，可以提前退休：①工作年限满30年的；②距国家规定的退休年龄不足5年，且工作年限满20年的；③符合国家规定的可以提前退休的其他情形。

公务员提前退休需按程序进行：首先，符合条件（年龄条件、工作年限条件、身体条件）的公务员自愿提出申请。只有符合条件的公务员自愿提出了提前退休申请，才能够让其提前退休。否则，就算公务员符合提前退休的条件，任何个人、单位都不得令其退休。其次，任免机关审批其提前退休请求。不符合提前退休的条件的，不批准该公务员提前退休的申请；如果该公务员符合提前退休的条件，就应当批准其提前退休的申请。

(三) 公务员退休后的待遇和后续安排

1. 公务员退休后的待遇。公务员退休后，享受国家规定的养老金和其他待遇，国家为其生活和健康提供必要的服务和帮助，鼓励发挥个人专长，参与社会发展。政治待遇是指社会地位、政治地位和其他政治权利。经济待遇，主要指退休者应享受的退休金和其他生活福利补贴。

2. 公务员退休后的后续安排。随着生活水平的提高和医疗条件的改善，目前许多已届退休年龄的人员健康状况良好，精力充沛，所以公务员在退休后，可以发挥个人的专长，参与社会发展，继续为社会与国家作出应有的贡献。但原系领导成员的公务员在退休后3年内、其他公务员在退休后2年内，不得到与原工作业务直接相关的企业或者其他营利性组织任职，不得从事与原工作业务直接相关的营利性活动。违反上述规定的，由其原所在机关的同级公务员主管部门责令限期改正；逾期不改正的，由县级以上工商行政管理部门没收其从业期间的违法所得，责令接收单位将该人员予以清退，并根据情节轻重，对接收单位处以被处罚人员违法所得1倍以上5倍以下的罚款。这种规定有利于预防腐败的发生，防止领导干部其在退休后，利用原有的身份与人际关系影响国家正常、公正的决策。

思考题

1. 公务员辞职、辞退与退休的概念分别是什么？
2. 简述公务员辞职、辞退与退休的特征。
3. 简述建立公务员辞职、辞退与退休制度的意义。
4. 辞退公务员的条件、程序和法律后果分别是什么？
5. 公务员退休的方式、条件与后续管理分别是什么？

案例 1

深圳规定公务员辞职 5 年内不得重新录用

深圳市人事局近日发布了新修改的《深圳市行政机关公务员辞职辞退实施细则》（以下简称《实施细则》），对公务员辞退辞职有新规定：在年度考核中，连续两年被确定为不称职的行政机关公务员将被辞退；而公务员辞职 2 年内，不得到与原工作业务直接相关的企业或者其他营利性组织任职，辞职后 5 年内不得重新被录用为公务员。

根据《实施细则》，对被辞退的公务员发给辞退费。辞退费发放标准为：自辞退之日起半年内发给本人原基本工资的 70%；自第七个月起发给本人原基本工资的百分之 50%；满一年后，不再发给辞退费。被辞退的公务员的辞退费由所在单位按规定计算，送市、区财政部门审核后，将应支付的辞退费一次性划拨到被辞退人所在单位账户。辞职辞退人员一年内被企业、事业单位安排工作的，其工龄应当连续计算；超过一年的，其工龄按原工作时间和重新工作时间合并计算。辞职辞退人员不在规定的期限内到原住房产权单位办理有关手续的，所在单位不予发放辞退费。

（资料来源：叶明华，《深圳规定公务员辞职五年内不得重新录用》，中国改革报，2008-08-19（1））

案例思考： 联系公务员制度改革的实际，谈谈你对《深圳市行政机关公务员辞职辞退实施细则》的看法。

案例 2

一次交通事故引发的辞职风波

2008 年 4 月 22 日，湖北省当阳市人大常委会根据范晓岚同志辞去当阳市人民政府市长职务的请求，依据《地方组织法》第 27 条的规定，接受范晓岚辞去当阳市政府市长职务，并报当阳市第六届人民代表大会第三次会议备案。

3 月 17 日 7 时 20 分，当阳市市长范晓岚驾驶丰田越野车，从宜昌市至当阳市上班途中，行经当阳玉泉办事处（武）汉宜（昌）公路穿心路段时，因避让不及，将正在过马路的穿心小学五年级 11 岁学生王某某（男）撞伤致死，范晓岚立即下车施救，并请在场人员帮助报警，交警及时赶到现场进行处理。范晓岚随后迅速向组织报告了事故情况，并积极配合有关方面进行交通事故处理，诚恳向死者家属道歉。

在初步查清范晓岚负全责的情况下，当阳市交警大队根据死者家属要求对赔偿问题进行调解。3月18日凌晨，双方当事人按照交通事故上限标准签订了民事赔偿协议：由当事人范晓岚赔偿死者家属22万元（含丧葬费）。随后，范晓岚将亲友帮助筹措的赔偿金交给了死者父母。3月27日，当阳市交警大队依法作出了《交通事故责任认定书》，裁定当事人范晓岚负本次交通事故全部责任。《交通事故责任认定书》于27日送达双方。

对范晓岚驾车致人死亡事件，中共宜昌市委高度重视，要求有关部门严格依法依规依纪处理，并重申领导干部廉洁自律的各项规定，严禁未经批准私自驾驶公车。4月12日，范晓岚离岗接受组织调查。4月22日，当阳市人大常委会作出决定，接受其辞职请求。

案例思考： 范晓岚属于哪种类别的辞职？该类别辞职的条件和程序是什么？

第十二章
公务员申诉与控告

申诉和控告是公务员享有的基本权利之一。当公务员的合法权益遭到非法或不当侵害时,公务员有权向公务员主管机关或其他法定受理机关提出申诉和控告,有权要求变更或撤销原处理决定,赔偿损失,以及惩处责任人。对公务员的申诉与控告,受理机关必须按照有关规定作出处理,切实保护公务员的正当权益。当然,公务员申诉与控告也必须忠于事实,否则将受到法律制裁。我国公务员制度确定的国家公务员的申诉与控告权利,不仅是国家公务员维护自身权益的重要手段,而且也是对国家行政机关及工作人员实行监督的有力武器。

一、公务员申诉控告制度概述

(一)申诉的含义及分类

申诉是指当公民或者社会组织成员依照法律或者组织章程享有的权益受到侵害时,依照一定程序,向有关机关或者组织说明和陈述,要求采取措施予以纠正和保护的行为。依照申诉权依据的不同,可以将申诉分为以下五种。

1. 宪法上的申诉。我国《宪法》第四十一条规定:中华人民共和国公民对于任何国家机关和国家工作人员,有提出批评和建议的权利;对于任何国家机关和国家工作人员的违法失职行为,有向有关国家机关提出申诉、控告或者检举的权利,但是不得捏造或者歪曲事实进行诬告陷害。宪法上的申诉是公民的基本政治权利,是其他具体法律制度设立申诉制度的总要求、总依据。同时,宪法上的申诉权,一般要通过各种具体法律制度确定的申诉制度来加以落实。

2. 选举法上的申诉。选举法的申诉是指,选民对于公布的选民名单有不同意见，可以向选举委员会提出申诉。全国人民代表大会和地方各级人民代表大会选举法规定：对于公布的选民名单有不同意见，应在3日内处理决定。申诉人如果对处理决定不服，可以向人民法院起诉，人民法院的判决为最后决定。

3. 诉讼法上的申诉。诉讼法的申诉可以分为三种。一是刑事诉讼的申诉。我国刑事诉讼法规定：当事人及其法定代理人、近亲属，对已经发生法律效力的判决、裁定，可以向人民法院或者人民检察院提出申诉，但是不停止裁决、裁定的执行。二是民事诉讼的申诉。我国民事诉讼法规定：当事人对已经发生法律效力的判决、裁定，认为有错误的，可以向原审人民法院或者上一级人民法院申请再审。民事诉讼的再审程序实质是民事诉讼的申诉程序。三是行政诉讼的申诉。我国行政诉讼法规定：当事人对已经发生法律效力的判决、裁定，认为确有错误的，可以向原审人民法院或者上一级人民法院提出申诉，但判决、裁定不停止执行。

4. 党员的申诉。党员对于政党作出的已发生具有党内约束力的决定不服的，依照政党章程的规定，可以向政党有关部门提出申诉。政党申诉的特点有：①申诉人是政党党员；②受理的机关是政党的领导机关或者工作部门；③申诉的原因是对政党的决定不服。例如，《中国共产党章程》规定："党组织对党员作出处分后，如果本人不服，可以提出申诉，有关党组织必须负责处理或者迅速转递，不得扣压。"

5. 公务员的申诉。公务员的申诉，是指公务员依据《公务员法》的规定提出申诉、有关机关依法受理和处理的申诉制度。公务员申诉是公民申诉权的延续和具体体现。法律对法官、检察官和对领导成员的申诉按照相关规定执行。

（二）公务员申诉的含义及特点

1. 公务员申诉的含义。公务员申诉，是指公务员对机关作出的涉及本人权益的人事处理不服，向有关机关提出意见，要求机关变更或者撤销原处理后，重新予以处理。

2. 公务员申诉的特点。与公民的申诉相比，公务员的申诉具有以下特点：

（1）主体具有身份特殊性，公务员申诉的主体仅限于对涉及本人的具体人事处理不服的公务员。

（2）客体具有内部性，公务员申诉的客体是机关的人事处理行为，属于机关的内部管理行为。

（3）对象具有特殊性，公务员申诉的对象是对自己在行政上有隶属和管理关系的党政机关。

（三）公务员控告的含义和分类

从一般意义上说，控告是指公民、法人或者其他组织成员向司法机关或者其他机关揭发违法违纪者及其违法违纪事实，并要求依法惩处的行为。

依据控告人的不同可以将控告分为以下三类。

1. 公民的控告。我国宪法赋予了公民控告权。公民对于任何国家机关和国家工作人员的违法失职行为，有向有关国家机关提出控告的权利。

2. 党员的控告。政党的党员可以向党内有关机关或者部门提出控告。如《中国共产党章程》规定："党员享有向党负责地揭发检举党的任何组织和任何党员违法乱纪的事实，要求处分违法乱纪的党员，要求罢免或者撤换不称职的干部的权利。"

3. 公务员的控告。我国《公务员法》（修订）规定："公务员对机关及其领导人员侵犯其合法权益的行为，有权向有关机关提出控告。"

（四）公务员控告的含义和特点

公务员控告，是指公务员对机关及其领导人员侵犯其合法权益的行为向上级机关或者其他专门机关提出指控。公务员控告具有以下特点：一是控告的主体是合法权益受到侵害的公务员；二是控告的客体是机关及其领导人员侵害公务员合法权益的违法违纪行为；三是控告的目的是惩办违法违纪的机关及其领导人员，维护机关的管理秩序和公务员的合法权益。

公务员申诉与控告既有相同之处，也有不同之处。

公务员申诉和控告的相同之处在于：①主体都是公务员。②目的上都有维护公务员合法权益的内容。③性质上都属于公务员维护合法权益的救济手段。④申诉与控告都必须依照法定程序进行。

公务员申诉和控告的不同之处在于：①目的不尽相同。控告除了有维护公务员个人合法权益的目的外，还有要求上级机关或者其他专门机关依法惩办违法违纪的机关及其领导人员的目的。②客体不同。申诉的客体是机关的人事处理行为；控告的客体是侵害公务员合法权益的机关及其领导人员的违法违纪行为。③范围不同。申诉的范围法律有明文规定；而对机关及其领导人员的控告内容没有限制，对机关及其领导人员的任何违法违纪行为，只要忠于事实，公务员都可以行使控告权。④程序不同。申诉有规定的复核、申诉、再申诉程序，有层级限制，公务员只能按照层级逐级申诉；而控告不受层级限制。

（五）公务员申诉与控告制度的性质

1. 保障性。建立公务员申诉制度的直接目的和建立公务员控告制度的重要目的之一，都是为了保护公务员的合法权益不受侵犯。因为，公务员管理工作纷繁复杂，机关对公务员错误处理或者处理不当的情况时有发生，向公务员提供救济的渠道是保护其合法权益的必要条件。此外，公务员控告还有惩办违法违纪人员、维护机关正常管理秩序的作用。公务员不因申请复核、提出申诉而被加重处理。公务员申诉，在客观上也有纠正机关错误或不当人事处理行为的作用。因此，申诉与控告制度对公务员、对机关来说在性质上都有保障性。

2. 监督性。公务员依法提出申诉或控告后，有关机关必须依法予以受理和处理。而在这一系列的活动中，焦点始终集中在机关或其领导人员的有关行为是否合法、合理和适当上。合法、合理、适当的，就应当予以维护；反之，就应当予以纠正。因此，公务员申诉与控告制度是一种纠错制度、一种监督制度。

3. 预防性。这种预防性主要体现在：申诉与控告制度的确立，可以促使机关对公务员进行谨慎调查后，再作出人事处理决定。同时，也可以起到一定的威慑作用，在一定程度上避免机关及其领导人员由于玩忽职守、滥用职权或者蓄意打击报复等行为，造成对公务员合法权益的侵害。

4. 程序性。公务员的申诉与控告必须严格依照法定程序。申诉与控告制度主要是程序性的规定，程序公正是申诉与控告案件得以客观、公正处理的重要保证。没有程序的公正性，实体的公正就得不到保障。过去我们重实体、轻程序，对于申诉与控告程序认识不够，规定得很笼统，导致很多案件的处理缺少可操作性和信服力。因此，申诉与控告制度的程序性对于案件的处理至关重要，必须认真对待。

（六）公务员申诉控告制度的意义

公务员申诉与控告制度是我国公务员制度的重要组成部分，申诉与控告制度对于保护公务员的合法权益、保障机关依法正确行使权力、提高机关工作效能、惩治腐败具有重大而深远的意义。

1. 申诉与控告制度为保障公务员的合法权益提供了必要的救济手段，有利于维护公务员的合法权益。公务员受到不当处理或合法权益受到侵犯时，可以通过行使法律赋予的申诉与控告的权利，依照法定程序要求机关纠正其错误的决定并获得相应的赔偿。如果没有申诉与控告制度，公务员的合法权益就得不到救济，不利于公务员基本权利的保障。当然，公务员提出申诉、控告，应当尊重事实，不得捏造事实，诬告、陷害他人。对捏造事实，诬告、陷害他人的，依法追究法律责任。

2. 申诉与控告制度为保障机关内部管理工作的公正性和合法性提供了工作机制，有利于完善机关内部的监督机制和民主机制。在保证公务员合法权益的同时，公务员通过申诉与控告，对机关的人事处理决定和领导人员的行为进行监督，有助于形成机关内部自我监督机制和民主决策机制，对于推进机关及其领导人员依法决策、依法管理具有积极意义。

3. 申诉与控告制度为防止腐败提供了制度措施，有助于形成廉洁、高效的机关氛围。公务员通过申诉与控告对机关及其领导人员进行监督，可以促使机关及其领导人员依法办事，防止滥用职权、玩忽职守、打击报复的行为发生，有利于惩治腐败，提高机关工作效能。

二、公务员申诉制度的主要内容

（一）公务员申诉的范围

申诉的范围是指公务员对哪些事项可以提出申诉。这是一个比较复杂且有争议的问题。从申诉的性质和世界各国公务员申诉制度来看，确定公务员申诉范围应当把握三点：第一，申诉事项应当属于对公务员不利的处理，像奖励、提拔职务这些授益性行为不宜列入申诉范围。第二，申诉事项应当属于人事处理，如果是分配工作任务、安排出国出差等，属于行政管理事务，不能列入公务员申诉范围。第三，申诉事项应当属于涉及个人权益的具体管理行为，而不是涉及不特定人员的制定政策行为。例如，日本《国家公务员法》规定：对于减薪、降职、停职、免职及其他对于公务员明显不利的，或进行惩戒处分时可以依照行政异议审查法向人事院提出异议。

我国《公务员法》（修订）以尽最大可能维护公务员的合法权益为出发点，在《国家公务员暂行条例》和《国家公务员申诉控告暂行规定》的基础上，结合我国公务员申诉制度的实践经验，明确规定公务员对涉及本人的下列人事处理不服的可以提出申诉：①处分；②辞退或者取消录用；③降职；④定期考核定为不称职；⑤免职；⑥申请辞职、提前退休未予批准；⑦未按规定确定或者扣减工资、福利、保险待遇；⑧法律、法规规定可以申诉的其他情形。此外，还明确，公务员对监察机关作出的涉及本人的处理决定不服向监察机关申请复审、复核的，按照有关规定办理。

（二）受理申诉的机关

公务员的申诉是在其对涉及本人权益的人事处理不服时提出的，其目的是为了通过申诉改变原处理决定，维护自己的合法权益。因此，受理公务员申诉的机关必须是有权改变或者撤销原处理机关处理决定的机关，或有权向原处理机关提出改变或撤销原处理决定意见的机关。但是，公务员申诉的受理机关并不是层次越高越好，而是要尽量避免越级申诉。对省级以下机关作出的申诉处理决定不服的，可以向作出处理决定的上一级机关提出再申诉。受理公务员申诉的机关应当组成公务员申诉公正委员会，负责受理和审理公务员的申诉案件。

国外受理公务员申诉的机关各有不同。美国受理申诉的机关是申诉委员会，对于申诉委员会的决定不服，还可以向"功绩制保护委员会"和"平等就业委员会"提出申诉，再不成功，还可以向法院提出诉讼。德国公务员对纪律处分不服的，可以先向联邦纪律法院提出申诉，然后还可以向联邦行政法院提出申诉。日本的人事院是受理公务员申诉的法定机关。

依照我国《公务员法》（修订）的规定，受理公务员申诉的机关应当组成公务员申诉公正委员会，负责受理和审理公务员的申诉案件。受理机关如下。

1. 原处理机关，即最初作出公务员不服的人事处理决定的机关。原处理机关受理申诉，实际上是对本机关已作出的处理进行重新复查，因此，称之为复核。

2. 同级公务员主管部门，是指原处理机关的同级公务员主管部门。

3. 上一级机关，是原处理机关的上一级机关。

4. 监察机关。行政机关公务员对处分决定不服的，还可以向行政监察机关提出申诉。

（三）国家公务员申诉处理程序

1. 复核、申诉程序的类别。

（1）一般程序。公务员对机关人事处理决定不服→申请复核（原处理机关）→公务员对复核决定不服→申诉（同级公务员主管部门或者上一级机关）。

复核是指公务员对机关作出的涉及本人权益的人事处理决定不服，向原处理机关提出重新审查的意见和要求。规定复核程序的主要考虑是，原处理机关是公务员的直接管理机关，它对公务员的具体情况最为了解，容易查清事实，原处理机关认为其决定确有错误的可以及时予以自纠，有利于及时解决争议，提高工作效率保证公务员的合法权益。同时，通过复核程序也可以减少申诉工作成本，避免公务员长时间的申诉过程，减轻机关和公务员双方的负担。

同级公务员主管部门主要是指同级党委组织部门和政府人事部门，作为公务员综合管理部门，对同级各机关和下级机关的公务员管理工作具有指导和监督职能。

上一级机关是指，与作出处理决定的机关有隶属关系，能改变或者撤销原处理机关之决定的机关。例如，《宪法》规定，国务院能改变或者撤销各部委和各省政府的决定和命令，所以国务院就是各部委和各省政府的上级机关。同样，省政府是各厅局和各市政府的上级机关。另外，实行双重管理机关的上一级机关，既包括"条条"的上级业务主管机关，也包括"块块"的上级机关。具体应由哪个机关受理申诉，应结合人事管理权限和申诉事由全面考虑，并加以明确。比如：申诉人可能是一般公务员，也可能是领导成员，各类机关的隶属关系也不一样；申诉事由可能是受到处分，也可能是要求落实医疗待遇等，情况比较复杂，需进一步作出配套的具体规定。

（2）径直申诉程序。公务员对涉及本人的人事处理决定不服→申诉（同级公务员主管部门或者上一级机关）。这一程序主要是考虑到为公务员申诉权的行使提供一个便捷途径，也就是给公务员一个选择空间。如果公务员认为向原处理机关复核不能解决问题，或者由于某种原因不愿向原处理机关复核时，可以不提出复核，直接提出申诉。

（3）二级申诉程序。世界许多国家都采取了二级申诉制度。我国《公务员法》（修订）规定：对于省级以下机关作出的申诉决定，公务员如果还不服，可以向作出申诉处理决定的机关的上一级机关进行再申诉。这是考虑到受理申诉工作中，有时会受到认识水平的影响，有时会受到一些环境因素的干扰，使处理结果出现偏差。二级申诉制度则给予公务员更多的申诉机会，上级受理申诉机关往往看问题更全面，处理问题更超脱，同时由于是受理再申诉，考虑问题会更慎重，因而会大大减少处理的偏差。受理机关对再申诉作出的处理决定为最终处理决定。这是《公务员法》（修订）对公务员申诉制度的一项改革。

（4）行政机关公务员处分申诉的特别程序。本程序仅适用于国家行政机关公务员对所受处分不服，向监察机关提出申诉的情况。依照《中华人民共和国行政监察法》第三十七条的规定：行政机关公务员和行政机关任命的其他人员对主管行政机关作出的行政处分决定不服的，可以自收到行政处分决定之日起30日内向监察机关提出申诉，监察机关应当自收到申诉之日起30日内作出复查决定；对复查决定仍不服的，可以自收到复查决定之日起30日内向上一级监察机关申请复核，上一级监察机关应当自收到复核申请之日起60日内作出复核决定。复查、复核期间不停止原决定的执行。监察机关对受理的不服主管行政机关行政处分决定的申诉，经复查认为原决定不适当的，可以建议原决定机关予以变更或者撤销；监察机关在职权范围内，也可以直接作出变更或者撤销的决定。对监察决定不服的，可以自收到监察决定之日起30日内向作出决定的监察机关申请复审，监察机关应当自收到复审申请之日起30日内作出复审决定；对复审决定仍不服的，可以自收到复审决定之日起30日内向上一级监察机关申请复核，上一级监察机关应当自收到复核申请之日起60日内作出复核决定。复审、复核期间，不停止原决定的执行。

2. 申诉期限。《公务员法》（修订）规定：复核的期限最长不超过三十日；申诉的期限最长不超过六十日，案情复杂的可以延长，延长时间不超过三十日。依照我国立法惯例，这里的"日"指的是自然日，而不是工作日；如果期限的最后一天是法定休息日，则最后期限在法定休息日后顺延一日。"案情复杂"主要是指：一是案件的主体复杂，如涉及的人员较多等；二是案情涉及的领域广，涉及的法律关系复杂，涉及的金额巨大；三是案件所涉及的证据要经过技术鉴定，或者取证时间长；四是案件涉及的法律、法规需要有关部门做出解释和答复。

3. 复核、申诉期间原处理决定的效力。《公务员法》（修订）沿用了"复核、申诉不中止执行"的原则。因为，申诉人只是根据自己的认识判断认为机关的人事处理不公，事实上是否正确还得经复核、申诉受理机关来判断。所以，这样规定可以保证机关正常、有效地行使职权，执行公务，维护机关决定的权威性，避免因为停止执行而使公务员逃脱处理或者给国家和人民的生命财产造成不必要的损失。同时，由于赋予了公务员申诉权，公务员完全可以通过申诉程序维护其合法权益。

（四）复核、申诉的效力

如果复核、申诉机关审查认为原处理机关的决定有错误，原处理机关在收到申诉机关决定后，必须无条件地执行申诉决定，纠正处理决定的错误，不得拖延。公务员申诉机关认定的处理决定错误主要有三种情况，应分别作出对应处理：①人事处理决定认定的事实不清，证据不足，申诉机关一般发回原处理机关重新调查认定事实或者直接进行调查取证；②人事处理机关认定的事实清楚，证据确凿，但是适用法律错误，申诉机关可以推翻原处理机关的决定，径行作出新的人事处理决定；③人事处理机关的处理或者复核程序违法，申诉机关一般决定发回原处理机关重新按程序处理。

三、公务员控告制度的特点和程序

（一）我国公务员控告制度的特点

鉴于公务员控告范围的多样性和复杂性，我国《公务员法》（修订）以概括式的方式规定：公务员认为机关及其领导人员侵犯其合法权益的，可以依法向上级机关或者有关的专门机关提出控告。控告制度的法律关系具有以下特点。

1. 控告的对象限定为机关及其领导人员，其他人员侵犯公务员合法权益应当通过民事程序予以解决，不是《公务员法》（修订）调整的范围。公务员控告制度适用的范围仅限于与公务员管理工作有关的侵害公务员权益的行为，从逻辑上讲只有机关及其领导人员与公务员有隶属关系和职责关系，享有公务员管理权，一般人员不具有此项权力。因此公务员控告的对象为机关及其领导人员。

2. 控告的原因是控告对象侵犯了公务员的合法权益。公务员法律制度赋予公务员的合法权益，是公务员具有公务员身份而享有的权益，如取得报酬权、休息权、参加培训权等，而不是公务员作为一般公民所享有的民事权益。

3. 受理控告的机关是上级机关或者有关专门机关。有关专门机关主要是指纪检、监察机关。上级机关依照法律或章程对下级机关及其领导人员有管理和监督职责，因此上级机关有权受理针对下级机关及其领导人员的控告。根据《中国共产党章程》规定，纪律检查委员会是党内专门的监督机构；监察机关也是专门的行政监督机构，依照《监察法》的规定，既有受理公务员控告的职责，又有直接惩处和建议有关部门惩处违法违纪行为的权力。

(二) 国家公务员控告的程序

1. 提出控告。公务员认为机关及其领导人员侵害了其合法权益，就可以依照有关规定提出控告。公务员提出控告，应向上级机关或者专门机关提出明确的被控告人，并陈述机关及其领导人员侵害其合法权益的事实。

2. 立案。立案是指受理公务员控告的机关认为提出控告的公务员所控告的事实基本清楚，并有一定的证据，就应当予以记录在案，以备做进一步的调查。

3. 调查。受理机关立案后，应当组织工作人员依照规定程序，对所立案件进行调查取证，查明事实真相。

4. 作出处理决定。受理机关在充分调查取证的基础上，依照职权对所控机关及其领导人员作出处理决定。如果事实清楚、证据确凿，受理机关应当对公务员所控告的机关及其领导人员作出处理，如给予机关领导人员处分。否则，受理机关应当告知公务员真实情况，并作出撤销案件的决定。

5. 执行处理决定。处理决定作出后，应当依法执行处理决定，对机关及其领导人员依法给予惩戒；对受侵害公务员依法给予赔偿、消除影响、恢复名誉。

四、公务员申诉控告中的义务和责任

(一) 申诉人、控告人的义务和责任

我国公务员申诉控告制度坚持以事实为依据、以法律为准绳的原则。公务员对人事处理决定不服提起申诉或者对机关及其领导人员提出控告，主要目的都是为了维护公务员自身的合法权益和机关内部的公正性。因此，《公务员法》（修订）在赋予公务员申诉权、控告权的同时，也规定了公务员提出申诉、控告时所应承担的义务，严禁公务员以捏造事实为手段实现非法获利或者侵害他人的合法权益。申诉人、控告人应当承担以下义务和责任。

1. 公务员在提出申诉或者控告时，必须忠于事实。公务员在提出申诉或者控告时应如实反映客观情况，不能为了实现个人的某种目的而弄虚作假，甚至故意捏造事实，为了谋取个人私利而诬告陷害他人，否则必将遭到公务员纪律制度的惩戒和法律的制裁。我国《刑法》第二百四十三条明确规定："捏造事实诬告陷害他人，意图使他人受刑事追究，情节严重的，处3年以下有期徒刑、拘役或者管制；造成严重后果的，处3年以上10年以下有期徒刑。国家机关工作人员犯前款罪的，从重处罚。"同时还规定："不是有意诬陷，而是错告，或者检举失实的，不适用前两款的规定。"错告与诬告陷害的最主要区别在于：诬告陷害行为人主观上存在诬告陷害他人致使他人受到纪律或者法律追究的目的，而错告行为人不存在诬陷的主观故意，出发点是为了维护正义和公平，只是依照其判断能力对事实真相认识不清；诬告陷害行为人客观上存在捏造事实或者指使他人捏造事实、伪造证据的行为，而错告行为人不存在捏造事实、伪造证据的行为。

2. 公务员在申诉、控告时不能提出过高或者无理的要求。公务员申诉、控告的要求应当符合法律的规定，要求的补偿标准不能过高，不能漫天要价；不能因为被控告人侵害了自己的权益，而要求给予被控告人不恰当的惩处；对机关依法作出的终审决定，要坚决予以执行。

3. 申诉人和控告人要遵守法定的申诉、控告程序。不得因为机关及其领导人员作出了损害自己利益的行为，而对机关及其领导人员采取非法的方式；不能为了给办案机关及其人员造成压力，而采取任何形式的暴力行为。冲击机关、寻衅滋事，破坏公私财物，殴打、围攻办案人员等非法行为都不被允许，而且要受到法律的制裁。

（二）被申诉、控告机关及其领导人员的义务和责任

为了补偿公务员因受到错误处理而造成的损失，以及对非法侵害公务员合法权益的机关和领导人员进行制裁，被申诉、控告的机关及其领导人员有

过错的,应当承担以下法律责任。

1. 经济赔偿责任。由于机关的错误人事处理,或者机关及其领导人员违法违纪侵害了公务员的合法权益,造成公务员经济损失的,应当先由机关给予公务员经济上的补偿。机关对公务员进行经济补偿后,可以向有过错的领导人员或者直接责任人予以追偿。

2. 精神损害赔偿责任。对于精神损害赔偿,可以通过经济补偿予以一定的弥补,但更重要的是机关应当在适当范围内恢复公务员的名誉,消除因错误人事处理对公务员声誉造成的不利影响,公开向该公务员赔礼道歉。

3. 直接责任人和故意打击报复人的责任。对造成错误人事处理负有过错责任的主管领导人员和直接责任人,应当承担行政责任,由机关根据情节和危害程度,依法对其给予处分。机关领导人员滥用职权、玩忽职守或者利用职权打击报复陷害公务员的,应当依法给予处分;构成犯罪的,依法追究刑事责任。

此外,被申诉、控告的机关及其领导人员应当积极配合办案人员工作,提供有关的材料和证据,不得隐匿、伪造、销毁证据和威胁、打击报复申诉人、控告人和证人。也不得利用职权层层设卡,阻挠办案人员开展工作,甚至威胁、贿赂办案人员。

(三) 受理机关及其工作人员的义务和责任

受理机关及其工作人员承担着处理案件的职责,是保证申诉控告案件客观、公正审理的关键。他们作为公务员申诉与控告制度的主要载体,在保障和救济公务员权利、监督公务员机关内部管理的过程中,承担着重要的义务与责任。

1. 必须查明事实真相。查明事实是正确处理申诉、控告案件的基础,只有事实清楚,才能处理正确。

2. 严格执行法律、法规、规章和政策。在查清事实的基础上,受理机关及其工作人员必须认真研究和正确适用法律、法规、规章和政策。

3. 在规定的期限内做出决定。因为申诉、控告是公务员在自身合法权益受到侵害时提出的,所以受理机关及其工作人员应在正确处理的前提下,提高工作效率,缩短处理时间。我国《公务员法》(修订)及相关法规对受理申诉、控告的机关做出处理决定的时限做出了明确的规定。

4. 受理机关及其工作人员应依照有关规定对提出申诉、控告的公务员予以保护，不得刁难、歧视。对公务员提出的控告，不得置之不理或敷衍塞责，不得将控告材料转给被控告人。受理机关及其工作人员在办理案件中有滥用职权、玩忽职守、贪污受贿或者打击报复行为的，同样要追究直接责任人和机关主要负责人的纪律责任；构成犯罪的，依法追究刑事责任。

思考题

1. 简述公务员申诉制度的含义及特点。
2. 公务员控告的含义和特点。
3. 公务员控告的程序是什么？

附录

公务员申诉规定（试行）
第一章 总 则

第一条 为了保障公务员的合法权益，依法处理公务员的申诉，规范公务员的管理，促进机关依法行使职权，根据公务员法，制定本规定。

第二条 公务员对涉及本人的人事处理不服，可以按照本规定申请复核或者提出申诉。

法律法规对法官、检察官的申诉另有规定的，从其规定。

对领导成员的申诉，由主管机关按照有关规定办理。

第三条 处理公务员的申诉，应当坚持合法、公正、公平、及时的原则，依照法定的权限、条件和程序进行。

第四条 公务员提出申诉，应当实事求是，不得捏造事实，诬告、陷害他人。

第五条 复核、申诉期间不停止人事处理的执行。

公务员不因申请复核、提出申诉而被加重处理。

第六条 受理公务员申诉的机关应当组成公务员申诉公正委员会，负责受理和审理公务员的申诉案件。

公务员申诉公正委员会在决定受理申诉案件后，应当对案件事实、适用法规、工作程序等进行全面审议，并向受理机关提出明确的审理意见。

公务员申诉公正委员会一般由受理机关中相关工作机构的人员组成。必要时，可以吸收其他机关的有关人员参加。公务员申诉公正委员会的组成人数应当是单数，主任一般由主管公务员申诉工作的机关负责人或者负责处理公务员申诉的工作机构负责人担任。

第七条 公务员申诉公正委员会委员和处理公务员复核、申诉的工作人员，根据有关规定需要回避的，本人应当申请回避；利害关系人也有权要求其回避。

公务员申诉公正委员会委员和工作人员的回避，由受理机关负责人决定。回避决定作出前，相关人员应当暂停参与调查和审理。

第二章 管 辖

第八条 公务员对涉及本人的人事处理不服的复核，由原处理机关管辖。

第九条 公务员对本人所在机关作出的人事处理不服的申诉，由同级公务员主管部门管辖。

公务员对同级公务员主管部门作出的申诉处理决定不服的再申诉，由本级党委、人民政府或者上一级公务员主管部门管辖。其中，对省、自治区、直辖市公务员主管部门作出的申诉处理决定不服的再申诉，按照管理权限由省、自治区、直辖市党委和人民政府管辖。

第十条 县级以下机关公务员对县级、乡镇党委和人民政府作出的人事处理不服的申诉，由上一级公务员主管部门管辖；对公务员主管部门作出的申诉处理决定不服的再申诉，由本级党委、人民政府或者上一级公务员主管部门管辖。

第十一条 中央垂直管理部门省级以下机关公务员对人事处理不服的申诉，由上一级机关管辖。对申诉处理决定不服的再申诉，由作出申诉处理决定的机关的上一级机关管辖。

第十二条 省以下垂直管理部门公务员申诉的管辖，参照本规定第十一条的规定执行。其中，对省垂直管理机关作出的申诉处理决定不服的再申诉，由省、自治区、直辖市人民政府管辖。

第十三条 行政机关公务员对行政监察机关作出的处分决定不服的申诉，由行政监察机关按照管理权限管辖。

行政机关公务员对任免机关作出的处分决定不服，向公务员主管部门或者行政监察机关申诉的，由受理机关管辖。行政机关公务员不得同时向公务员主管部门和行政监察机关提出申诉。

行政机关公务员对处分不服向行政监察机关申诉的，按照《中华人民共和国行政监察法》的规定办理。

第三章 申请与受理

第十四条 公务员对涉及本人的下列人事处理不服，可以申请复核或者提出申诉、再申诉：

（一）处分；

（二）辞退或者取消录用；

（三）降职；

（四）定期考核定为不称职；

（五）免职；

（六）申请辞职、提前退休未予批准；

（七）未按规定确定或者扣减工资、福利、保险待遇；

（八）法律、法规规定可以申诉的其他情形。

前款第（七）项所称"规定"，是指"国家规定"。

第十五条　公务员申请复核，应当自知道人事处理之日起三十日内提交书面申请。在复核决定作出前，申请复核的公务员不得提出申诉。

第十六条　公务员对复核结果不服的，应当自接到复核决定之日起十五日内提出申诉；也可以不经复核，自知道人事处理之日起三十日内直接提出申诉。

公务员对申诉处理决定不服的，应当自接到申诉处理决定之日起三十日内提出再申诉。

第十七条　公务员提出申诉和再申诉，应当提交申诉书，同时提交原人事处理决定、复核决定或者申诉处理决定等材料的复印件。

申诉书应当载明下列内容：

（一）申诉人的姓名、单位、职务、联系方式、住址及其他基本情况；

（二）被申诉机关的名称；

（三）申诉的事项、理由及要求；

（四）提出申诉的日期。

第十八条　因不可抗力等正当理由在规定的期限内未能申请复核和提出申诉、再申诉的，经受理机关批准可以延长期限。

第十九条　复核、申诉、再申诉应当由受到人事处理的公务员本人提出；如本人丧失行为能力或者死亡，可以由其近亲属代为提出。

第二十条　受理机关应当对申请人提出的申诉、再申诉是否符合受理条件进行审查，在接到申诉书之日起三十日内，作出受理或者不予受理的决定，并以书面形式通知申请人。不予受理的，应当说明理由。

第二十一条 符合以下条件的申诉、再申诉，应予受理：

（一）申请人符合本规定第十九条的规定；

（二）申诉、再申诉事项属于本规定第十四条规定的受理范围；

（三）在规定的期限内提出；

（四）属于受理机关管辖；

（五）申诉材料齐备。

凡不符合上述条件之一的申诉、再申诉，不予受理。

申诉材料不齐备的，应当及时告知申请人，限期十五日内补正。申请人按照要求补正全部材料的，应予受理。

第二十二条 在处理决定作出前，申请人可以提出撤回复核、申诉和再申诉的申请，申请应当以书面形式提出。

受理机关在接到申请人关于撤回复核、申诉和再申诉的书面申请后，可以决定终结处理工作，并以书面形式告知申请人和被申诉机关。

第四章 审理与决定

第二十三条 原处理机关在接到复核申请书后，应当在三十日内作出维持、撤销或者变更原人事处理的复核决定，并以书面形式通知申请人。

第二十四条 受理申诉和再申诉的机关应当自决定受理之日起六十日内作出处理决定。案情复杂的，可以适当延长，但是延长时间不得超过三十日。

第二十五条 受理机关对涉及公务员申诉、再申诉事项，有权进行调查。调查应当由2名以上工作人员进行。接受调查的机关和个人应当如实提供情况。

第二十六条 公务员申诉公正委员会应当根据调查情况对下列事项进行审议：

（一）原人事处理认定的事实是否存在、清楚，证据是否充分；

（二）原人事处理适用法律、法规、规章和有关规定是否正确；

（三）原人事处理的程序是否符合规定；

（四）原人事处理是否显失公正；

（五）被申诉机关有无超越职权或者滥用职权的情形；

（六）其他需要审议的事项。

在审理对复核决定、申诉处理决定不服的申诉、再申诉时，公务员申诉公正委员会还应当对复核决定和申诉处理决定进行审议。

第二十七条 公务员申诉公正委员会应当按照少数服从多数的原则，对申诉、再申诉案件提出明确审理意见，并向受理机关提交审理报告。

第二十八条 受理机关应当根据公务员申诉公正委员会的审理意见，区别不同情况，作出下列申诉处理决定：

（一）原人事处理认定事实清楚，适用法律、法规、规章和有关规定正确，处理恰当、程序合法的，维持原人事处理。

（二）原人事处理认定事实不存在的，按照管理权限责令原处理机关撤销或者直接撤销原人事处理。

（三）原人事处理认定事实没有错误，但适用法律、法规、规章和有关规定有错误，或者处理明显不当的，按照管理权限责令原处理机关变更或者直接变更原人事处理。

（四）原人事处理认定事实不清楚，证据不足，或者违反规定程序和权限的，责令原处理机关重新处理。

再申诉处理决定应当参照前款规定作出。

公务员对重新处理后作出的处理决定不服，可以提出申诉或者再申诉。

第二十九条 申诉处理决定作出后，要制作申诉处理决定书。申诉处理决定书应当载明下列内容：

（一）申诉人的姓名、单位、职务及其他基本情况；

（二）被申诉机关的名称，以及人事处理和复核决定所认定的事实、理由及适用的法律、法规、规章和有关规定；

（三）申诉的事项、理由及要求；

（四）公务员申诉公正委员会认定的事实、理由及适用的法律、法规、规章和有关规定；

（五）申诉处理决定；

（六）作出决定的日期；

（七）其他需要载明的内容；

再申诉处理决定作出后，要制作再申诉处理决定书。再申诉处理决定书除前款规定内容外，还应当载明申诉处理决定的内容和作出申诉处理决定的日期。

申诉处理决定书和再申诉处理决定书应当加盖公务员申诉公正委员会的印章。

第三十条 申诉处理决定书和再申诉处理决定书应当及时送达申诉人和原处理机关。再申诉处理决定书还应送达作出申诉处理决定的机关。

第三十一条 原处理机关应当将复核决定、申诉处理决定书和再申诉处理决定书存入公务员的个人档案。

第三十二条 复核决定、申诉处理决定和再申诉处理决定按照下列规定送达：

（一）直接送达受送达人本人，受送达人在送达回证上签名或者盖章；

（二）受送达人本人不在的，可以由其同住的成年近亲属在送达回证上签名或者盖章，即视为送达；

（三）受送达人或者其同住的成年近亲属拒绝接收或者拒绝签名、盖章的，送达人应当邀请有关基层组织的代表或者其他有关人员到场，见证现场情况，由送达人在送达回证上记明拒收事由和日期，由送达人、见证人签名或者盖章，将处理决定留在受送达人的住所或者所在单位，即视为送达；

（四）直接送达有困难的，可以通过邮寄送达。邮寄送达的，以回执上注明的收件日期为送达日期；

（五）上述规定的方式无法送达的，可以在相关媒体上公告送达。自发出公告之日起，经过六十日，即视为送达。公告送达，应当在案卷中记明原因和经过。

送达日期为受送达人或者有关人员在送达回证上的签收日期。

第五章 执行与监督

第三十三条 处理决定在发生效力后执行。

下列处理决定是发生效力的决定：

（一）已过法定期限没有提出再申诉的申诉处理决定。

（二）中央公务员主管部门作出的申诉处理决定。

（三）中央垂直管理机关作出的申诉处理决定。

（四）再申诉处理决定。

第三十四条 原处理机关在处理决定发生效力后,应当及时执行,并自处理决定发生效力之日起六十日内将执行情况以书面形式告知作出处理决定的机关。

第三十五条 各级公务员主管部门处理的申诉案件,应当自作出处理决定之日起六十日内,按照管理权限向上一级公务员主管部门备案。

其他受理机关处理的申诉案件,按照管辖权限向同级公务员主管部门或者上一级机关备案。

备案的内容包括申诉人的基本情况、基本案情、审理过程、处理决定、执行情况和其他需要说明的情况。

第三十六条 机关对公务员处理错误的,应当及时予以纠正;造成名誉损害的,应当赔礼道歉、恢复名誉、消除影响;造成经济损失的,应当根据有关规定给予赔偿,并视情节对作出错误处理的责任人进行处理。

第三十七条 机关不执行发生效力的处理决定,或者对申诉人打击报复的,对负有责任的领导人员和直接责任人员,受理申诉的机关可以向有关机关提出给予其处分的建议;构成犯罪的,依法追究刑事责任。

第三十八条 公务员在复核、申诉中弄虚作假、捏造事实、诬陷他人的,根据情节轻重,给予批评教育或者处分;给他人造成名誉损害的,应当赔礼道歉、恢复名誉、消除影响;构成犯罪的,依法追究刑事责任。

第三十九条 受理机关和公务员申诉公正委员会的工作人员,不按本规定处理公务员复核、申诉的,根据情节轻重,给予批评教育或者处分;构成犯罪的,依法追究刑事责任。

第六章 附 则

第四十条 公务员复核、申诉和再申诉,除本规定第十九条规定的情形外,不得委托代理人代为进行。

第四十一条 人事处理决定根据本规定第三十二条规定送达的,即视为受处理公务员知道该人事处理。

第四十二条 本规定所称"近亲属",是指配偶、父母、子女、兄弟姐妹。

第四十三条 参照公务员法管理的机关(单位)工作人员的申诉,参照本规定执行。

第四十四条 本规定由中共中央组织部、人力资源和社会保障部负责解释。

第四十五条 本规定自发布之日起施行。

参考文献

[1] 法律出版社法规中心. 中华人民共和国公务员法（注释本）[M]. 北京：法律出版社, 2007.

[2] 中华人民共和国公务员法学习问答编写组.《中华人民共和国公务员法》学习问答 [M]. 北京：中共党史出版社, 2005.

[3] 中共中央组织部. 中华人民共和国公务员法教程 [M]. 北京：中国人事出版社, 2005.

[4] 胡光宝, 张春生. 中华人民共和国公务员法释解 [M]. 北京：群众出版社, 2005.

[5] 许安标. 中华人民共和国公务员法释义 [M]. 北京：中国法制出版社, 2005.

[6] 杨海坤, 李兵. 公务员法学习读本 [M]. 北京：中国传媒大学出版社, 2006.

[7] 郗永峰, 刘碧强. 国家公务员制度概论 [M]. 北京：中国人民大学出版社, 2013.

[8] 周晓丽, 彭仕东. 国家公务员制度 [M]. 北京：知识产权出版社, 2012.

[9] 舒放, 王克良. 国家公务员制度 [M]. 3版. 北京：中国人民大学出版社, 2011.

[10] 靖琪. 国家公务员制度 [M]. 北京：航空工业出版社, 2012.

[11] 周敏凯. 公务员制度概论 [M]. 北京：高等教育出版社, 2009.

[12] 王红, 傅思明. 公务员法新论 [M]. 北京：中国商务出版社, 2005.

[13] 谭功荣. 公务员制度概论 [M]. 北京：北京大学出版社, 2007.

[14] 汪玉凯, 卢银周. 国家公务员基本制度 [M]. 北京：中共中央党校出版社, 2006.

［15］李如海．公务员制度［M］．北京：高等教育出版社，2007.

［16］张锋．公务员制度新论［M］．北京：中国人民公安大学出版社，2006.

［17］董克用．公共治理与制度创新［M］．北京：中国人民大学出版社，2004.

［18］吴春华，温志强．中国公务员制度［M］．天津：南开大学出版社，2008.

［19］应松年．公务员法［M］．北京：法律出版社，2010.

［20］陈振明．公务员制度［M］．福州：福建人民出版社，2007.

［21］沈文莉，古小华．公务员制度教程［M］．北京：中国经济出版社，2007.

［22］陈劲松．新编公务员制度与法规教程［M］．北京：中国传媒大学出版社，2006.

［23］［日］佐藤达夫．国家公务员制度［J］．方振邦，等，译．北京：中国人事出版社，1992.

［24］薛立强，杨书文．当代中国公务员制度［M］．天津：天津大学出版社，2009.

［25］纪培荣，宋世明．国家公务员制度教程新编［M］．济南：山东大学出版社，2010.

［26］徐发根．国家公务员制度［M］．杭州：浙江大学出版社，2007.

［27］龚祥瑞．文官制度［M］．北京：人民出版社，1985.

［28］杨临宏．中国公务员法：原理与制度［M］．昆明：云南大学出版社，2009.

［29］刘俊生．中国人事制度概要［M］．北京：清华大学出版社，2009

［30］宋世明．中国公务员法立法之路［M］．北京：国家行政学院出版社，2004.

［31］侯建亮．公务员制度发展纪实［M］．北京：中国人事出版社，2007.

［32］张子良．公务员制度与行政现代化［M］．上海：上海社会科学院出版社，2007.

［33］张骏生．中外公务员制度比较［M］．北京：中国劳动社会保障出版社，2008．

［34］刘厚金．中外公务员制度概论［M］．北京：北京大学出版社，2010．

［35］周敏凯．比较公务员制度［M］．上海：复旦大学出版社，2006．

［36］谭功荣．公务员制度比较研究［M］．重庆：重庆出版社，2007．

［37］傅肃良．各国人事制度［M］．台北：三民书局，1984．

［38］李广存．干部考核［M］．北京：党建读物出版社．2009．

［39］曹志．各国公职人员考核奖惩制度［M］．北京：中国劳动出版社，1990．

［40］吴志华．美国公务员制度的改革与转型［M］．上海：上海交通大学出版社，2006．

［41］中华人民共和国人事部国际交流与合作司．外国公务员制度（第1卷）［M］．北京：中国人事出版社，1995．

［42］中组部研究室，人事部政策法规司．外国公务员法选编［M］．北京：中国政法大学出版社，2003．